Perfectionnement anglais

(anglais et américain)

ASSIMIL®
La méthode intuitive

Perfectionnement anglais

(anglais et américain)

par **Anthony Bulger**

Illustrations de J.-L. Goussé

ASSIMIL
B.P. 25
94431 Chennevières-sur-Marne Cedex
FRANCE

 ISBN 978-2-7005-0133-9

Méthodes ASSiMiL

Volumes reliés, abondamment illustrés et enregistrés sur compact discs

"Sans Peine"

L'allemand
L'américain sans peine
L'anglais
L'arabe
L'arménien sans peine
Le brésilien sans peine
Le bulgare sans peine
Le chinois sans peine (tome 1)
Le chinois sans peine (tome 2)
L'écriture chinoise
Le coréen sans peine
Le danois sans peine
L'espagnol
L'espéranto sans peine
Le finnois sans peine
Le nouveau grec sans peine
Le grec ancien
L'hébreu
Le hindi sans peine
Le hongrois sans peine
L'indonésien sans peine
L'italien
Le japonais sans peine (tome 1)
Le japonais sans peine (tome 2)
Le japonais : l'écriture kanji
Le latin
Le nouveau néerlandais sans peine
Le norvégien sans peine
Le persan
Le polonais
Le nouveau portugais sans peine
Le roumain sans peine
Le nouveau russe sans peine
Le serbo-croate sans peine
Le suédois sans peine (tome 1)
Le suédois sans peine (tome 2)
Le swahili sans peine
Le tamoul sans peine
Le tchèque sans peine
Introduction au thaï
Le turc sans peine
Le vietnamien sans peine

"Perfectionnement"

Perfectionnement allemand
Perfectionnement anglais
Perfectionnement espagnol
Perfectionnement italien
La pratique du néerlandais

"Langues régionales"

L'alsacien sans peine
Le basque unifié (initiation)
Le breton
Le corse sans peine
Le créole sans peine
L'occitan sans peine

"Affaires"

Le nouvel anglais des affaires
L'espagnol des affaires

"Civilisations"

Apprenez l'Amérique ! (Langue et civilisation)

Assimil "Plus"

L'anglais par l'humour

"Expressions idiomatiques"

Plus anglais que ça...
Plus espagnol que ça...

AVANT-PROPOS

Ce PERFECTIONNEMENT ANGLAIS présente la langue anglaise (ou plutôt anglo-américaine) comme une langue internationale, souple et malléable, un outil de travail et de plaisir pour le monde d'aujourd'hui.

Nous considérons au départ que le lecteur possède un bon niveau d'anglais général (acquis, par exemple, après l'étude de notre ANGLAIS), mais qu'il lui manque un certain nombre de subtilités – au niveau de la grammaire ou du vocabulaire – pour lui permettre de vraiment saisir toutes les nuances de la langue et se sentir réellement "à l'aise", aux États-Unis en particulier.

Les progrès considérables en matière de communication, de technologie et de création artistique que nous avons constatés durant les dernières décennies font que notre bagage "scolaire" ne suffit plus. L'apport des différents pays et communautés qui se servent de l'anglais comme langue de communication ou de travail a changé à tout jamais le paysage linguistique.

Il faut apprendre – ou réapprendre – beaucoup de choses, et nous essaierons, dans ces pages, de vous "remettre à flot". Certes, nous n'avons pas la prétention de vous présenter "le nouvel anglais" : nous vous indiquerons un chemin, débusquerons quelques pièges et tenterons de vous faire prendre goût à cette évolution permanente.

L'anglais n'est pas une langue pure, et c'est cela qui fait sa force. L'auteur américain Emerson parlait de *the sea which receives tributaries from every region under heaven* (cette mer qui reçoit les affluents de chaque région sous le soleil). En effet, ce qui un jour est jugé incorrect se trouvera à la une des journaux quelques années (ou mois) plus tard...

Au fait, s'agit-il, dans notre ouvrage, de l'anglais britannique ou américain ? Notre souci a été de présenter un aperçu des deux, les principales différences étant soulignées et traitées par des exercices. Par ailleurs, les enregistrements ont été faits par des locuteurs des deux pays.

Nous commençons en vous présentant l'anglais des Britanniques à travers les faits de société et de culture qui marquent l'expression. Ensuite, à partir de la leçon 50, nous nous consacrons à l'américain (avec indication des différences d'orthographe quand il y a lieu).

Mais, avant tout, nous gardons à l'esprit l'idée d'une langue internationale, qui n'appartient pas à un peuple, mais qui est modifiée à chaque instant par ceux qui la choisissent comme véhicule de communication.

Au niveau du vocabulaire, nous avons opéré un choix : nous avons sélectionné les mots nouveaux qui sont passés dans la pratique courante, mais d'autres, qui sont peut-être éphémères, ont été laissés de côté.

En somme, le but de ce PERFECTIONNEMENT ANGLAIS est de vous donner un large aperçu des divers aspects de cette langue : l'expression quotidienne, la littérature, les jeux de mots, le style journalistique, la télévision, et surtout de vous en faire ressentir l'humour – un trait marquant des méthodes ASSIMIL !

MODE D'EMPLOI

Comme pour toutes les méthodes ASSIMIL, nous vous recommandons d'étudier une leçon par jour (20 à 30 minutes devraient suffire). Soyez cependant réaliste : si vous n'avez pas le temps d'étudier une leçon complète chaque jour, n'insistez pas ; prenez simplement le temps de lire quelques lignes, de revoir une note ou d'écouter quelques phrases. Fiez-vous à votre capacité naturelle d'assimilation et n'essayez pas d'en faire trop en une seule fois.

Commencez par écouter l'enregistrement du texte de la leçon en vous concentrant sur votre compréhension orale. Lisez ensuite le texte phrase par phrase en le comparant avec sa traduction (qui se trouve sur la page de droite). Si vous ne disposez pas de l'enregistrement, lisez attentivement le texte une première fois dans son ensemble, puis une seconde fois phrase par phrase, en comparant le texte anglais avec la traduction.

Même si vous ne rencontrez pas de difficulté au niveau de la compréhension, nous vous recommandons de lire attentivement les notes qui, bien souvent, vous apporteront un complément d'information ou un vocabulaire complémentaire.

Passez ensuite aux exercices. Le premier est un exercice de compréhension : écoutez-le et / ou lisez-le, phrase par phrase, puis comparez chaque phrase avec sa traduction. Le second exercice vous permet de vérifier et mettre en pratique vos acquis en insérant un ou plusieurs mots manquants dans la phrase anglaise (chaque point représente une lettre).

Toutes les sept leçons, une leçon de révision résume et complète si nécessaire les éléments de grammaire rencontrés durant les six leçons précédentes.

Nous avons pris en compte vos progrès à venir. Au début, nous serons toujours à vos côtés avec les explications, les traductions et les conseils nécessaires. Mais au fur et à mesure que votre étude progressera, nous prendrons du champ. Vous aurez alors atteint un niveau où votre créativité personnelle sera stimulée en permanence. Vous développerez ainsi, peu à peu, votre propre "idiolecte" – votre façon de vous exprimer dans une langue merveilleusement riche.

Un dernier conseil : procurez-vous un dictionnaire anglais/anglais, car les nuances ne peuvent pas toujours se traduire, et seul un dictionnaire "authentique" peut livrer tous les secrets de tel ou tel mot ou expression.

Et maintenant, partons ensemble pour cette découverte, pour ce perfectionnement de votre anglais.

First lesson

Welcome, reader

(Les notes (N) renvoient le lecteur aux chapitres **Revision and Notes** toutes les sept leçons).

1 Knowledge of English is vital in today's fast-moving world; (**1**)

2 it is spoken by some three hundred and sixty million people (**2**)

3 and is the tool of communication in so many fields that we will not even attempt to number them.

4 But the language we hear today is not the language of the people who live in the British Isles. (**3**)

5 Of course, that is where it all started, but, for several hundred years,

6 different peoples and ethnic groups have added their own particular contributions to English (**4**)

NOTES

(**1**) Bien que nous sachions que vous possédez déjà bien la langue anglaise, nous nous permettrons de temps en temps, et surtout au début de notre ouvrage, de vous rappeler quelques points épineux ! Ainsi, dans cette première phrase, nous écrivons *knowledge* (connaissance) sans article défini car nous considérons que *knowledge* est utilisé dans son sens le plus large, donc non défini. Nous verrons ce problème de plus près dans les leçons 9 et 10. Rappelons aussi que *fast* est à la fois adjectif et adverbe.

(**2**) *Million* ne prend de s que dans les expressions imprécises, telles que *millions of people* (des millions de gens).

Première leçon

Bienvenue, cher lecteur

1 La connaissance de l'anglais est vitale dans le monde d'aujourd'hui qui bouge rapidement.
2 Il est parlé par quelque 360 millions de personnes
3 et il est l'outil de communication dans tant de domaines que nous n'essayerons même pas de les énumérer.
4 Mais la langue que nous entendons aujourd'hui n'est pas la langue des gens qui vivent dans les Iles britanniques.
5 Bien entendu, c'est là où tout a commencé, mais pendant plusieurs centaines d'années
6 différents peuples et groupes ethniques ont ajouté leur contribution particulière à l'anglais,

NOTES (suite)

(**3**) *Isle* (île) ne s'emploie que dans les noms propres : *the Scilly Isles* au large de la Cornouaille, ou *the Isle of Man*. Sinon, l'on dit *islands* (attention à la prononciation : dans les deux mots, le s est muet — <aïlz>, <aïl-end>. Le pays outre-Manche possède plusieurs appellations : *the United Kingdom* ou *the UK* (Royaume-Uni), *Great Britain*, ou simplement *Britain*. *Great Britain* comporte l'Angleterre, le Pays de Galles, l'Ecosse et d'autres îles.

(**4**) Normalement, le pluriel de *person* est *people*, donc invariable (on trouve aussi un pluriel régulier : *persons* dans un langage plutôt officiel). Par contre, *a people* signifie un peuple, donc le pluriel en est *peoples*.

7 so that what we hear and speak now is truly a « United Nations » of languages.

8 But why is English so widespread ? Why not French or Spanish — both major languages —

9 or even Esperanto, the international language ?

10 Apart from the enormous influence of the United States (although some claim that American is a separate language),

11 and the extent of Britain's old colonial empire, which at one time spanned one-third of the surface of the globe, (**5**)

12 the real answer is that English is an extremely flexible language — it is structurally closer to Chinese than to its European cousins!

13 Words can be verbs : **a chair** becomes **to chair** with no complexes; (**N 1**)

14 up can be an adverb, a preposition, a noun, an adjective or even a verb.

15 Neologisms — made-up words — enter the language on tiptoe so that nobody notices, (**6**)

16 and different trades, crafts and sciences give us new expressions every week.

NOTES (suite)

(**5**) *Span* est un mot utile ; son sens propre est la distance entre le pouce et le bout du petit doigt quand la main est tendue, mais il se retrouve plutôt dans des contextes techniques pour indiquer la travée ou ouverture de quelque chose (*wingspan* — l'envergure — la distance entre les deux bouts d'aile d'un avion ; *the span of a bridge* = la portée d'un pont). Le verbe est plus nuancé : *The Golden Gate Bridge spans the Bay* = Le pont G.G. franchit la baie. Quand *to span* est

7 tant et si bien que ce que nous entendons et parlons maintenant est véritablement une « Nations Unies » des langues.

8 Pourquoi l'anglais est-il si répandu ? Pourquoi n'est-ce pas le français ou l'espagnol, toutes deux langues importantes,

9 ou même l'espéranto, la langue internationale ?

10 Mise à part l'énorme influence des Etats-Unis (quoique certains prétendent que l'américain est une langue à part),

11 et l'étendue de l'ancien empire colonial britannique, qui à une époque a couvert un tiers de la surface du globe,

12 la réponse est que l'anglais est une langue extrêmement souple. Il est plus proche structurellement du chinois que de ses cousins européens.

13 Les mots peuvent être des noms ou des verbes : *a chair* (une chaise) devient *to chair* sans complexe ;

14 *up* peut être un adverbe, une préposition, un nom, un adjectif ou même un verbe.

15 Les néologismes — des mots inventés — entrent dans la langue sur la pointe des pieds, ainsi personne ne s'en rend compte,

NOTES (suite)

utilisé au sens figuré, il donne l'idée de traverser ou de faire un pont : *This legend spans the centuries* = Cette légende traverse les siècles, ou dure depuis des siècles.

(**6**) *Tip* = l'extrémité ; *fingertip* = le bout du doigt. *She has the information at her fingertips* = Elle connaît son sujet sur le bout des doigts. *On tiptoe* = sur la pointe des pieds. *He tiptoed into the children's room* = Il est rentré dans la chambre des enfants sur la pointe des pieds. (Rappel : *to tip* = donner un pourboire ; ne pas confondre !)

17 It is because of this wealth that we need a guide to help the speaker and the writer to use English,

18 so follow us now on our trip through the highways and byways of the English language. (**7**)

***

EXERCISES 1. I hesitated for a week and he upped the price by twenty percent. **2.** Yes, and that's just the tip of the iceberg. **3.** The United Nations represents the peoples of the world. **4.** The Verrazano Narrows Bridge in New York harbor has a span of 4,260 feet, the longest in the world. **5.** Plastics are a by-product of oil refining. **6.** Since the Managing Director is absent, Mr Barney will chair today's meeting.

***

Fill in the missing words (Remplissez les blancs avec les mots manquants)

1. *Notre expérience couvre toute la gamme des compétences en matière de conception et de production.*

   Our experience ..... the whole range of designing and manufacturing skills.

2. *La connaissance est primordiale dans le monde d'aujourd'hui, et la connaissance que vous avez acquise en étudiant avec cette méthode sera d'une grande valeur.*

   .... is vital in today's world, and ... . you have acquired by studying this method will be of great value.

16 et différents commerces, métiers et sciences nous donnent de nouvelles expressions toutes les semaines.

17 C'est à cause de cette richesse que nous avons besoin d'un guide pour aider celui qui veut parler et écrire l'anglais.

18 Alors suivez-nous maintenant dans notre voyage à travers les grands et les petits chemins de la langue anglaise.

NOTES (suite)

(7) Tout nom qui commence par *by-* comporte l'idée de « sous », quelque chose qui est à côté de (*by*) quelque chose de principal ; ainsi, les *bylaws* sont des ordonnances locales (à côté des lois principales), et *a by-product* est un sous-produit. *A byway* est un petit chemin, un chemin détourné : le mot est peu usité, mais se retrouve dans notre expression *highways and byways* (grands et petits chemins), et signifie : un peu partout (on dirait : en France et en Navarre...)

***

Exercices 1. J'ai hésité pendant une semaine, et il a augmenté le prix de 20 %. **2.** Oui, et ce n'est que le sommet de l'iceberg. **3.** L'ONU représente les peuples du monde. **4.** Le pont du détroit de V dans le port de N-Y a une travée de 1 278 m. **5.** Les plastiques sont un sous-produit du raffinage du pétrole. **6.** Puisque le Directeur général est absent, M.B. présidera la réunion d'aujoud'hui.

***

3. *La banque a perdu des millions de dollars dans l'affaire, exactement 52 millions.*

The bank lost .... of dollars in the deal, exactly fifty-two ....

4. *Elle est passée devant le salon sur la pointe des pieds, et s'est faufilée par la porte d'entrée.*

She .... past the living room and slipped out of the front door.

5. *Il y a tant de dialectes que ce que nous parlons n'est pas vraiment l'anglais.*

There are so many dialects .... we speak is not really English.

Second lesson

Say, George, tell me another one... (N 2)
(Part one)

1 Everyone knows that the young George Washington said: — Father, I cannot tell a lie, but what did his father reply? (**1**)

2 Did he say — What honesty! How can I punish you?, or did he tell George to go to bed with no supper?

3 The verbs to say and to tell are similar, but the difference between them is easy to recognize.

4 Just look at the following examples and you will soon understand.

5 — What did Roy say? — He told me he would be home late. He said he had a meeting.

6 — Did he tell you what time he'd be back? — No. He said he'd call me before he left the office (**2**)

NOTES

(**1**) En effet, l'anecdote est connue de tous les collégiens américains (et de certains anglais aussi...) ; le jeune George Washington (1732-1799, le premier président des E-U) s'était amusé à abattre un cerisier dans le jardin de la ferme familiale à Ferry Farm (Virginie). Son père, furieux, lui demanda s'il savait qui avait commis ce « crime », et sa réponse est restée célèbre,

The missing words (les mots manquants)

1. spans **2.** Knowledge ... the knowledge **3.** millions ... million **4.** tiptoed **5.** that what.

Deuxième leçon

Dis donc, Georges, raconte-m'en une autre... (Première partie)

1 Tout le monde sait que le jeune GW dit : — Père, je ne puis mentir, mais que répondit son père ?

2 Dit-il — Quelle honnêteté ! Comment puis-je te punir ?, ou envoya-t-il George au lit sans souper ?

3 Les verbes « to say » et « to tell » sont similaires, mais il est assez simple de reconnaître la différence entre les deux.

4 Il suffit de regarder les exemples suivants et vous comprendrez rapidement.

5 — Qu'a dit Roy ? — Il m'a dit qu'il rentrerait tard. Il a dit qu'il allait à une réunion.

6 — A-t-il dit à quelle heure il serait de retour ? — Non, il a dit qu'il appellerait avant de quitter le bureau.

NOTES (suite)

prouvant ainsi son honnêteté dès son plus jeune âge. En fait, nous savons peu de choses de l'enfance de Washington et cette légende, qui nous vient des écrits de Mason Weems, est peut-être un effort pour meubler ce vide historique !

(2) Un bref rappel de la concordance des temps. Ici, *would* n'est pas, bien sûr, le conditionnel mais « le futur dans le passé ». *He says he will come back at ten* devient, au passé, *He said he would come back at ten.* Notez la contraction phrase 6 *he'd* = *he would* et non pas *he had.* Vous le saviez, nous vous le rappelons à tout hasard.

7 — Do you know how to say " bon appétit " in English? — It doesn't exist. We usually say " Good luck "! (**3**)

8 " Tell me what you eat and I will tell you who you are. "

9 The policeman asked me if I had seen anything suspicious. I told him that I had noticed nothing out of the ordinary.

10 She went to see a fortune teller, who said that she would meet a tall dark stranger.

11 — You can say what you want, but I still think we should have told the truth.

12 The instructor told us to read the instructions before trying to use the machine, but we didn't listen to what he said.

13 — Don't argue with me! Do as you're told! (**4**)

14 — What do the papers say about the incident?

15 — They say that the English are very reserved; do you think it's true?

NOTES (suite)

(**3**) Pour des raisons inconnues, les Anglo-saxons n'ont pas l'habitude de se souhaiter un bon appétit. Passons sous silence les pensées perfides sur la qualité de leur alimentation et disons tout simplement que l'on peut entendre — et plutôt aux E-U — *Enjoy your meal*, mais ceci est presque toujours dit par un serveur dans un restaurant. Que fait-on donc à la place ? On mange, tout simplement...

7 — Savez-vous comment dire : « Bon appétit » en anglais ? — Non, d'habitude nous disons « Bon courage » !

8 « Dites-moi ce que vous mangez et je vous dirai qui vous êtes. »

9 Le policier m'a demandé si j'avais vu quelque chose de suspect. Je lui ai dit que je n'avais rien remarqué d'extraordinaire.

10 Elle est allée voir une diseuse de bonne aventure qui a dit qu'elle rencontrerait un bel étranger aux cheveux noirs.

11 — Dites ce que vous voulez mais je pense toujours que nous aurions dû raconter la vérité.

12 L'instructeur nous a dit de lire le mode d'emploi avant d'utiliser la machine, mais nous ne l'avons pas écouté.

13 — Ne me contredisez pas ! Faites ce que l'on vous dit de faire.

14 — Que racontent les journaux sur l'incident ?

15 — On dit que les Anglais sont très réservés ; pensez-vous que cela soit vrai ?

NOTES (suite)

(4) N'oubliez pas que *an argument* a deux sens en anglais : une dispute et un argument, et c'est le premier qui est de loin le plus fréquent. *To argue* est donc argumenter, mais surtout (se) disputer : *They had a terrible argument and she left, slamming the door* = Ils se sont disputés de façon terrible, et elle est partie en claquant la porte. Un mot, plus familier mais tout aussi correct, que l'on trouve souvent pour remplacer *an argument* (sens dispute) est *a row* (pron : raou).

16 He worked hard for twenty years to become a millionaire, to say nothing of the fortune he inherited from his father. (**5**) (**6**)

17 — Have you eaten at the Apollo? They say it's really expensive. — You're telling me! Eighty pounds for two people! (**7**)

18 Do you get the idea? We will tell you more in the next lesson.

***

EXERCISES 1. Tell me the truth. Do you love me? — No. — I said: tell me the truth! **2.** — What time did she say she'd be back? — Around six. **3.** — Tell me, sir, did you notice anything unusual? — No, officer. **4.** Do you ever listen to that programme "What the Papers Say"? It's on Radio 4. **5.** — Here's your steak, sir. Enjoy your meal. **6.** He was working as a bank clerk when he inherited his grandfather's fortune.

***

Fill in the missing words

1. *Ils se sont disputés terriblement à propos de la nouvelle maison.*

   They . . . a terrible . . . . about the new house.

2. *Le billet a coûté £ 400, sans parler des taxes d'aéroport.*

   The ticket cost four hundred pounds, ... the airport taxes.

3. — *Mais c'est scandaleux ! — A qui le dis-tu !*

   — But that's outrageous! — . . .' . . . .

4. *Pourquoi fermez-vous la porte à clé ? Je ne vois pas l'idée.*

   Why are you locking the door? I don't . . . .

16 Il travailla dur pendant vingt ans pour devenir millionnaire, sans parler de la fortune qu'il hérita de son père.

17 — As-tu mangé à « l'Apollo » ? On dit que c'est vraiment cher. — Tu parles ! 80 livres pour deux personnes !

18 Vous saisissez l'idée ? Nous vous en dirons davantage dans la leçon suivante.

NOTES (suite)

(**5**) *To say nothing of* = sans parler de. *He's got three cars and two houses, to say nothing of his own helicopter.* On peut remplacer cette expression par *not to mention.*

(**6**) Attention au préfixe : *to inherit (from)* = hériter de. On trouve la même chose, mais plus gênante avec *to inhabit*, qui veut dire habiter. Inhabité est donc *uninhabited* et un habitant *an inhabitant.* Attention aussi à la prononciation du mot *heir* et de son féminin *heiress* (héritier, -ère) : c'est comme l'air : air et airess. (c'est-à-dire que *h* est muet).

(**7**) L'exclamation *You're telling me!* = Tu l'as dit ! Tu parles ! est souvent escamotée en *Telling me!*

***

Exercices 1. Dis-moi la vérité. M'aimes-tu ? — Non. — Je t'ai demandé de dire la vérité ! **2.** — A quelle heure a-t-elle dit qu'elle rentrait ? — Vers 6 heures. **3.** — Dites, monsieur, avez-vous remarqué quelque chose d'anormal ? — Non, M. l'agent. **4.** — Est-ce que tu écoutes cette émission « Ce que dit la presse » de temps en temps ? Elle passe sur R 4. **5.** — Voici votre steak, monsieur. Bon appétit. **6.** Il travaillait comme employé de banque quand il a hérité de la fortune de son grand-père.

***

5. *Je pense que vous auriez dû dire la vérité.*

I think you .... the .....

The missing words

1. had ... argument **2.** not to mention **3.** You're telling me. **4.** get the idea. **5.** should have told ... truth

Third lesson

" To say " or " to tell " (Part two)

1 Samuel Goldwyn, the great Hollywood film producer, was famous for speaking first and thinking afterwards. (**1**)

2 When shown a Roman sundial, he exclaimed: — What will they invent next for telling the time! (**2**)

3 — Tell me, Professor, is there anything you don't know? — I really couldn't say.

4 Eamon de Valera was the first president of the Irish republic. Before Ireland gained its independence,

5 he was arrested in the middle of a fiery speech and was sentenced to one year in prison. (**3**) (**4**)

6 On his release, his supporters asked him to speak again, so he began his oration with the words:

7 — As I was saying before I was so rudely interrupted... (**5**)

NOTES

(**1**) *Afterwards*. Ce mot pose parfois un problème mais n'est pas difficile à maîtriser. D'abord, disons tout de suite qu'il est un luxe car *after* suffit ; toutefois *afterwards* nous évite des tournures telles que *We'll go to the cinema then, after that we'll have dinner: We'll go to the cinema then, afterwards, we'll have dinner*. En effet, puisqu'on a l'habitude d'avoir un mot à la suite de *after*, il n'est pas euphonique de terminer une phrase avec ce seul mot ; donc, à la place de ... *and thinking after*, nous préférons ... *and thinking afterwards*. Alors, si vous n'avez rien à mettre *after after*, mettez *afterwards* !

Troisième leçon

« To say » ou « to tell » (deuxième partie)

1 SG, le grand producteur de films hollywoodien était célèbre pour parler d'abord et réfléchir ensuite.
2 Lorsqu'on lui montra un cadran solaire romain, il s'exclama — Que vont-ils inventer d'autre pour lire l'heure !
3 — Dites-moi professeur, y a-t-il quelque chose que vous ignorez ? — Vraiment, je ne puis dire.
4 EdV fut le premier président de la République d'Irlande. Avant que l'Irlande ne conquière son indépendance,
5 Il fut arrêté en plein milieu d'un discours enflammé et fut condamné à une année de prison.
6 Lorsqu'il fut relâché, ses supporters lui demandèrent de parler à nouveau, ainsi commença-t-il son discours par ces paroles :
7 — Comme je le disais avant que l'on m'interrompe si brutalement...

NOTES (suite)

(2) *A dial* = un cadran, *to dial* = composer un numéro de téléphone. *In case of emergency, dial 999* = En cas d'urgence, faites le 999. *Lift the receiver and listen for the dialling tone* = Décrochez le combiné et attendez la tonalité.

(3) *fiery* <pron : faï-e-ri> vient de *fire* (le feu) donc veut dire ardent, enflammé.

(4) *Ruth Ellis was the last woman to be sentenced to death in Britain* = R.E. fut la dernière femme condamnée à mort en G.-B. *To sentence someone to...* = condamner quelqu'un à ..., *a sentence* = une peine.

(5) Cette anecdote véridique fut reprise par un journaliste du Times qui écrivait tous les jours une rubrique politique. Le journal n'a pas paru pendant un an à la suite d'une grève en 1979 et quand il a reparu, l'année suivante, le journaliste a repris son discours, commençant l'article avec le mot *Moreover* (d'ailleurs).

8 — I hear that Dr. Coleman can speak eight languages. — That's right. But he can't say anything intelligent in any of them.

9 A lady was introduced to her husband's secretary, an attractive twenty-year-old redhead. (**6**)

10 — I'm so pleased to meet you, said the lady, my husband has told me so little about you. (**7**)

11 An opinion poll recently put the following question to a representative sample of two hundred people:

12 — Can a politician tell the difference between right and wrong?

13 The most interesting answer came from a young student who, after a moment's thought, replied:

14 — Yes. If he's given two guesses. (**8**)

NOTES (suite)

(**6**) *A redhead*: bien que l'on puisse appliquer ce mot à une personne rousse, homme ou femme, il est toujours employé au féminin. De même, nous avons *a blonde* et *a blond* mais nous trouvons très peu la forme masculine et quant au *brunet*, on le trouve dans les mots croisés alors que le féminin *brunette* est très courant. Est-ce à cause d'un certain sexisme linguistique que nous n'avons pas l'habitude de décrire un homme par la couleur de ses cheveux ? Donc, on parle d'une *sexy brunette* mais *a good-looking brown-haired man*... pour peu qu'on se soucie de sa chevelure.

(**7**) Que dire lorsqu'on est présenté à quelqu'un (*introduced to someone*) ? Dans une situation formelle, nous pourrions trouver l'échange suivant : *May I introduce you to Simon Winchester? Simon, this is Peter Halsley.* — *Delighted to meet you* ou — *Pleased to meet you.* Entre amis d'amis on se contenterait de *Simon, this is Peter.* — *Hello* ou — *Hi.* C'est uniquement dans le

8 — J'ai entendu dire que le docteur C. parle huit langues. — C'est exact, et il ne sait rien dire d'intelligent dans aucune.
9 Une femme fut présentée à la secrétaire de son mari, une jolie rousse de vingt ans.
10 — Je suis si contente de vous rencontrer, dit la femme, mon mari m'a dit si peu de chose sur vous...
11 Un sondage d'opinions posa récemment la question suivante à un échantillon représentatif de deux cents personnes :
12 — Un homme politique peut-il faire la différence entre le vrai et le faux ?
13 La réponse la plus intéressante fut celle d'un jeune étudiant qui, après avoir réfléchi un moment, répliqua :
14 — Oui, si on lui donne deux chances.

NOTES (suite)

monde des réceptions officielles ou dans les romans d'Agatha Christie que l'on retrouve *Delighted to make your acquaintance (acquaintance* = connaissance). Dans notre exemple, la femme insiste sur le *so* car elle a entendu parler de cette personne... mais trop peu.

(8) *To guess* = deviner. *I don't know the reason, I can only guess* ou *guess at it.* Nous trouvons aussi , avec le même sens : *to have a guess. I don't know, tell me. Oh go on ! Have a guess* = Vas-y ! Devine ! *I'll give you three guesses* = Tu peux essayer trois fois. En américain, *to guess* remplace *to think* dans les anglicismes comme *I think so* (aux E.-U. *I guess so* ou *I guess*). Un joli néologisme décrit une estimation un peu sommaire comme *a guesstimate*, mariage de *a guess* et *an estimate. Forty percent increase ! Is that figure accurate ? — No, for the moment, it's a guesstimate.* (40 % de hausse ! = Est-ce que ce chiffre est exact ? Non, pour l'instant c'est un « pif-centage » !)

15 You see? What did we tell you? We said it was easy. (**9**)

EXERCISES 1. What will they think of next? **2.** I hear that the company is going to employ another fifty workers. **3.** Peter, let me introduce an old friend: Dr. Webster. **4.** I'm delighted to meet you. I've heard so much about you. **5.** You see? I told you that parachuting was simple!* **6.** — How many people do you think came to his party? — I don't know. — Go on. Have a guess.

* Ecoutez bien l'accentuation de *told* qui renforce l'énoncé.

Fill in the missing words

1. *L'Irlande a gagné son indépendance en 1921.*

Ireland .... in nineteen twenty one (1921).

2. *Nous irons au théâtre, après nous trouverons quelque chose à manger.*

We'll go to the theatre, then .... we'll get something to eat.

3. *Est-ce que vous pouvez distinguer la margarine du beurre ?*

Can you .... between margarine and butter?

4. *Décrochez et faites l'indicatif régional (USA) suivi du numéro.*

Lift the ...., then .... the area code and the number.

5. *Veux-tu me présenter à J. ? — Si tu veux. (Je suppose que oui.)*

— Will you .... me to Janet? — I ....

15 Vous voyez ! Que nous avions-vous dit ? Nous vous avions bien dit que c'était facile !

NOTES (suite)

(**9**) Ecoutez bien l'enregistrement et vous entendrez l'accentuation sur le mot *said*, qui correspond à un renforcement du sens. En français, nous avons dû ajouter : Vous voyez bien... pour traduire cette nuance d'insistance. *I told you it was dangerous* = Je t'avais bien dit que c'était dangereux. Quand il s'agit de rendre cette particularité d'accentuation sur la page écrite, il faut soit souligner le ou les mots, soit les imprimer en italiques. Vous verrez (ou plutôt : vous entendrez) davantage ce phénomène dans la leçon suivante.

Exercices 1. Qu'est-ce qu'il vont encore inventer ? **2.** On dit que la société va embaucher encore 50 ouvriers. **3.** P. Laissez-moi vous présenter un vieil ami : le docteur W. **4.** Je suis ravi de vous connaître. On m'a tellement parlé de vous. **5.** Tu vois ? Je t'avais bien dit que c'était simple de faire du parachutisme ! **6.** — Combien penses-tu qu'il y avait de gens à sa fête ? — Je ne sais pas. — Vas-y. Devine.

The missing words

1. gained its independence **2.** afterwards **3.** tell the difference. **4.** receiver ... dial **5.** introduce ... guess so.

Fourth lesson

A word about contractions

1 Contractions are not a gymnastic exercise; they are what we call the shortening of the auxiliaries (**1**)

2 *to be* and *to have*.

3 They're almost always used when we're speaking, but it's considered incorrect to write them;

4 or rather, it wasn't considered correct, but language evolves and, today, we find more and more contractions in written English.

5 However, as a general rule, don't use them unless you're writing an informal letter.

6 We've said that the auxiliary is normally contracted in the spoken language,

7 so when such words as *do*, *are*, and *will* are used in full, it is often because we wish to emphasize a particular point.

8 — I do smoke, but I'm trying to give up, or (**2**)

NOTES

(**1**) Voici comment former des verbes à partir d'adjectifs : *short + -en = to shorten.* En voici d'autres : *deep — to deepen* (approfondir) ; *thick — to thicken:* épaissir ; et pour les couleurs *black — to blacken; red — to redden,* etc. Bien sûr, ce n'est pas toujours possible et parfois la règle semble un peu perverse. Tenez, par exemple, le contraire de *to shorten* est *to lengthen* — le verbe étant formé à partir du nom. Mais c'est ça, la pratique !

Quatrième leçon

Un mot sur les contractions

1 Les contractions ne sont pas un exercice de gymnastique, elles sont ce que nous appelons le raccourcissement des auxiliaires
2 « to be » (être) et « to have » (avoir).
3 Elles sont presque toujours utilisées lorsque nous parlons, mais il est considéré comme incorrect de les écrire ;
4 Ou plutôt ce n'était pas considéré comme correct, mais la langue évolue et aujourd'hui nous trouvons de plus en plus de contractions dans l'anglais écrit.
5 Cependant, en règle générale, ne les utilisez pas à moins que vous écriviez une lettre informelle.
6 Nous avons dit que l'auxiliaire est normalement contracté dans la langue parlée ;
7 ainsi quand des mots tels que « do » « are » et « will » sont utilisés dans la forme complète, c'est souvent parce que nous souhaitons accentuer un point en particulier.
8 — Je fume, en effet, mais j'essaie de m'arrêter, ou

NOTES (suite)

(2) Comme on vous le dit dans le texte : écoutez bien l'enregistrement et les exercices. Vous entendrez le verbe en question (ici *to smoke* est presque inaudible). Mais attention, il s'agit d'une mise en scène pour faire ressortir un exemple. Dans une conversation, notre phrase 8 serait précédée par une question comme *Do you smoke?* ou *You don't smoke, do you?* ; ainsi le verbe est déjà prononcé dans le contexte. Mais c'est un fait que vous entendez deux fois plus l'auxiliaire que le verbe propre.

9 — I have been to the States but it was so long ago that I can hardly remember a thing. Listen to the stress on these words.
10 — May I use your phone? — Please do.
11 — You're Roger's elder brother, aren't you? — Indeed I am. (**3**)
12 — Will you call me when you arrive? — Of course I will. (**4**)
13 — The report is in German. You do speak German, don't you? (**5**)
14 — You didn't learn those irregular verbs! — I did! I've just forgotten them, that's all.
15 — You've been on the phone for the last half hour. — I have not!
16 You see? There is no need to reply using a complete sentence. Simply use the auxiliary in the correct form and with the correct stress.
17 A man convicted of embezzlement was asked by the judge whether he had anything to say before being sentenced. (**6**)

NOTES (suite)

(**3**) Il y a une nuance ici — que beaucoup d'Anglais et d'Américains ignorent. Nous avons deux mots qui se ressemblent : *elder* et *older*. Le premier s'emploie uniquement pour les liens de parenté (*his elder sister, my elder cousin*) ou pour la plus âgée de deux personnes. Nous le trouvons aussi dans les expressions comme *Lord Stockton, the elder statesman of British politics* (le doyen des hommes d'Etat) ou *He has no respect for his elders* (ses aînés). *Older* veut dire plus vieux. *She's only forty but she looks much older* = Elle paraît beaucoup plus que ses quarante ans. Cette distinction a tendance à disparaître en faveur de l'utilisation partout de *older*, mais essayons de préserver la nuance.

9 — J'ai en fait visité les Etat-Unis, mais il y a si longtemps que je ne me rappelle guère quoi que ce soit. Ecoutez l'accentuation sur ces mots :

10 — Puis-je utiliser votre téléphone ? — Je vous en prie ; faites donc.

11 — Vous êtes le frère aîné de R., n'est-ce pas ? — En effet.

12 — M'appelleras-tu quand tu arriveras ? — Bien sûr.

13 — Ce rapport est écrit en allemand ; vous parlez allemand, bien sûr ?

14 — Vous n'avez pas appris les verbes irréguliers ? — Mais si, je les ai tout simplement oubliés.

15 — Vous êtes au téléphone depuis une demi-heure. — Ce n'est pas vrai !

16 Voyez-vous, il n'est pas besoin de faire une phrase complète en réponse ; utilisez simplement l'auxiliaire à la forme correcte et avec l'accentuation appropriée.

17 Le juge demanda à un homme accusé de détournement de fonds s'il avait quelque chose à dire avant d'être condamné.

NOTES (suite)

(4) Rappel : après les conjonctions de temps (*when, as soon as* etc.) nous n'employons jamais le futur mais le présent ou le *present perfect*. *I'll call you when I've finished* = Je t'appellerai dès que j'aurai terminé. *I will retire when I'm thirty* = Je prendrai ma retraite quand j'aurai trente ans.

(5) Il y a une différence entre *You speak German, don't you?* — où la personne pense savoir que vous parlez allemand — et *You do speak German don't you?* où elle est convaincue de vos prouesses en allemand et où un manque de maîtrise serait chose grave. Le *do* joue encore son rôle de mise en relief, rendant encore plus forte une phrase qui est déjà emphatique.

(6) *To be convicted of a crime* = être condamné pour un crime. On trouve le même mot dans une expression comme *Bradley, a convicted murderer, was employed as a sales clerk in a firearms store* = B. qui a été condamné pour meurtre, était employé comme vendeur dans une armurerie. *To embezzle/embezzlement* = détournement ou appropriation de fonds (le mot est un hybride, né d'un verbe anglo-français : embesiler. Nous avons beaucoup en commun tout de même !)

18 — Yes I do!, shouted the man, As God is my judge, I'm not guilty!

19 — You're wrong, replied the magistrate, He isn't. I am. You are. Two years. (**7**)

20 How about that for economical use of the language?

***

EXERCISES

(Dans cette série d'exercices, essayez de reproduire les intonations à haute voix ; écoutez surtout les deux nuances des phrases 4 et 5.)

1. — Don't come back to the office unless you've got the contract. — Don't worry. I won't. **2.** — You haven't sent off the cheque for the electricity, have you? — I have! **3.** Mr. Gilbert says you'll work overtime on Friday evening. — I will not! **4.** You don't smoke, do you? **5.** You don't smoke, do you? **6.** You're not the famous Marvin Handout, are you? — Indeed I am.

***

Fill in the missing words (contracted forms)

1. *N'employez pas les contractions, à moins que vous écriviez à quelqu'un que vous connaissez.*

   . . . ' . use contractions . . . . ' . . writing to someone . . . know.

2. *C'est toujours difficile de savoir quand il dit la vérité.*

   . . ' . always difficult to know when . . ' . . . . the . . . . .

3. *Nous vous avons dit que vous pouvez rester dîner.*

   . . ' . . . . that . . . ' . . welcome to stay for dinner.

18 — En effet, s'écria-t-il, que Dieu soit mon juge, je ne suis pas coupable !
19 — Vous avez tort, répliqua le magistrat, il ne l'est pas ; je le suis. Vous l'êtes. Deux ans.
20 Ne voilà-t-il pas un emploi économe de la langue ?

NOTES (suite)

(7) Essayez de retrouver les phrases auxquelles correspondent ces auxiliaires : *He isn't = He (God) isn't your judge . I am = I am (your judge). You are = You are (guilty).* Joliment dit, n'est-ce pas ?

***

Exercices 1. — Ne revenez pas au bureau sans le contrat signé. — Ne vous inquiétez pas, je n'en ai nullement l'intention. **2.** — Tu n'as pas envoyé le chèque pour l'électricité, n'est-ce pas ? — Mais si, je l'ai envoyé ! **3.** — M.G. a dit que tu feras des heures supplémentaires vendredi soir. — Pas question ! **4.** Ne me dis pas que tu fumes ? **5.** Tu ne fumes pas, n'est-ce pas ? **6.** — Vous n'êtes pas le célèbre M.H. ? — Mais si, justement.

***

4. *Est-il plus âgé que vous ? — Naturellement. C'est mon frère aîné.*

Is he ..... than you? — Naturally. ..'. my ..... brother.

5. *Ajoutez du ketchup pour rosir la sauce, et de la farine pour l'épaissir.*

Add tomato ketchup to ...... the sauce and flour to .... it.

The missing words

1. Don't ... unless you're ... you **2.** It's ... he's telling ... truth **3.** We've told you ... you're **4.** older ... He's ... elder **5.** redden ... thicken

Fifth lesson

Politeness maketh man (N3)

1 Discretion and reserve are two of the traits that go into making up the English character.

2 The English are often polite to the point where other nations would accuse them of hypocrisy.

3 Consider the case of the man in the Underground during rush hour who says timidly to the person next to him: (**1**)

4 — Excuse me, sir, but I'm afraid that I've been stupid enough to put my foot underneath yours. Could you possibly move? (**2**)

5 Yes, it can sometimes be difficult to navigate through the shark-infested waters of politeness.

6 An American visitor was being shown around a seaside resort in the north of England. (**3**)

7 Having seen all the main attractions, he arrived at a « naturist » beach

NOTES

(**1**) Grâce aux origines doubles de la langue (voir leçon 8), on trouve souvent deux mots quand d'autres langues n'en ont qu'un. Ainsi, l'anglais possède *timid* et *shy*. Il y a une fine nuance — *timid* c'est plutôt craintif, alors que *shy* signifie timide — mais en pratique, le premier est moins émotif que le second, donc moins usité, et le sens ne change pas.

Cinquième leçon

Les bonnes manières font l'homme

1 La discrétion et la réserve sont deux des éléments qui entrent dans la composition du caractère anglais.

2 Les Anglais sont souvent polis au point que d'autres nations les taxeraient d'hypocrisie.

3 Considérez le cas d'un homme dans le métro, aux heures de pointe, qui dit timidement à la personne à côté de lui :

4 — Excusez-moi, Monsieur, mais je regrette d'avoir été assez stupide pour mettre mon pied sous le vôtre. Pourriez-vous peut-être vous déplacer ?

5 Eh oui, il peut être parfois difficile de naviguer à travers les eaux dangereuses de la politesse, infestées de requins.

6 On faisait visiter à un Américain une station balnéaire au nord de l'Angleterre.

7 Ayant vu toutes les attractions principales, il arriva à une plage naturiste

NOTES (suite)

(2) *Under* ou *underneath* (sous, au-dessous de) ? D'abord, faisons la distinction entre l'utilisation prépositive — où ils sont interchangeables — et les utilisations adverbiales et nominatives. *I slid the letter under the door* ou *underneath the door.* Les deux sont corrects mais le premier est le plus usité (prépositif). Ensuite, adverbial : *I lifted the carpet and found the letter underneath.* Ou encore *He was wearing a bathrobe with nothing underneath* (*bathrobe* = peignoir). Ici, seul *underneath* peut s'employer. Enfin, le nom *the underneath* (le dessous) : *The underneath of the boat was rotten* (*rotten* = pourri). Résumons : dans le premier cas, les deux peuvent s'utiliser mais le plus court est le plus courant. Dans le deuxième cas, on ne trouve que *underneath,* et dans le troisième cas *the underneath* (seul utilisable) est le plus souvent remplacé par *the bottom.*

(3) *Show me the photographs* = Montrez-moi les photographies. *She showed the photos to me* = Elle m'a montré les photos. *To show around* = faire visiter. *Is this the first time you've been here ? Then let me show you around.*

8 where a dozen or so men and women were relaxing and swimming in the nude. (**4**) (**5**)
9 The American stopped and watched in amazement. He then turned to his host and asked: (**6**)
10 — Is it considered proper to swim naked in a public place?
11 His host seemed put out. — No, he replied, but it **is** considered improper to watch people bathing in a public place. (**7**)
12 A socialite once told Oscar Wilde about a gentleman who was so well dressed (**8**) (**9**)
13 that people would turn and look at him in the street. (**N4**)
14 — In that case, said Wilde disdainfully, he is not well dressed.
15 In such circumstances it is usually better to keep silent than to open one's mouth
16 and put one's foot in it! (**10**)

NOTES (suite)

(**4**) *A dozen* = douze. *A dozen or so* = environ une douzaine. *Twenty visitors* = vingt visiteurs. *Twenty or so visitors* = une vingtaine de visiteurs.

(**5**) Malgré leur réputation de pudibonderie, les Anglo-saxons ont plusieurs mots pour « nu ». *Nude* s'applique uniquement aux humains et peut être nom et adjectif ; on le trouve très souvent dans le domaine des arts : *His paintings of nudes are rather unusual. A nude statue. Naked* et *bare* ont aussi le sens de « sans protection » : *A solar eclipse should never be observed with the naked eye* (l'œil nu) ou « dégarni » : *The cupboard is bare* = Il n'y a rien dans le placard. C'est à l'usage que vous découvrirez (si l'on ose dire) les différentes utilisations.

8 où une douzaine d'hommes et de femmes se détendaient et se baignaient nus.
9 L'Américain s'arrêta et regarda, éberlué. Puis, il se retourna vers son hôte et demanda :
10 — Est-il considéré comme correct de se baigner nu dans un endroit public ?
11 Son hôte semblait gêné. — Non, répliqua-t-il, mais il est en effet considéré comme inconvenant de regarder les gens se baigner dans un endroit public.
12 Une personne très en vue dans la haute société parla un jour à O.W. d'un gentleman si bien habillé
13 que les gens se retournaient pour le regarder dans la rue.
14 — Dans ce cas, dit Wilde dédaigneusement, il n'est point bien habillé.
15 Dans de telles circonstances, il vaut mieux rester silencieux que d'ouvrir la bouche
16 et de s'y mettre le pied !

NOTES (suite)

(**6**) Attention au faux ami : *a host* est celui qui reçoit (fém : *hostess*), *a guest* (invar.) : celui qui est reçu.

(**7**) *To put someone out* = déranger quelqu'un. — *You're welcome to stay the night.* — *I'd hate to put you out.* = Je ne voudrais surtout pas vous déranger. *Don't let me put you out.* = Je ne veux pas vous déranger.

(**8**) *A socialite* = un homme ou femme mondain(e). *To socialize* = frayer avec quelqu'un. *He won't come to the party. He hates socializing* = Il ne viendra pas à la soirée, il déteste les invitations.

(**9**) Oscar Wilde (1854-1900) est un exemple, parmi tant d'autres comme Jonathan Swift et George Bernard Shaw, de la contribution irlandaise à la littérature anglo-saxonne trop souvent appelée « anglaise ». Il est surtout célèbre pour ses écrits spirituels et ses « bons mots ».

(**10**) *To put one's foot in it* = mettre les pieds dans le plat. C'est une élision de *to put one's foot in one's mouth* — chaque fois qu'on ouvre la bouche, on se met les pieds dedans. *Don't say anything. You'll only put your foot in it.* = Ne dis rien. Tu mettras les pieds en plein dedans. *She really put her foot in it !* = Elle a vraiment fait une gaffe !

EXERCISES 1. — I was showing my parents around the Metropolitan when a guide came up and said: **2.** — Excuse me, sir, I'm afraid it's impossible to visit this section of the museum today. **3.** The mechanic slid underneath the car to inspect the damage. **4.** — I told you to check the electricity! Look at those bare wires! **5.** Mrs de Vere was an amusing hostess. Her guests always ended up in the swimming pool...with their clothes on! **6.** They're a shy couple. They really don't like socializing.

Fill in the missing words

1. *J'ai soulevé le couvercle. Il n'y avait rien dessous !*

I lifted the cover. There was nothing . . . .!

2. *On me faisait visiter le musée lorsque j'ai rencontré Penny.*

I . . . . the museum when I met Penny.

3. *Elle a mis ses pieds dans le plat, et j'étais horriblement gêné.*

She . . . her . . . ., and I was really . . . . . .

4. *— Combien de gens ont répondu à l'annonce ? — Oh, une trentaine.*

— How many people replied to the advertisement? — Oh, ...

5. *Quand nous étions plus jeunes, ma mère nous emmenait au cinéma toutes les semaines.*

When we were . . . ., my mother . . . . . take us to the cinema every week.

Exercices 1. — Je faisais visiter le Metropolitan à mes parents lorsqu'un guide est venu pour me dire : **2.** — Je regrette, Monsieur, mais il n'est pas possible de visiter cette section du musée aujourd'hui. **3.** — Le garagiste s'est glissé sous la voiture pour regarder les dégâts. **4.** — Je t'ai dit de vérifier l'électricité ! Regarde ces fils nus ! **5.** Mme de Vere était une hôtesse amusante. Ses invités se retrouvaient toujours dans la piscine...vêtus ! **6.** C'est un couple très timide ; ils n'aiment pas du tout sortir en société.

The missing words

1. underneath **2.** was being shown around **3.** put...foot in it...put out **4.** thirty or so. **5.** younger...would.

Sixth lesson

" If it's Tuesday it must be Belgium " (**1**)

1 Is there anything more frustrating than trudging down the High Street in the pouring rain (**2**)

2 and stopping to look in a travel agent's window? " Jet to the sun ", " Take a winter break ", " Sea, sun and sand ". (**3**)

3 Whether it is a day trip to the seaside or a package tour to a foreign resort, (**4**) (**5**)

4 people are travelling in greater numbers than ever before. Of course, there have always been jet setters and globe trotters (**6**)

5 but the average holidaymaker has such a choice of destinations and packages that he often ends up staying at home.

NOTES

(**1**) Titre d'un film américain tourné en 1969 qui montrait de façon humoristique les « affamés » de la culture et du voyage qui « faisaient » un pays par jour. Les Américains ont une jolie expression pour ceux qui doivent tout voir à tout prix ; ils les appellent *culture vultures* : les vautours de la culture.

(**2**) *To trudge* — un verbe qui indique mouvement et manière en même temps. Ce verbe veut dire : marcher lourdement et péniblement. *The car broke down and we had to trudge three miles across the fields in the pouring rain* = La voiture est tombée en panne et nous avons dû marcher péniblement pendant 5 km à travers champs sous une pluie battante.

(**3**) Faites attention à la forme du verbe qui suit *to stop: She stopped to look at the window display.* = Elle s'est arrêtée POUR regarder l'étalage. Souvenez-vous, l'infinitif nous explique l'intention (INfinitif = INtention). Par contre, *He stopped smoking last week* = Il s'est arrêté DE fumer. *Smoking* ici est un gérondif — un nom verbal : c'est ce qu'il a arrêté de faire.

Sixième leçon

« Si c'est mardi cela doit être la Belgique »

1 Y a-t-il quelque chose de plus frustrant que de descendre péniblement la rue principale sous une pluie battante

2 et de s'arrêter pour regarder la vitrine d'une agence de voyages ? « Envolez-vous vers le soleil » « Prenez la pause-hiver » « Mer, soleil et sable ».

3 Qu'il s'agisse d'un voyage d'une journée à la mer ou d'un voyage tout compris vers une station balnéaire,

4 les gens voyagent en plus grand nombre que par le passé. Bien entendu, il y a toujours eu de grands voyageurs (« jet-setters, » « globe-trotters »)

5 mais le vacancier moyen a un tel choix de destinations et de forfaits qu'il lui arrive souvent de rester à la maison.

NOTES (suite)

(4) *Package* est littéralement un paquet, mais son usage devient de plus en plus répandu pour signifier un ensemble de mesures ou d'avantages. *Our comprehensive insurance package ensures your peace of mind at all times* = Notre police d'assurance globale assure votre tranquillité d'esprit à tout moment. *A package deal* = un contrat global. Donc, *a package tour/holiday* est un voyage à prix forfaitaire. Enfin, remarquez la différence en langage commercial entre *packaging* = le conditionnement et *packing* = l'emballage.

(5) *A resort* = une station de vacances, donc *a ski resort, a seaside resort, a health resort* (station climatique). Prononcez bien un *z* au milieu du mot.

(6) Ces deux expressions n'ont pas d'équivalents exacts en français ; c'est pourquoi on les utilise parfois telles quelles en « franglais ». *The jet set* = le beau monde qui passe son temps à voyager d'endroit à la mode en endroit à la mode — pour y rencontrer d'autres *jet setters.* L'utilisation du mot peut être ironique ou pleine d'envie... *A globe trotter* (de *globe* = la boule terrestre, et *to trot* = trottiner) désigne un touriste ou un voyageur qui parcourt le monde.

6 The traveller intent on luxury may book a round-the-world cruise, stopping over in several countries, (**7**)
7 or buy a first-class return ticket on a scheduled airline to some exotic destination.
8 A more economical way of seeing the world is to take a charter flight and stay half-board in a hotel. (**8**)
9 Cheaper still is to hitch-hike and to thumb a ride overland to the Far East, (**9**)
10 living out of a suitcase and sleeping in the open — the dream of American youth in the 1950s. (**10**)
11 When you arrive at your destination, you can do the sights or laze on the beach and soak up the sun.

NOTES (suite)

(**7**) *On our way to Florida, we stopped at Baltimore. Does this train stop at Fratton?: To stop at* signifie s'arrêter momentanément, et s'emploie beaucoup pour les transports en commun. Par contre, quand on fait escale — c'est-à-dire qu'on reste un petit moment, on utilise *to stop over in* (eh oui, deux prépositions). *We stopped over in Los Angeles on our way to Hawaii.* Le nom est *a stop-over* (avec l'accent tonique sur *stop* — écoutez la phrase 1 des Exercices). *We'll make a stop-over in Nairobi.* Un vol sans escale = *a non-stop flight.* Nous examinerons à la leçon 32 ce phénomène d'accent tonique qui se déplace d'une partie à l'autre d'un énoncé composé.

(**8**) Une paire de mots qui peut prêter à confusion. *Economic* = ayant trait aux sciences économiques : *The unions are protesting against the Government's economic policy* = Les syndicats protestent contre la politique économique du gouvernement. *Economical* = qui ne coûte pas cher, qui est économique. *Not only is the purchase price low, but the car is also very economical. It does 50 miles to the gallon.* = Non

6 Le voyageur qui veut absolument du luxe peut réserver une croisière autour du monde avec des escales dans différents pays,
7 ou acheter un aller-retour première classe sur une ligne aérienne régulière pour une destination exotique quelconque.
8 Une façon plus économique de voir le monde est de prendre un vol charter et de séjourner en demi-pension dans un hôtel.
9 Encore moins cher est de faire de l'auto-stop et de traverser le continent jusqu'en Extrême-Orient
10 avec un minimum d'affaires, en dormant à la belle étoile — le rêve de la jeunesse américaine des années 50.
11 Quand vous arrivez à votre destination, vous pouvez regarder les attractions touristiques ou vous détendre sur la plage et prendre un bain de soleil.

NOTES (suite)

seulement le prix d'achat est bas mais la voiture est aussi très peu gourmande ; elle fait du 6 litres au 100. (Notez qu'en G-B et aux E-U, on mesure la consommation d'une voiture au nombre de kilomètres (miles) parcourus avec un gallon d'essence qui, pour tout arranger, n'est pas le même dans les deux pays. (GB = 4,5 l ; US = 3,7 l).

(**9**) *To hitch-hike* (peut s'écrire sans le trait d'union) = faire de l'auto-stop. En parler familier, on dit *to hitch* tout court : *He hitched from London to Manchester* ou *to thumb a ride*. Remarquez la souplesse de la langue anglaise, que l'on a déjà évoquée dans la première leçon : on utilise son pouce pour faire du stop donc on doit pouvoir dire *to thumb* ! Comparez avec, par exemple, *Hand me the dictionary* = Passez-moi le dictionnaire. C'est riche !

(**10**) *To live out of a suitcase* = Etre continuellement en voyage avec très peu d'affaires — qui peuvent tenir dans une valise. *Let's stay for a few days : I hate living out of a suitcase. To sleep in the open* est une ellipse de *...in the open air* = ...en plein air. L'expression veut dire : dormir à la belle étoile. Le rêve des années 50 s'exprime le mieux dans le livre de Jack Kerouac *On the Road* (1957. Titre français : Sur la Route.)

12 Perhaps the most exotic holiday of the future would be a voyage to the moon, or perhaps another planet with a better atmosphere! (**11**)

13 The armchair traveller can visit the world without going further than the local library or bookshop. (**12**)

14 Borders are becoming easier to cross, with fewer customs formalities. (**13**)

15 In the US, you can drive thousands of miles west to east without changing countries,

16 but the Briton first has to cross the Channel — which often proves to be the biggest hurdle of all.

17 Some British people believe that foreigners begin at Calais — but others more parochial believe they start at Dover! (**14**)

18 Two Frenchmen, touring Britain by car, were driving through the Lake District and were moved by the beauty of the landscape. (**15**)

NOTES (suite)

(**11**) Excusez-nous ! *atmosphere* = atmosphere ou ambiance, comme en français.

(**12**) Bien que votre niveau d'anglais vous mette au-dessus de simples erreurs, nous nous permettons de vous rappeler que *a library* est une bibliothèque de prêt et *a bookshop* (ou *bookstore* aux E-U) une librairie. Une bibliothèque, le meuble, se dit *a bookcase*.

12 Peut-être les vacances les plus exotiques de l'avenir seront-elles un voyage dans la lune ou dans une autre planète avec une meilleure atmosphère.
13 Le voyageur en fauteuil peut visiter le monde sans aller plus loin que la bibliothèque locale ou la librairie.
14 Les frontières deviennent de plus en plus faciles à franchir avec moins de formalités douanières.
15 Aux Etats-Unis, vous pouvez conduire pendant des milliers de kilomètres de l'est à l'ouest sans changer de pays,
16 mais le Britannique doit d'abord franchir la Manche qui souvent s'avère le plus grand écueil de tous.
17 Certains Britanniques croient que les étrangers, ça commence à Calais mais d'autres, plus étroits d'esprit, croient que ça commence à Douvres !
18 Deux Français, faisant le tour de la Grande-Bretagne en voiture, traversèrent le Lake District et furent émus par la beauté du paysage.

NOTES (suite)

(**13**) Nous avons deux mots pour la frontière : *border* et *frontier*. Le premier est géographique : *We were searched at the German border*, le deuxième est plus métaphorique : on parlera de *the frontiers of human knowledge* = les bornes des connaissances humaines, ou *the frontiers of science*. Ce transfert du concret à la métaphore vient peut-être de l'utilisation du mot dans l'histoire des Etats-Unis pour désigner la ligne de séparation entre les régions vierges et les régions exploitées par les *frontiersmen* — l'Ouest. Dans son discours d'inauguration, J.F. Kennedy parlait de l'espace comme : *the last frontier*.

(**14**) *A parish* = une paroisse, *a parish priest, a parish church*. Le mot *parochial* vient de ce premier mais désigne plutôt quelqu'un qui a l'esprit de clocher. *A parochial outlook* = une attitude bornée.

(**15**) *The Lake District* — la Région des Lacs — est une des régions les plus séduisantes de la Grande-Bretagne. Située au nord-ouest de l'Angleterre, c'est une contrée vallonnée avec de grands lacs paisibles. Au 19e siècle, trois des plus grands poètes y élirent domicile — Wordsworth, Coleridge et Southey. Ils furent baptisés : *the Lake School*.

19 — You know, this really is a lovely country, said one. — I agree, replied his companion. Thank God they can't cook it!

20 Back in the Sixties, the US Army was using the lure of foreign travel to attract recruits. (**16**)

21 A group of students produced a spoof on the recruiting poster, which read:

22 — Join the Army. Travel to exotic countries. Meet exciting new people... and kill them.

23 The campaign was not very successful!

***

EXERCISES 1. — Do we stop over in New York? — No, our first stop-over is Chicago. **2.** There was such a choice of films that I ended up staying at home. **3.** He had to take an exam, and that was the biggest hurdle of all. **4.** Back in the Fifties, few people had television. **5.** They tried to hitch-hike to California, but they weren't very successful. **6.** I wanted to laze on the beach but he insisted on doing the sights.

***

Fill in the missing words

1. *Que vous visitiez Brighton ou Baghdad, vous n'êtes qu'un vacancier moyen.*

   ....'.. visiting Brighton or Bagdad, ...'.. just an ....

2. *En route pour Moscou, ils voulaient s'arrêter à Varsovie. (attention au pronom)*

   .. .. Moscow, they wanted to .... .. Warsaw.

3. *Ils ont eu des problèmes à la frontière polonaise.*

   They had some problems at the Polish ......

19 — Vous savez, ceci est vraiment un pays merveilleux. — Je suis d'accord. Grâce à Dieu ils ne peuvent pas le faire cuire !

20 Dans les années 60, l'armée américaine utilisait l'appât des voyages à l'étranger pour attirer les recrues.

21 Un groupe d'étudiants fabriqua une parodie de l'affiche qui disait :

22 — Engagez-vous dans l'armée. Voyagez dans des pays exotiques, rencontrez des gens passionnants... et tuez-les.

23 La campagne eut un succès limité !

NOTES (suite)

(**16**) *A/to lure* vient directement du français « leurrer ». Remarquez comment on parle d'une période que l'on considère comme étant lointaine : *Back in the twenties...*, ou *Back in those days...* On pourrait se contenter de *In the 20s... In those days...* mais *back* ajoute la notion du temps révolu.

***

Exercices 1. — Est-ce qu'on fait escale à N Y? — Non, notre première escale est C. **2.** Il y avait un tel choix de films que finalement je suis resté à la maison. **3.** Il devait passer un examen, et c'était le plus grand écueil de tous. **4.** Là, dans les années 50, peu de gens avaient la télévision. **5.** Ils ont essayé d'aller en Californie en stop, mais ils n'ont pas eu beaucoup de succès. ....6. Je voulais me prélasser sur la plage mais il a insisté pour « faire » les attractions touristiques.

4. *Il s'est arrêté pour allumer sa pipe.*

He stopped .. .. pipe.

5. *Mais je croyais qu'il avait arrêté de fumer.*

But I thought he ... .

Seventh lesson

REVISION AND NOTES

Le but de ces leçons est de vous présenter des points de grammaire ou de vocabulaire qu'il nous paraît intéressant d'approfondir. Il ne s'agit pas de « leçons de grammaire » mais d'informations complémentaires sur tel ou tel sujet.

1 L'anglais a perdu beaucoup de ses inflexions — les terminaisons de mots qui désignent les fonctions grammaticales — et ceci peut parfois conduire à un manque de précision (ce qui explique, entre autres raisons, pourquoi le français reste la langue de la diplomatie). Par contre, ce « flou » grammatical génère une extraordinaire souplesse. Regardez les phrases suivantes :
Go down the road and turn left at the traffic light.
He was so thirsty he downed four pints of water.
She's been feeling down since she lost her job.
Dans la première (Descendez la rue et tournez à gauche au feu), le mot *down* joue son rôle de préposition (bien qu'il soit après le verbe). Par contre, dans notre deuxième exemple (Il avait tellement soif qu'il a avalé deux litres d'eau), *down* est utilisé comme un verbe. Dans la troisième phrase (Depuis qu'elle a perdu son travail elle se sent déprimée), nous trouvons le mot en adjectif. Cette facilité ne date pas d'hier : on peut remonter au seizième siècle pour trouver une approche novatrice quant aux fonctions grammaticales. Au 17e, on trouve même une

The missing words

1. Whether you're...you're...average holidaymaker **2.** On their way to...stop at **3.** border **4.** to light his **5.** had stopped smoking

---

dramaturge (Susanah Centlivre) qui utilise une conjonction comme un verbe, lorsqu'un de ses personnages ne veut plus entendre d'excuses, et crie : *But me no buts !* On a même vu le cas où une lettre...oui, une lettre ! fait fonction de verbe. Dans un roman de Raymond Chandler (grand gourou du roman « noir »), Philip Marlowe tape une lettre à la machine. Il décide d'en oblitérer un mot, en se servant de la lettre x sur sa machine, d'où la phrase — que l'on lit sans en être choqué — *He ex-ed out the word !*
Ce qu'il y a de plus intéressant dans ce phénomène (et de plus frustrant pour celui qui apprend) c'est que les applications ne doivent pas nécessairement exister déjà : c'est le fait que l'on puisse se servir d'un mot comme nom, préposition ou verbe qui confère à la langue une plasticité remarquable. (On trouve beaucoup de ces mêmes caractéristiques dans la langue chinoise.)
N'essayez pas d'inventer tout de suite, car c'est à ce moment-là que l'Anglais ou l'Américain risquent de devenir puristes (l'étranger n'a pas le droit de prendre les mêmes libertés que les autochtones...) ; mais sachez que, dans l'application, l'anglais se plie très facilement aux besoins des utilisateurs.

2 Comme vous verrez dans les deux leçons suivantes, *to say* et *to tell* sont souvent confondus. La différence fondamentale est pourtant simple : *to say* présente les mots utilisés (dans le discours direct ou indirect) et *to tell* raconte le contenu. Ah, pourrez-vous vous dire, mais les deux situations sont souvent semblables, pour ne pas dire identiques. Exactement. Sachez donc que vous avez deux possibilités de présentation dans ce cas. *He says he comes from the same town as your father* ou *He told me he came from the same town as your father.* Nuance. Il a dit... Il m'a dit... On peut schématiser en disant que *to tell* est normalement suivi d'un pronom datif (*me, him, them,* etc.) et que *to say* est suivi de : « ce qu'a dit l'autre ». Gardez ce pense-bête en tête et attaquez les leçons !

3 Nous disions plus haut que la langue avait perdu la plupart de ses inflexions. Il peut être amusant de savoir de quoi il s'agit, nous vous présentons donc quelques exemples du « vieil anglais », mais sachez que c'est pour étendre les bases de votre culture plutôt que pour en faire une application directe ! (Nous trouvons encore ces formes dans la littérature ancienne, les prières, et parfois sur les enseignes de boutiques qui veulent se donner des lettres de noblesse pour mieux vendre des antiquités d'une qualité et d'un passé douteux). L'ancienne conjugaison des verbes comportait une terminaison spécifique pour la 3e personne du singulier, et un alternatif à *you.* Regardez l'exemple du verbe *to make :*

I make, thou makest, he/she/it maketh, we make, you make, they make

L'absence de tutoiement — ou de vouvoiement selon votre point de vue — apparaît au début comme une aubaine. Nous verrons plus tard que, dans la pratique, l'anglais a recours à un grand nombre de façons pour communiquer la familiarité ou la distance sans changer le pronom, qui peuvent tromper le non-initié. Autrefois, la forme *thou* (datif et accusatif : *thee*) exprimait une idée de rapprochement ou de lien de parenté (sans pour autant être l'équivalent exact de notre tutoiement) : nous retrouvons cette forme dans les anciennes prières, certains dialectes (surtout dans le nord de l'Angleterre), et dans le parler des *Quakers* (ou : *Friends*), un groupe religieux traditionaliste. Le pronom *you* avait aussi une forme plurielle : *ye.*

Ce mot était aussi celui qu'utilisaient les imprimeurs pour le phonème *th* dans l'article défini *the*. C'est pourquoi vous verrez des boutiques (et souvent les salons de thé...), dans les villes touristiques, qui veulent s'approprier une ancienneté qui leur fait cruellement défaut, en s'appelant *Ye Olde Tea Shoppe* (ou assimilé).

Si nous nous permettons de vous donner ces quelques informations d'ordre historique dans cette toute première leçon de révision, c'est tout simplement pour chatouiller votre envie d'en savoir plus sur tous les aspects de la langue anglaise (et, qui sait, pour vous éviter de faire un achat décevant dans une boutique à l'enseigne alléchante...).

4 Nous avons parlé de certaines caractéristiques qui n'existent pas en anglais par rapport au français et à d'autres langues latines. Un temps de verbe, si utile chez nous, qui n'a pas un équivalent exact, est l'imparfait. Il y a lieu d'analyser son utilisation en français avant d'essayer d'en traduire le sens. Lorsque notre imparfait décrit une action que l'on faisait souvent dans le passé mais dont on a perdu l'habitude (ex : quand j'étais jeune, je faisais beaucoup de ski), nous utilisons couramment *I used to* — prononcé <ioustou>.

Ainsi : *When I was young, I used to ski a lot* = quand j'étais jeune, je skiais beaucoup. Il y a longtemps, elle avait vraiment peur de prendre l'avion = *A long time ago, she used to be scared of flying.*

Une façon plus littéraire, néanmoins courante, d'exprimer la même idée est de substituer *would* à *used to* devant le verbe. Ainsi : *When we were very young, my father would wake us at the crack of dawn to go fishing* = Quand nous étions très jeunes, mon père nous réveillait dès l'aurore pour aller à la pêche. Il faut bien se rendre compte que, ici, *would* ne comporte aucun sens conditionnel.

Voilà terminée votre première semaine d'étude.

Comme vous avez pu le constater, nous avons mélangé le très sérieux et le plus léger, l'information et la distraction, de façon que votre travail (si on peut l'appeler ainsi) ait un rythme plus naturel, car on a besoin de variété quand on apprend. Nous espérons que vous saurez l'apprécier pendant les semaines à venir : nous vous réservons d'agréables surprises.

Eighth lesson

« This happy breed of men, this little world... » (1)

1 — And here is the weather forecast. The Continent has been cut off from Britain by thick fog.... (**2**)

2 This sentence is more than just a slip of the tongue: the insular nature of the British (**3**)

3 has always played an important part in the development of their character — and of their language.

4 In the last thousand years — as every schoolboy knows — Britain has only once been invaded.

NOTES

(**1**) C'est une citation — une fois n'est pas coutume — de Shakespeare, extraite de *Richard II* ; le passage où John of Gaunt fait l'éloge de l'Angleterre est l'un des plus célèbres de toute l'œuvre. Cette apostrophe se termine par : *« This blessed plot, this earth, this realm, this England ».* On a tort de considérer Shakespeare comme un auteur classique redoutable et rébarbatif... essayer d'en lire un peu et vous verrez.

Huitième leçon

« Ces hommes heureux, ce petit monde... »

1 — Et voici les prévisions de la météo. Le continent a été coupé de la Grande-Bretagne par un épais brouillard.

2 Cette phrase est plus qu'un simple lapsus : la nature insulaire des Britanniques

3 a toujours joué un rôle important dans le développement de leur caractère — et de leur langue.

4 Dans les mille dernières années — comme le sait chaque écolier — la GB a été envahie une fois seulement.

NOTES (suite)

(**2**) *To be cut off* = être coupé, isolé. *Did he hang up or were we cut off?* = A-t-il raccroché ou avons-nous été coupés ? *Careful, if you don't pay the bill this time, they'll cut off the electricity* = Fais attention, si tu ne paies pas cette fois-ci, ils vont te couper l'électricité.

(**3**) *A slip of the tongue* = un lapsus, la langue qui fourche. *To slip,* c'est glisser, donc on peut faire *a slip of the hand, a slip of the pen,* etc. Et si l'on oublie quelque chose, on peut s'en excuser ainsi : *I'm sorry, it slipped my mind* (ça m'est sorti de l'esprit).

5 When the Normans arrived in 1066, their language had a major impact on the language spoken by the inhabitants, (**4**)
6 and, for two centuries, French was the language of the nobility while English was spoken by the peasants. (**5**)
7 This influence can still be found today in a sort of « parallel » vocabulary. Here are some telling examples: (**6**)
8 The peasants tended their sheep, pigs and oxen, but when the animals were killed and served at the lords' tables (**7**)
9 the meats were called mutton, pork and beef.
10 The lord would sit in an elegant « chair » whereas the peasant made do with his humble « stool ». (**8**)
11 Today, words of Latin origin form the vocabulary of science, philosophy and government,
12 but the five thousand words of Old English that remain form the basic building blocks of everyday language.
13 No wonder the English vocabulary contains nearly a million words!
14 But don't worry! According to linguists, most of what we say is expressed with only three thousand words.

NOTES (suite)

(**4**) Eh oui, c'était la bataille de Hastings (en fait, la rencontre entre les armées de Guillaume le Conquérant et du roi Harold eut lieu à quelques kilomètres de là ; l'endroit s'appelle aujourd'hui Battle). Rappelez-vous que, pour lire une date, on la coupe en deux, donc 10 et 66 — *ten sixty six.*

(**5**) Attention au mot *peasant.* Il a soit un sens péjoratif

5 Lorsque les Normands arrivèrent en 1066, leur langue eut un impact majeur sur la langue parlée par les habitants,
6 et, pendant deux siècles, le français fut la langue de la noblesse tandis que l'anglais était parlé par les paysans.
7 Cette influence peut encore se trouver aujourd'hui dans une sorte de vocabulaire « parallèle ». Voici quelques exemples évocateurs :
8 Les paysans s'occupaient de leurs moutons, cochons et bœufs, mais lorsque les animaux étaient tués et servis aux tables des seigneurs,
9 les viandes s'appelaient *mutton, pork* et *beef* (mots normands).
10 Le seigneur s'asseyait sur une chaise élégante alors que le paysan devait se contenter de son humble tabouret.
11 Aujourd'hui, les mots d'origine latine forment le vocabulaire de la science, de la philosophie et du gouvernement,
12 mais les 5 000 mots du vieil anglais qui restent forment les fondations de la langue quotidienne.
13 Il ne faut donc pas s'étonner que le vocabulaire anglais contienne presque un million de mots.
14 Mais ne vous en faites pas ! Selon les linguistes, la plus grande partie de ce que nous disons s'exprime avec seulement trois mille mots.

NOTES (suite)

— genre péquenot — soit historique — *The Peasants' Revolt* au 14e siècle. Il n'a nullement le sens de « fermier » comme dans les langues latines. Il faut donc employer le mot usuel *farmer.*

(6) *A telling example* = un exemple éloquent. *A tellling blow* = un coup qui porte : *His articles are always well researched and his style is telling* = Ses articles sont toujours bien documentés et son style est très expressif.

(7) *An ox* mais *two oxen* (bœufs). C'est un des rares reliquats de la langue saxonne, que ses pluriels terminés en-*en*. Voyons, nous connaissons *woman/women, brother/brethren* (sens biblique seulement).

(8) *To make do with* = se contenter de. *We've no butter. You'll have to make do with margarine* = Nous n'avons pas de beurre. Vous devrez vous contenter de margarine. *That's all the money I can lend you. — Thanks. I'll make do* = C'est tout ce que je peux te prêter. — Merci. Je ferai avec.

15 Despite the Channel Tunnel, the British remain very attached to their island origins,

16 even though their language has borrowed and incorporated words from just about every other major language in the world.

17 A crusty old Peer of the House of Lords was explaining his attitude to a surprised member of the European Parliament: (**9**)

18 — So you see, I was born English, I've always lived in England and, by God, I intend to die English.

19 It's not nationalism, dear fellow, it's just insularity.

20 — I see, rejoined the other, but do you have no ambition? (**N1**)

***

EXERCISES 1. — Operator, I think we've been cut off. **2.** A large number of farmers turned up at the meeting to listen to the Minister of Agriculture. **3.** Don't worry! According to the weather forecast, it will be fine tomorrow. **4.** They didn't drink coffee so we had to make do with tea. **5.** — Where were you born? — In a tiny town in the north of Scotland. **6.** He said it was a slip of the tongue, but I'm sure he said it on purpose.

***

Fill in the missing words

1. *Je suis sûr qu'elle ne l'a pas fait exprès. Elle a dû oublier.*

I'm sure it's not deliberate. It must have ....

15 Malgré le tunnel sous la Manche, les Britanniques restent très attachés à leurs origines insulaires,
16 bien que leur langue ait emprunté et incorporé des mots de presque toutes les langues principales du monde.
17 Un pair bourru de la Chambre des Lords expliquait son attitude à un membre étonné du Parlement Européen,
18 — Donc, voyez-vous, je suis né Anglais, j'ai toujours vécu en Angleterre et, pardi, j'ai l'intention de mourir Anglais.
19 Ce n'est pas du nationalisme, cher ami, c'est simplement l'insularité.
20 — Je vois, répondit l'autre, mais vous n'avez donc aucune ambition ?

NOTES (suite)

(9) *A crust*: une croûte (de pâte). Regardez ces expressions. *Lord Hinkley is definitely upper crust* = Lord H fait partie du gratin. *There wasn't a crust to eat in the house* = Il n'y avait rien à manger à la maison. *Crusty* = bourru, hargneux.

***

Exercices 1. — Opérateur, je pense que nous avons été coupés. **2.** Un grand nombre de paysans/agriculteurs sont venus au meeting pour écouter le Ministre de l'Agriculture. **3.** Ne t'en fais pas ! Selon la météo, il fera beau demain. **4.** Ils ne buvaient pas de café, donc nous avons dû nous contenter de thé. **5.** — Où êtes-vous né ? — Dans une petite ville dans le nord de l'Ecosse. **6.** Il m'a dit qu'il s'agissait d'un lapsus, mais je suis sûr qu'il l'a dit exprès.

***

2. — *As-tu une idée de l'endroit où ils habitent ? — Non. As-tu oublié aussi ?*

— .. .. any idea where they live? — No. .... forgotten too?

3. *Malgré la chaleur, j'ai l'intention d'aller me promener.*
.... the heat, I .... go ... a walk.

4. *Bien qu'ils parlent le français, je préfère parler anglais.*
.... they speak French, I prefer to speak English.

Ninth lesson

To the or not to the (N 2) (Part one)

1 If you read that " the Queen Elizabeth arrived in Southampton yesterday ",
2 you may be surprised to learn that the Elizabeth in question is an ocean liner.
3 The monarch would be referred to as Queen Elizabeth or King Charles, with no " the " to get in the way. (**1**)
4 We will say that the United States and the Soviet Union are negotiating on arms control, (**2**)
5 but we may add that Britain and West Germany are also participating in the talks. (**3**)

NOTES

(**1**) *Way* est un mot très utile. A la base, il signifie : chemin, voie, mais on le trouve à toutes les sauces (bien que l'on prétende que la cuisine anglaise n'en a qu'une !). Par exemple, autant vous verrez des panneaux annonçant *ENTRANCE (ENTRY)* et *EXIT*, autant vous trouverez *WAY IN* et *WAY OUT* pour les mêmes entrée et sortie. Ici, *to be in the way* ou *to get in the way* = gêner, encombrer le chemin. *Be careful when you move the bookcase. The chair's in the way* = Fais attention en déplaçant la bibliothèque. La chaise gêne. *I've got a lot of work to do so be quiet and don't get in my way* = J'ai beaucoup à faire, donc sois tranquille et ne me gêne pas.

5. — *Il n'a pas payé depuis un an. — Ça ne m'étonne pas qu'ils aient coupé le gaz !*

— He hasn't paid the bill for a year. — . . . . they . . . . . . the gas!

The missing words

1. slipped her mind. **2.** Do you have...Have you **3.** Despite...intend to...for **4.** Even though **5.** No wonder...cut off.

Neuvième leçon

To " the " or not to " the " (Première partie)

1 Si vous lisiez que la Reine Elizabeth (avec article) est arrivé à S. hier,

2 vous seriez peut-être surpris d'apprendre que la Reine Elizabeth en question est un paquebot.

3 Le monarque serait appelé Reine Elizabeth (sans article) ou Roi Charles, sans être encombré par « the ».

4 Nous dirons que les E-U et l'URSS négocient sur le contrôle des armements,

5 mais nous pourrons ajouter que la GB et la RFA participent aussi aux négociations.

NOTES (suite)

(2) Bien qu'on dise *the United States* et *the Soviet Union* parce qu'il y a une idée de pluralité... on utilise toujours un verbe singulier car il s'agit d'un pays. Logique, non ? *The United States is on home ground and the Soviet Union doesn't like to be in a position of inferiority* = les Etats-Unis sont chez eux et l'Union Soviétique n'aime pas être en position d'infériorité.

(3) La RFA et la RDA sont, respectivement, *West Germany* (ou *the Federal Republic of Germany* dans les textes officiels) et *East Germany* (ou *the Democratic Republic*) pour les anglophones.

6 The Italians and the French have also sent delegations to the conference.

7 Using the definite article *the* is a delicate business. Look at the following examples and see how it works:

8 I don't like coffee much, but the coffee they served us after dinner was horrible. It tasted like dishwater. (**4**)

9 Dogs are usually a man's best friend but the Alsatian next door doesn't seem to have heard the news. (**5**)

10 According to the opinion polls, you read in the papers, most people are in favour of the Common Market, (**6**)

NOTES (suite)

(**4**) Oui, le café anglo-saxon n'a pas bonne réputation ! Mais ceci n'est pas notre propos. *to wash up* (GB) = faire la vaisselle. On trouve aussi les expressions : *to do* et *to wash the dishes*. En anglais EU, on dit uniquement *to do the dishes*, et *to wash up* est utilisé pour l'hygiène personnelle. *Do you want to wash up before dinner?* = Voulez-vous vous laver avant le dîner ? paraîtrait curieux à un Anglais qui comprendrait qu'il faut faire la vaisselle avant de l'avoir salie. Pour la vaisselle, les Anglais utilisent *washing-up liquid* et les Américains du *dish soap*... ou *the dish-washer*... le lave-vaisselle.

(**5**) Une bonne illustration des extrêmes qu'on peut atteindre pendant une guerre. Jusqu'en 1914, le berger allemand (le chien s'entend) était connu sous le nom de *German Shepherd*, nom qu'il conserve d'ailleurs aux Etats-Unis. Mais parce que tout ce qui était allemand était forcément mauvais... les Anglais l'ont rebaptisé *an Alsatian* ! Sur un ton plus sérieux, ce même fanatisme linguistique a incité la famille royale anglaise — qui a de fortes racines teutonnes — à changer en Windsor leur nom de famille qui était jusqu'alors Saxe-Coburg.

6 Les Italiens et les Français ont aussi envoyé des délégations à la conférence.
7 Utiliser l'article défini *the* est une affaire délicate. Regardez les exemples suivants et voyez comment cela fonctionne :
8 Je n'aime pas beaucoup le café, mais le café qu'ils nous ont servi après le dîner était horrible. Il avait un goût d'eau de vaisselle.
9 Les chiens sont normalement les meilleurs amis de l'homme, mais le berger allemand d'à côté ne semble pas avoir entendu la nouvelle.
10 Selon les sondages d'opinion que vous lisez dans les journaux, la plupart des gens sont en faveur du Marché Commun,

NOTES (suite)

(6) *A poll* a deux utilisations principales : soit un sondage d'opinion = *an opinion poll*, soit un vote. Le mot vient en fait d'un mot néerlandais qui signifie « la tête »... d'où l'idée de compter les têtes. Pour l'action de voter on dit *to vote*, les voix recueillies sont des *votes* mais *poll* se trouve dans des expressions comme *The country went to the polls* = Le pays est allé aux urnes ou encore *The MP for Birmingham North polled twenty percent fewer votes this year than at the last election.* = *Le député (membre du parlement) de B.N. a recueilli 20 % de voix en moins qu'aux dernières élections. A straw poll* est un sondage non officiel avant des élections afin de connaître les intentions de vote. *A pollster* : une personne qui organise des sondages.

11 but most of the people we spoke to were extremely critical of the Community's agricultural policy and were suspicious of Europe. (**7**)

12 Look again at the examples and notice that the definite article is used when the people or things referred to are, well, definite...

13 If they are abstract, we cannot use *the*. For example, there is an old saying which runs:

14 Capitalism is the exploitation of people by people. Socialism is the opposite. (**8**)

15 However, we can represent a group of things or people by taking one to serve as an example:

16 " The horse is a noble animal " means that all horses are noble.

17 Woody Allen added a touch of cynicism to the Bible when he gave his own version of a famous quotation: (**9**) (**10**)

18 The lion and the lamb shall lay down together, he said, but doubting that the prophet was an animal-lover, he added: (**N 3**)

19 ...but the lamb won't get much sleep.

NOTES (suite)

(**7**) Nous avons déjà vu à la leçon 4 que l'anglais peut faire avec l'intonation ce que d'autres langues ne pourraient faire qu'en ajoutant une locution. Ici, nous voulons montrer que ce que l'on dit dans les sondages est différent de ce que nous avons trouvé. Ecoutez bien la phrase et remarquez l'accentuation de *we*. Repassez la phrase et imitez-la. Cette utilisation de l'accent est extrêmement courante et, bien sûr, pose

11 mais la plupart des gens à qui nous avons parlé étaient extrêmement critiques au sujet de la politique agricole communautaire et se méfiaient de l'Europe.
12 Regardez les exemples à nouveau et remarquez que l'article défini est utilisé lorsque les gens ou les choses dont on parle sont, eh bien, définis...
13 S'ils sont abstraits, on ne peut utiliser *the*. Par exemple, il y a un vieux dicton qui dit :
14 Le capitalisme, c'est l'exploitation des gens par des gens. Le socialisme, c'est le contraire.
15 Toutefois, nous pouvons représenter un groupe d'objets ou de gens en en prenant un pour servir d'exemple.
16 « Le cheval est un animal noble » veut dire que tous les chevaux sont nobles.
17 W.A. ajouta un brin de cynisme à la Bible quand il nous donna sa propre version d'une citation célèbre :
18 Le lion et l'agneau coucheront ensemble, dit-il, mais, doutant que le prophète aimait les animaux, il ajouta :
19 ...mais l'agneau ne dormira pas beaucoup.

NOTES (suite)

des problèmes pour la rendre à l'écrit. On peut souligner le mot accentué ou le mettre en italiques mais très souvent on ne met rien et on laisse à l'oreille le soin de relever cette mise en relief.

(8) *A person* pluriel : *people*. Le pluriel *persons* s'emploie dans des contextes officiels (documents, panneaux, etc.) Voir Leçon 1, Note 4.

(9) *The Bible* prend l'article défini car elle est unique.

(10) Woody Allen — humoriste et metteur en scène new-yorkais — célèbre pour son esprit ironique. Ici, il parodie le prophète Isaïe qui prédisait une ère de paix où même les fauves seraient doux.

EXERCISES 1. You can't rush things! Getting divorced is a delicate business. **2.** Many people are highly suspicious of opinion polls. **3.** He doesn't seem to have heard the news that the war is over! **4.** Please move that stool out of the way. **5.** Apparently, one out of four people own a car, but most of the people I know don't even have a bike! **6.** Huh! What do you know about politics? You don't even vote!
Faites bien attention à ce que vous entendrez sur vos enregistrements, et remarquez comment l'enregistrement fait passer la nuance qui est traduite ci-dessus.

***

Fill in the missing words

Nous avons laissé un blanc devant les noms dans les phrases suivantes. Insérez l'article défini quand vous le jugez approprié.)
We have left a space before the nouns in the following sentences. Insert a definite article where you think it is appropriate.

1. *Il habite aux Pays-Bas et son cousin en RFA.*

He lives in . . . Netherlands and his cousin lives in . . . West Germany.

2. *J'ai adoré le vin qu'ils ont servi avec le poisson.*

I loved . . . wine they served with the fish course.

3. *Je me méfie des sondages, mais celui qu'ils ont publié hier était vraiment significatif.*

I don't trust . . . opinion polls, but . . . poll they published yesterday was really telling.

Exercices 1. Tu ne peux pas précipiter les choses ! Divorcer est une affaire délicate. **2.** Bien des gens se méfient des sondages. **3.** Il ne semble pas avoir entendu la nouvelle que la guerre est terminée. **4.** Veuillez écarter ce tabouret de mon chemin. **5.** Apparemment, une personne sur quatre possède une voiture, mais la plupart des gens que moi je connais n'ont même pas de vélo ! **6.** Bah ! Qu'est-ce que toi tu connais en politique ? Tu ne votes même pas !

***

4. *Il a des opinions bien claires. Il croit au capitalisme et à la Bible.*

He's got definite views. He believes in ... capitalism and ... Bible.

5. *Les lions sont généralement difficiles à photographier, mais les lions dans ce parc-safari sont bien obligeants !*

... lions are generally difficult to photograph but ... lions in this safari park are very obliging!

The missing words

(pour mieux vous mettre en mémoire les cas « avec » et les cas « sans », nous vous donnons ci-dessous l'énoncé complet)

1. The Netherlands...West Germany **2.** the wine **3.** opinion polls...the poll **4.** capitalism...The Bible **5.** Lions...the lions

Tenth lesson

To " the " or not to " the " (Part two)

1 Let's take a look at the following examples of the use of the definite article taken from the press.
2 The anthropologist William Harding is to lead an expedition to Easter Island and the Maldives. (**1**)
3 The Duke of Edinburgh and the Prince of Wales were presented to Queen Sophia of the Netherlands during a three-day official visit.
4 The salmon fishing in Scotland is famous — so famous that underwater fishing has been banned for fear of poachers. (**2**)

NOTES

(**1**) *Lord Young is to head the enquiry* = L.Y. présidera l'enquête. L'utilisation de l'infinitif pour indiquer un futur certain est très courante dans la presse (voir *Lesson 32* sur les titres). *The President is to visit Moscow next year.* Dans le langage courant, il est recommandé d'employer le futur : *The President will visit Moscow,* etc.). Nous pouvons trouver l'infinitif pour indiquer une obligation : *You are to send me the report before Monday* = Vous devez m'envoyer le rapport avant lundi ; il est plus fréquent de trouver une telle tournure dans la forme négative : *You're not to open your present until Christmas Day* = Tu ne dois pas ouvrir ton cadeau avant le jour de Noël. Bien entendu, nous pouvons employer *must* dans tous les cas.

Dixième leçon

To « the » or not to « the » (deuxième partie)

1 Regardons les exemples suivants de l'utilisation de l'article défini, extraits de la presse.
2 L'anthropologue W.H. va conduire une expédition à l'Ile de Pâques et aux Maldives.
3 Le Duc d'Edimbourg et le Prince de Galles ont été présentés à la Reine Sophia des Pays-Bas pendant une visite officielle de trois jours.
4 La pêche au saumon en Ecosse est fameuse — tellement fameuse que la pêche sous-marine a été interdite par crainte des braconniers.

NOTES (suite)

(2) La logique peut paraître un peu tordue ici. Nous vous avions dit que l'article défini n'est employé que lorsque le nom lui-même est défini. Alors, nous direz-vous, *underwater* est bien une précision de *fishing.* Mais non, cher Assimiliste, c'est un adjectif ! Il faut considérer les deux mots comme n'en faisant qu'un (d'ailleurs, en allemand, on les écrirait ensemble ; c'est ce qu'on appelle une langue agglutinante). Vous avez l'exemple dans les premiers mots de cette phrase : *salmon fishing,* donc ce nom composé est défini par *in Scotland :* il s'agit bel et bien d'une pêche au saumon précise, alors que *underwater fishing* est pris dans un sens général. Regardez : *I love pop music but the pop music they play on that radio station is too loud for me.* L'exemple manque de naturel mais il fait ressortir (nous l'espérons) cette nuance. Allez, courage !

5 Eliot Seidelman was a child prodigy. By the age of five he could play chess like a Grand Master and the violin like a god.

6 Acid rain is largely responsable for environmental pollution, as water samples taken from Lake Constance and the Lake of Geneva clearly show.

7 The England of Charles Dickens can still be found in certain areas of London.

8 The English and the French finally decided to build a tunnel under the Channel — two hundred years after the original idea.

9 American wine — and especially the wines of California — have recently made inroads into the European market. (**3**)

10 Edgar Allen Poe's work is the best example of literary fascination with the supernatural.

11 Bill Hamilton, the Australian trade-union boss, was renowned as a tough negotiator. (**4**)

12 He also had a glass eye that was so realistic that few people were able to tell it apart from the real one. (**5**)

NOTES (suite)

(**3**) *To make inroads on/into* est, à l'origine, une expression militaire — on faisait des chemins en territoire ennemi. Son sens le plus usuel est celui d'empiéter ou d'entamer ; *The new Law And Order Act makes further inroads on individual freedom* = La nouvelle législation sur l'ordre public empiète encore plus sur les libertés individuelles. *Gambling made huge inroads into his capital* = Le jeu a fortement entamé son capital.

5 E.S. fut un enfant prodige. A l'âge de cinq ans, il jouait aux échecs comme un Grand Maître et au violon comme un dieu.

6 La pluie acide est responsable en grande partie de la pollution de l'environnement, comme le démontrent clairement les échantillons d'eau pris dans le Lac de Constance et le Lac Léman.

7 On peut encore trouver l'Angleterre de C.D. dans certaines parties de Londres.

8 Les Anglais et les Français ont finalement décidé de construire un tunnel sous la Manche — 200 ans après l'idée originelle.

9 Le vin américain — et surtout les vins de Californie — ont récemment fait des incursions dans le marché européen.

10 L'œuvre d'E.A.P. est le meilleur exemple de fascination littéraire par le surnaturel.

11 B.N., le syndicaliste australien, était connu pour être un négociateur coriace.

12 Il avait aussi un œil de verre qui paraissait tellement vrai que peu de gens pouvaient le distinguer du véritable œil.

NOTES (suite)

(4) Regardez ces quelques exemples de ce mot *tough.* D'abord, retenez bien la prononciation : teuf. *This meat's too tough to cut* = Cette viande est trop coriace pour être coupée. *Tough luck!* = Quelle malchance ! *My application was turned down. — That's tough* = Ma demande/candidature a été refusée. — Ça, c'est dur. *He's a tough customer* = Il n'est pas commode. Notez bien les utilisations idiomatiques.

(5) *They are identical twins. You can't tell the difference between them* = Ce sont des jumeaux identiques. Vous ne pouvez pas les distinguer. On peut alléger la phrase avec cette tournure. *You can't tell them apart. Republican or Democrat — politicians are all the same. You can't tell them apart.*

13 During a particularly difficult set of talks with the Secretary of State for Industry, (**6**)

14 Hamilton agreed to give up a certain demand on one condition: that the Secretary should tell him which was the glass eye.

15 — The left one, replied the politician, without hesitation.

16 Hamilton was nonplussed. — Correct, he said, but how did you know? (**7**)

17 — Easy, replied his opponent, it's so much kinder than the other.

NOTES (suite)

(**6**) En Grande-Bretagne, les ministres s'appellent d'habitude *Minister,* exemple : *The Minister of Transport.* Les quelques exceptions sont *The Home Secretary* (Ministre de l'Intérieur), *The Foreign Secretary* (Affaires Etrangères) et *The Chancellor* (Finances). Aux Etats-Unis et en Australie, ils sont *The Secretary.* On peut dire : *Secretary of State for the Environment* mais attention, aux E-U, *The Secretary of State* tout court est l'équivalent du *Foreign Secretary. (A ministry* = un ministère).

***

EXERCISES 1. — He is highly intelligent, as the results of the tests clearly show. **2.** The cheese you are eating is one of the three cheeses produced in South Wales. — I've never eaten Welsh cheese. **3.** — I lost the bet. — Tough luck! **4.** The Foreign Secretary is to meet his American counterpart the Secretary of State. The Home Secretary will also attend the meeting. **5.** This lesson is so much easier than the other. **6.** We generally buy white wines, especially the white wines of the Rhone valley.

13 Pendant une série de négociations particulièrement difficiles avec le Secrétaire d'Etat à l'Industrie,
14 H. accepta de renoncer à une certaine demande à une seule condition : que le Secrétaire lui dise lequel était son œil de verre.
15 — Celui de gauche, répondit l'homme politique, sans hésitation.
16 H. fut déconfit. — Exact, dit-il, mais comment l'avez-vous su?
17 — Facile, répliqua son adversaire, il est tellement plus gentil que l'autre.

NOTES (suite)

(7) *The witness was nonplussed by the question* = Le témoin fut dérouté par la question. Ce mot, dans lequel on reconnaît notre « non plus », est une façon assez élégante d'exprimer la notion d'être embarrassé, dérouté, etc. Il est plutôt utilisé dans la langue écrite. On dirait plus volontiers *to be put out by : He was put out by the question.*

***

Exercices 1. Il est extrêmement intelligent, comme le démontrent clairement les résultats des tests. **2.** — Le fromage que vous mangez est l'un des trois fromages produits dans le sud du Pays de Galles. — Je n'ai jamais mangé de fromage gallois. **3.** — J'ai perdu le pari. — Tant pis ! **4.** Le Ministre des Affaires Etrangères (britannique) doit rencontrer son homologue américain (le Secrétaire d'Etat). Le Ministre de l'Intérieur (britannique) assistera également à la réunion. **5.** Cette leçon est tellement plus facile que l'autre. **6.** D'habitude nous achetons des vins blancs, surtout les vins de la vallée du Rhône.

Fill in the missing words

1. *Avant l'âge de dix ans, elle avait écrit sa première pièce de théâtre.*

   .. .., she had written her first play.

2. *Ce sont des jumeaux identiques. Il est impossible de les distinguer.*

   They're identical twins. It's impossible to ....

3. *Pas du tout ! Il est tellement plus gentil que son frère.*

   No ! He's .. .... kinder .... his brother.

Eleventh lesson

The " ins " and " outs " of cricket (N 4)

1 Let's continue our investigation of the British character by looking at the enigmatic national game of cricket.

2 This singular sporting activity continues to amaze anyone who has not had the good fortune — or misfortune — to be born British.

3 The rules of the game are, in fact, simple, but the very idea that a first-class match or a Test Match (1)

(Dans les deux phrases suivantes, mettez l'article si vous le jugez nécessaire).

4. *l'Ecosse que vous décrivez n'est pas l'Ecosse que moi je connais.*

... Scotland you describe is not ... Scotland that I know.

5. *Les Anglais ont beaucoup à apprendre de l'Ecosse. Les Ecossais sont très travailleurs.*

... English have much to learn from ... Scotland : ... Scottish people are very industrious.

The missing words

1. By the age of ten. **2.** tell them apart. **3.** so much... than **4.** The...the **5.** The (English).

Onzième leçon

Les « pour » et les « contre » du cricket

1 Continuons notre investigation du caractère britannique en regardant l'énigmatique jeu national du cricket.

2 Cette activité sportive particulière continue à étonner toute personne qui n'a pas eu la bonne — ou la mauvaise — fortune d'être née britannique.

3 Les règles du jeu sont en fait simples, mais l'idée même qu'un match de première classe ou un « test-match »

NOTES

(1) *The Test matches*, ou simplement *The Tests* sont une série de cinq matchs internationaux, disputés tous les ans. Chaque match dure, en effet, trois jours pendant lesquels chaque équipe est au guichet deux fois. On les appelle *first innings* et *second innings*, ce qui amuse les Américains car, dans le baseball, dérivé du cricket en plus simple, il y a aussi des *innings*, mais le premier s'intitule (logiquement) *first inning!*

4 can last for three days with six hours' play each day is sufficient to convince the outsider that here truly (**2**)

5 is an impenetrable activity that can be looked on as an organized protest against simpler games. (**3**)

6 Yet in popular imagery, few things are more representative of England than a cricket match on a village green

7 on a long and drowsy summer's afternoon, where a score of men in white run around to defend the honour of their village, (**4**)

NOTES (suite)

(**2**) N'oubliez pas que le mot « étranger » (en français) a deux sens : celui qui n'est pas de la même nationalité que soi, qui se dit *a foreigner* (voir phrase 16), et celui que l'on ne connaît pas, à qui on n'a pas été présenté : *a stranger*. C'est ce dernier que l'on retrouve dans les expressions comme : *He's no stranger to poverty* = La pauvreté ne lui est pas étrangère. Mais nous avons aussi un troisième mot (l'Anglais est très sectaire...) qui désigne celui qui ne fait pas partie d'un groupe, d'une activité : c'est *an outsider. Guiness is not a club member. He's a nice man, but we can't let outsiders into the game. An outsider* est aussi un cheval qui n'est pas parmi les favoris — et c'est aussi le mot choisi pour la traduction du titre du roman d'Albert Camus « L'étranger ».

(**3**) *To look on* est l'équivalent de *to consider* : *Cricket is looked on as a religion in Australia* ou ... *is considered (as) a religion*. Attention : il peut aussi avoir le sens de regarder sans rien faire : *The ambulancemen tended to the injured child while the crowd looked on. An onlooker:* un spectateur — ou badaud, selon le cas. Pour ce dernier, l'anglais américain possède une expression très imagée (comme d'habitude) : *a rubber necker* = un badaud (dont le cou est en caoutchouc à force de le tendre pour voir ce qui se passe !).

4 peuvent durer trois jours avec six heures de jeu par jour est suffisante pour convaincre l'étranger que voici véritablement

5 une activité impénétrable qui peut être considérée comme une protestation organisée contre les jeux plus simples.

6 Néanmoins, dans l'image populaire, peu de choses sont plus représentatives de l'Angleterre qu'un match de cricket sur une pelouse de village

7 par un long après-midi d'été somnolent, où une vingtaine d'hommes vêtus de blanc courent par-ci par-là pour défendre l'honneur de leur village,

NOTES (suite)

(4) Faites attention à ce sens — peu répandu — de *a score:* une vingtaine. Une citation, connue de tous les Américains, l'immortalise : c'est la première phrase du *Gettysburgh Address*, le discours d'Abraham Lincoln lors de la consécration du cimetière de Gettysburgh, après une terrible bataille entre les Nordistes et les Sudistes pendant la guerre de Sécession. Le discours, qui rend hommage aux morts des deux camps et à la liberté, commence ainsi : *Fourscore and seven years ago, our fathers brought forth on this continent a new nation conceived in liberty and dedicated to the proposition that all men are equal...* et se termine par la définition, célèbre et souvent citée, de la démocratie : *government of the people, by the people, and for the people.* Inspirant, non ? Au fait, *fourscore* = 4 X 20, ce qui nous rappelle nos quatre-vingts.

8 surrounded by a patient group of spectators who occasionally doze off in the afternoon sun, (**5**)
9 only to be awakened by a frenzied " Owzat?! " from a hopeful bowler. (**6**)
10 The game has resisted any attempt to make it internationally popular: (**7**)
11 it is hard for the English to imagine the Brazilians, say, or the Norwegians wielding a bat.
12 It is played, however, and taken very seriously, by a number of countries with Commonwealth ties —
13 who usually prove the adage that the British invent games and teach them to other nations... who promptly beat them.
14 Today, cricket is losing popularity to football — which has the added advantage of only lasting ninety minutes per game;
15 yet headlines like " England collapses before lunch " or " Disaster in Australia "
16 can send Englishmen running for the news-stands while the puzzled foreigner considers the implications of such an economic castastrophe — (**8**)
17 only to discover that the national team has been dismissed in ignominious circumstances!

NOTES (suite)

(**5**) *To doze* = somnoler ; *to doze off* = s'assoupir. *The lecture was so boring that I dozed off after ten minutes* (*lecture* = conférence).

(**6**) *" Owzat?! "* est une tentative de reproduire le cri d'appel du lanceur qui se croit victorieux, à l'adresse de l'arbitre. Ce qu'il dit en fait est : *How's that?* — Je l'ai eu ou pas ?

8 entourés d'un groupe patient de spectateurs qui somnolent de temps à autre dans le soleil de l'après-midi

9 pour être réveillés par le cri bruyant de « Owzat ? ! » d'un lanceur de balle enthousiaste.

10 Le jeu a résisté à toute tentative de le rendre populaire au niveau international :

11 il est dur, pour les Anglais, d'imaginer, disons, les Brésiliens ou les Norvégiens maniant une batte.

12 Il est joué toutefois, et pris très au sérieux, par nombre de pays ayant des liens avec le Commonwealth —

13 qui en général confirment le dicton qui dit que les Anglais inventent des jeux et les apprennent aux autres nations... qui les battent aussitôt.

14 Aujourd'hui, le cricket perd de la popularité en faveur du football, qui a l'avantage de ne durer que quatre-vingt-dix minutes la partie ;

15 néanmoins, des titres comme « l'Angleterre s'effondre avant le déjeuner » ou « Désastre en Australie »

16 peuvent faire courir les Anglais aux kiosques à journaux, alors que l'étranger, éberlué, considère les implications d'une telle catastrophe économique —

17 pour découvrir tout simplement que l'équipe nationale a perdu dans des circonstances ignominieuses !

NOTES (suite)

(**7**) Attention : *popular* se dit de quelqu'un ou de quelque chose qui a du succès (c'est le *pop* de la musique de ce nom). Ce mot n'a pas le sens français : du peuple. Voici quelques exemples de ce dernier sens : *There was a mass demonstration in Hyde Park on Sunday* (manifestation populaire). *It's one of the many folk traditions of the American Indians* (traditions populaires). *Careful! That's a slang expression* (expression populaire). Interprétez chaque situation avant de la rendre en anglais.

(**8**) Faites attention à la prononciation de ce mot : ke-TASS-trefi. Enoncez bien la dernière syllabe. Il en est de même pour *apostrophe* <e-POS-tre-fi>. L'accent tonique, en majuscule, se déplace avec l'adjectif *catastrophic* : <ka-te-STRO-fik>. Ecoutez bien les exercices.

18 Cricket also helps to preserve old rivalries. The War of the Roses is still fought each year, though in London this time. (**9**)

19 The traditional enemies, Yorkshire and Lancashire, take to the field to continue the fight.

20 At last year's match, a Yorkshire batsman hit the ball out of the ground for a brilliant six.

21 In the Lancashire stand, a small man in a bowler hat applauded wildly, shouting — Bravo, sir, well hit! (**10**)

22 He seemed not to notice that the spectators around him were chillingly silent.

23 Finally, a burly Lancashireman tapped him on the shoulder and said menacingly:

24 — You're from Lancashire, then? — Er, no, replied the enthusiast sheepishly. (**11**)

25 — Then you'll be from Yorkshire? — Not quite. Actually, I'm from London.

26 — In that case, came the reply, shut up and watch t'bloody game! (**12**) (**N 5**)

NOTES (suite)

(**9**) *The War of the Roses* fut le nom de la guerre civile en Angleterre entre les dynasties de York, dont l'emblème était une rose blanche, et de Lancaster, la rose rouge. Bien qu'ancienne (de 1455 à 1485), la guerre — ou du moins la rivalité — entre les deux comtés existe toujours et chaque année ils se réunissent à Londres pour disputer un match de cricket qui s'appelle *The Roses*. (On retrouve le même vieil antagonisme entre les Etats du Nord et du Sud des E.U.)

(**10**) Avec une perversité bien britannique, *the stands* sont les endroits où on s'asseoit dans un stade !

18 Le cricket aide aussi à préserver les vieilles rivalités. La Guerre des Roses se dispute encore chaque année, mais à Londres cette fois-ci.

19 Les ennemis héréditaires, le Yorkshire et le Lancashire descendent dans l'arène pour continuer le combat.

20 Au match de l'année dernière, un batteur du Yorkshire envoya la balle hors du stade pour marquer brillamment six points.

21 Dans les gradins du Lancashire, un petit homme en chapeau melon applaudit enthousiasmé, en criant — Bravo, mon vieux, joli coup !

22 Il sembla ne pas remarquer que les spectateurs autour de lui gardaient un silence glacial.

23 Enfin, un supporter trapu du Lancashire lui tapota l'épaule et lui dit d'un ton menaçant :

24 — Alors, vous êtes du Lancashire ? — Euh, non, répliqua l'enthousiaste, penaud.

25 — Donc vous venez du Yorkshire ? — Euh, pas tout à fait. En fait, je suis de Londres.

26 — Dans ce cas, vint la réponse, fermez-la et regardez ce f... match !

NOTES (suite)

(**11**) *Sheepish* vient de *sheep* = mouton(s), qui ont un comportement timide, donc l'adjectif signifie : penaud. Il y a aussi un adverbe *sheepishly* : — *What happened to the car?, he asked. — I had a slight accident, she answered sheepishly.*

(**12**) Une caractéristique de l'accent du Nord de l'Angleterre est d'élider l'article défini devant les consonnes initiales. *the* devient de ce fait *t'*... (Rappelez-vous que *the* se prononce <ve> devant une consonne et <vi> devant une voyelle en anglais britannique, et <ve> indifféremment en anglais américain.) Ecoutez bien l'accent du Nord car il retient certains éléments de la prononciation « classique » du vieil anglais que l'on retrouve dans l'accent américain, et surtout dans les mots où « a » se prononce long en anglais et court en américain. Ainsi *bath* se prononce-t-il <barf> outre-Manche et <baf> outre-Atlantique (sauf dans la Nouvelle-Angleterre, naturellement...). Encore une fois, écoutez bien les exercices !

EXERCISES 1. They continue to amaze me! They've been playing for three hours! **2.** After ten minutes in the sun, he began to feel drowsy. **3.** He nodded off, only to be awakened by the telephone. **4.** I look on you as my right-hand man. **5.** If a politician falls into the water, it's a disaster. **6.** If someone rescues him, it's a catastrophe!

Fill in the missing words

1. *Il est difficile d'imaginer les Français jouant au cricket.*

   It is difficult . . .. the French .... cricket.

2. *Ne le prends pas au sérieux ! Ce n'est qu'une plaisanterie.*

   Don't ....! It's only a joke.

3. *Ils ne semblaient pas s'être rendu compte que la porte était ouverte.*

   They .... that the door was open.

Twelfth lesson

Money Matters
(In the offices of Henson and Son Electronics PLC) (1)

1 — I've just been over the figures with the accountant and he says we'll have to be careful next year.

NOTES

(1) *PLC = Public/Private Limited Company.* Etant donné les différences en matière de législation entre la G-B, les E-U et la France, les diverses formes de sociétés n'ont pas toujours un équivalent exact. Nous vous donnerons quelques exemples que vous pourrez rencontrer en lisant la presse. *Baker Ltd* (pron : *limited*)

Exercices 1. Ils ne cessent de m'étonner ! Ils jouent depuis trois heures ! **2.** Après dix minutes, il a commencé à somnoler. **3.** Il s'est assoupi, pour être réveillé par le téléphone. **4.** Je vous considère comme mon bras droit. **5.** Si un homme politique tombe à l'eau, c'est un désastre. **6.** Si quelqu'un le sauve, c'est une catastrophe !

***

4. *L'averse les fit courir pour s'abriter.*

The shower .... them .... for shelter.

5. *Peu de choses sont plus belles qu'une longue soirée d'été.*

... . are more beautiful than a long ......'. evening.

The missing words

1. to imagine...playing **2.** take it seriously **3.** seemed not to notice **4.** sent...running **5.** Few things...summer's

Douzième leçon

Les affaires d'argent

(Dans les bureaux de Henson and Son Electronics PLC)

1 — Je viens d'examiner les chiffres avec le comptable et il dit que nous devrions faire plus attention l'année prochaine.

NOTES (suite)

est une abréviation de *limited liability company* et équivaut à la Sarl française. Aux E-U, on trouve couramment *Baker Inc.* et on dit *incorporated* ; il s'agit d'une société enregistrée. Pour les plus grandes sociétés on trouve *Baker Corp.* ou *Corporation.* Cette appellation nous donne des expressions comme *corporate image* = l'image de marque de la société, ou *corporate profits* = bénéfices de la société ; mais attention : en G-B *a Corporation* est d'habitude le conseil municipal : *The Mayor and Corporation* = le maire et ses conseillers.

2 Turnover is up three-and-a-half percent (3 1/2 %) and return on investment is steady, (**2**)

3 but our overheads are also up — by four point two percent (4.2 %). (**3**)

4 Our interest repayments on the bank loan come to two hundred and sixteen pounds (£216) a month (**4**)

5 and investment on R & D is constant at a thousand pounds (£ 1,000) per quarter.

6 — One thousand! Isn't that a little high?
— New products are the life-blood of the industry, my boy.

7 — Well, if we want to cut back, we can start by looking at bonuses. Look at this: two thousand four hundred and sixteen pounds (£2,416) productivity bonus to Miller. (**5**)

8 — Well, two thousand pounds is a lot of money, but Miller's the product manager for the RX 214 (**6**)

NOTES (suite)

(**2**) Le sens financier de *turnover* est chiffre d'affaires, mais nous le trouvons parfois ainsi : *Baker's has a high staff turnover* = La Sté B. a une forte rotation de personnel. Le contexte vous indiquera le sens voulu. *Turnover rate* = vitesse de rotation des stocks. (*An apple turnover* = sorte de gâteau aux pommes...)

(**3**) *Overheads* (ou parfois *overhead*) : c'est une contraction de *overhead costs* — les coûts qui sont omniprésents, donc les frais généraux. *We must reduce our overheads in the next quarter* (trimestre). *An overhead projector* = un rétroprojecteur.

(**4**) Dans cette phrase et la suivante, nous voyons les deux façons de dire : par (par jour, par mois, etc.). Dans le langage de tous les jours, nous disons simplement « *a* » — *three times a day, four times a month*, mais

2 Le chiffre d'affaires est en hausse de 3,5 % et le rendement de l'investissement est stable,
3 mais nos frais généraux sont aussi en hausse de 4,2 %.
4 Nos remboursements d'intérêts sur le prêt bancaire se montent à £216 par mois
5 et les investissements pour la recherche et le développement sont constants à £1 000 par trimestre.
6 — 1 000 livres ! N'est-ce pas un petit peu élevé ? — Les nouveaux produits sont le sang de l'industrie, mon garçon.
7 — Bien, si nous voulons réduire, nous pourrions commencer en regardant les primes. Regarde ceci : £2.416 de prime de productivité à Miller.
8 — Eh bien, £2 000 c'est effectivement beaucoup d'argent, mais Miller est le chef de produit pour le RX 214,

NOTES (suite)

dans un langage plus officiel on utilise *per* — c'est ce mot qu'on trouvera dans les administrations ou à la banque, etc. Les salaires en G-B et E-U sont annoncés en termes annuels. *She makes twenty thousand in her new job* veut dire qu'elle gagne 20 000 par an. Dans les petites annonces professionnelles, le salaire proposé est souvent suivi des lettres *pa — per annum —* £ 60,000 pa : *sixty thousand pounds a year.*

(**5**) *To cut back* = réduire. *We'll have to cut back on entertaining* (réduire les frais de réception). On trouve aussi *to cut down.* Par contre, pour une réduction, on dit *a cut-back* seulement (voir leçon 32 sur le changement d'accent tonique).

(**6**) Nous considérons la somme et non pas le nombre de livres, donc le verbe est au singulier : *Ten pounds is a lot to pay for repairs* (réparations). *Eighty thousand is not enough.* En ce qui concerne la prononciation de chiffres de référence, il n'y a pas de règle ferme ; la tendance est de prononcer chaque chiffre (ici : *two-one-four).* S'il s'agit d'une référence à quatre chiffres, il est courant de la scinder en deux fois deux chiffres. Par exemple TS 1427 se prononcerait *fourteen-twenty seven.* Pour conclure, on peut dire que tout chiffre qui n'est pas une quantité s'épelle.

9 and look how successful that's been. — You think so? Take a look at the figures: (**7**)

10 sales up by nought point three percent (0.3 %) for the year. Not exactly what you'd call record-breaking...

11 and look at these two: a thousand pounds to Cookson — and one thousand four hundred to Mathey.

12 — Yes, I suppose we'll have to cut back on generosity.

13 This used to be a family business, my boy, but now we're in a billion-dollar industry, and money's tight. (**8**)

14 — Well, if it comes to that, Dad, you're not exactly hard up. — I worked my way up from the bottom.

15 When I started, I didn't have two ha'pennies to rub together. — Yes, yes I know. When's your next meeting with the bank? (**9**)

16 — On the thirteenth. I'm going to ask the manager to reschedule the repayment of the last loan.

17 — Oh Lord! I hope you're not superstitious. Your meeting's on Friday the thirteenth!

18 — On the contrary. Hundreds of people choose Friday the thirteenth. It's a lucky day.

NOTES (suite)

(**7**) *To take a look at* = jeter un coup d'œil sur. On peut se contenter de *to look* tout seul mais, à la forme impérative, le premier a plus de force : *Take a look at that!* Regardez-moi ça !

9 et regarde ce que cela a eu comme réussite. — Ah tu le penses ? Regarde les chiffres :

10 les ventes en hausse de 0,3 % pour l'année. Ce n'est pas ce que j'appellerais exactement un nouveau record...

11 et regarde ces deux-là : £1 000 à Cookson — et £1 400 à Mathey.

12 — Oui, eh bien il faudrait qu'on réduise un petit peu la générosité.

13 Ceci était autrefois une affaire familiale, mon garçon, mais maintenant nous sommes dans une industrie qui gagne des milliards de dollars par an, et l'argent se fait rare.

14 — Bien, à ce propos papa, tu n'es pas véritablement fauché. — Je suis parti du bas de l'échelle.

15 Quand j'ai commencé je n'avais pas un sou devant moi... — Oui, oui je le sais. Quand est-ce que tu vas à la banque ?

16 — Le 13, je vais demander au directeur de rééchelonner les remboursements sur le dernier prêt.

17 — Oh mon Dieu ! J'espère que tu n'es pas superstitieux. Ta réunion, c'est le vendredi 13 !

18 — Au contraire, des centaines de gens choisissent le vendredi 13. C'est un jour qui porte chance.

NOTES (suite)

(**8**) Bel exemple d'économie... de mots. *Money's tight* = L'argent se fait rare. *He's tight with money* = Il est radin ! Le deuxième sens est une forme contractée de *tight-fisted* — dont le poing est serré. Et *He's tight* = Il est saoul.

(**9**) En 1971, la Grande-Bretagne adopta un système de monnaie décimal. Les anciennes dénominations (*half-penny, penny, shilling, half-crown*, etc.) disparurent au profit de *pence*. La nouvelle unité fut d'abord appelée *new penny* (plur : *pence*) puis progressivement l'adjectif suivit les anciennes pièces aux oubliettes. Aujourd'hui, l'appellation officielle *pence* est boudée par le grand public qui, lui, prononce plus volontiers la lettre *p* après la somme : *10p* se dit alors *ten pee*. Bien que le système soit devenu très vite universel, quelques expressions gardent leur valeur d'avant 71. *I don't have two ha'pennies to rub together* — Je n'ai pas un sou (*to rub* = frotter).

19 Oh, and I must call Maxwell at home — tho warehouse switchboard shuts down at the weekend. Have you got his number to hand?

20 — Yes, it's seven-oh-six, three-one-seven two (706 3172). The dialling code's oh-two-one-two (0212).

21 — Thanks, son. Oh, by the way, could you lend me a couple of quid for a taxi? (**10**)

22 Rockefeller was asked how he became a millionaire. — One day, I found a dime on the ground. I used it to buy an apple. (**11**)

23 Then I sold the apple for a quarter. I bought two apples for that, and then sold them at a profit.

24 I would have continued like that, but my father died and I inherited his fortune.

***

EXERCISES (Dans notre premier jeu d'exercices, nous vous présentons des chiffres et des nombres ; nous vous demandons de trouver la façon de les dire correctement. Contrôlez-vous avec les enregistrements de préférence.)
1. (N° de téléphone) 0705.376556 **2.** 23.2 % **3.** $ 216,000 **4.** Saturday 11 March 1989. **5.** TB 1645 **6.** 0.3°

***

Puisque la prononciation de chiffres est une question de réflexes, entraînez-vous avec les numéros de pages de ce livre, en les feuilletant rapidement et

19 Oh ! Il faut que j'appelle Maxwell chez lui... le standard de l'entrepôt ferme le week-end. Tu as son numéro sous la main ?

20 — Oui, c'est le sept zéro six trois un sept deux (706 3172), l'indicatif est le zéro deux un deux (0212).

21 — Merci mon fils. A propos tu ne pourrais pas me prêter deux livres pour un taxi ?

22 On demanda à Rockefeller comment il était devenu millionnaire. — Un jour, j'ai trouvé 10 cents par terre, je les ai utilisés pour acheter une pomme.

23 Ensuite, j'ai vendu la pomme 25 cents, j'ai acheté deux pommes avec cette somme et je les ai vendues avec un bénéfice.

24 J'aurais continué comme ça, mais mon père est mort et j'ai hérité de sa fortune.

NOTES (suite)

(**10**) *A quid* : expression argotique pour *a pound* dont le pluriel est invariable *five quid* ou *a fiver*. Le dollar américain se familiarise en *a buck*. Notez le pluriel : *Lend me ten bucks will you?* (Voir notre **N-6** leçon 14 sur l'utilisation des mots d'argot.)

(**11**) *The dollar* est divisé en 100 *cents* (pron : sennts). Un *cent* s'appelle *a penny*, cinq *a nickel*, dix *a dime* et vingt-cinq *a quarter*. *To use the pay-phone, you'll need nickels, dimes and quarters* = Pour téléphoner de la cabine il vous faut des pièces de cinq, de dix et de vingt-cinq cents.

***

Exercices 1. Oh-seven-oh-five, three-seven-six-five-five-six (en anglais GB on peut aussi dire : double-five-six) **2.** twenty-three point two percent. **3.** two hundred and sixteen thousand dollars. **4.** Saturday the eleventh of March nineteen-eighty-nine. **5.** TB sixteen forty-five ou one-six-four-five **6.** nought point three degrees.

***

en prononçant à haute voix. Vous verrez, au bout d'une semaine ou deux, les progrès que vous aurez réalisés.

Fill in the missing words

1. *J'aurais continué, mais il s'est mis à pleuvoir.*

   I .... but it started to rain.

2. *Quinze livres, c'est ce qu'il a payé pour une paire de chaussures.*

   .... pounds .. what he paid for a pair of shoes.

3. *Les bénéfices sont en hausse, et le retour de l'investissement est stable.*

   Profits ... .., and return on investments .. ..

4. *Regardez le succès que cela a eu.*

   .... successful ....

Thirteenth lesson

Let's talk business...

1 Now that we have learned how to become rich, let's look at some expressions concerning money and business. (**1**)

2 Over the Christmas period, the major stores do a roaring trade in consumer goods. (**2**)

NOTES

(Il serait trop long et inutile de commenter toutes les expressions, etc., que vous avez vues dans cette leçon. Celles qui peuvent s'assimiler sans commentaires ne sont que traduites.)

5. *Réduisez les dépenses. Ne fumez qu'une cigarette par jour !*

... . on expenses. Smoke one cigarette . ...!

The missing words

1. Would have continued **2.** Fifteen...is **3.** are up...is steady **4.** Look how...that has been **5.** Cut down...a day

---

Treizième leçon

Parlons affaires

1 Maintenant que nous avons appris comment devenir riche, regardons quelques expressions concernant l'argent et les affaires.
2 Pendant la période de Noël, les grands magasins font un boom sur les biens de consommation.

NOTES (suite)

(**1**) Exercez-vous à bien prononcer le mot *business* — biz-nis. Il vient de l'adjectif *busy* (bi-zi). Il faut s'entêter pour « sortir » la bonne prononciation, on dit même que l'expression *pidgin English,* ou « petit nègre » vient de la déformation du mot *business* par les marchands chinois.

(**2**) *Over* est ici utilisé pour *during : over Easter, during Christmas.* Il n'y a pas de différence de sens. *To roar* = rugir.

3 Despite a general business slump, electrical household goods are selling like hot cakes. (**3**)

4 Unfortunately, another booming industry at this time of year is shop-lifting...

5 Consumer trends are changing. More and more people are turning away from the High Street (**4**)

6 and doing their shopping in supermarkets, hypermarkets or huge cash-and-carry warehouses. (**5**)

7 — How ever did you afford the new car?
— The never-never, old man. I didn't have the ready cash so I bought it on HP. (**6**)

8 A landscape in oils by Turner went under the hammer in New York last night. It fetched a record price of $30,720,000. (**7**)

NOTES (suite)

(**3**) *He slumped in his chair* = Il s'affala dans son fauteuil. *Inflation rose again last month due to the slump in the dollar :* ...du fait de la baisse du dollar. *World trade is in a slump at the moment* = Le commerce mondial est dans le marasme... Le contraire de ce dernier sens est : *a/to boom* (voir phrase 4).

(**4**) La plupart des villes anglaises ont leur *High Street,* notre Grand'Rue et, comme celle-ci, ces rues sont généralement vouées aux petits commerces. Dans le jargon financier et journalistique, nous employons *the Hight Street* par opposition à *large companies,* etc. *The price rises in the High Street have in fact been lower than those in the major supermarket chains.* L'équivalent américain de la rue commerçante est *Main Street » et là on parle de local stores.*

3 Malgré un marasme généralisé dans les affaires, l'électroménager se vend comme des petits pains.
4 Malheureusement, une autre industrie croissante à cette époque de l'année est le chapardage.
5 Les tendances des consommateurs changent. De plus en plus de gens boudent les petits commerces
6 et font leurs achats dans les supermarchés, hypermarchés ou dans d'énormes entrepôts « cash-and-carry » de demi-gros.

7 — Comment as-tu pu te payer une nouvelle voiture ? — La location-vente mon vieux ! Je n'avais pas d'argent liquide donc je l'ai achetée en location-vente.

8 Un paysage de Turner s'est vendu aux enchères à New York hier soir. Il s'est vendu à un prix record de 30.720.000 dollars.

NOTES (suite)

(**5**) Un bon exemple de l'assonance (répétition des mêmes sons, surtout les lettres initiales) dont l'anglais est si friand dans ces expressions. *A cash-and-carry* est un libre service de demi-gros où l'on paye comptant (*cash*) et l'on emporte (*carry*). Simple, non ? *A warehouse* est un entrepôt, du mot *ware* qui voulait dire produit. On ne le trouve maintenant qu'en suffixe, comme *glassware* = la verrerie ou *leatherware* = la maroquinerie ; et bien entendu dans nos fameux *hardware* et *software.*

(**6**) *To buy something on hire purchase* ou *on HP* = *acheter à crédit, c'est en fait la location-vente car on est propriétaire de l'article dès réception, à l'opposé du leasing* — le crédit-bail, où on ne devient propriétaire qu'à la fin du contrat. On appelle les deux *the never-never* en langage familier car on ne finit jamais, mais alors jamais, de payer...

(**7**) Lorsqu'on l'on sait que l'expression *to go under the hammer* veut dire vendre aux enchères (*to come under the hammer* = être vendu...), on voit tout de suite l'image du marteau du commissaire-priseur. Le verbe ordinaire est *to auction* (*to be auctioned*) et le commissaire est *the auctioneer.* La vente aux enchères = *auction (sale).*

9 Now is the time to invest in blue chip stock. The market is still bullish but we are promised a bearish trend in the next few days. (**8**)

10 That new computer store in Market Street has just moved into new premises. They must be making a bomb! (**9**)

11 The saloon model is within your price-range but you'll pay through the nose if you want the sports version. (**10**)

12 — I got ripped off when I bought my compact disc player. He charged me well over the odds. (**11**)
13 — Well I wouldn't buy one just now. They cost an arm and a leg. (**12**)

14 There was a small dent in the casing, so the salesman knocked off 10 %.

NOTES (suite)

(**8**) Le vocabulaire du *Stock Exchange* et de ses *brokers* (courtiers) est assez imagé. Voici trois exemples : *blue chip stock* = les valeurs de père de famille, qui sont sûres. (L'utilisation de *blue* pour indiquer quelque chose de noble se retrouve dans l'expression *blue-blooded :* sang bleu, ou noble.) Les origines de *a bull market* pour un marché optimiste et *a bear market* pour un marché pessimiste se sont perdues, mais pour vous en souvenir, pensez au taureau qui est en forme et à l'ours qui veut se coucher. Et pourquoi pas ?

(**9**) Il y a une différence importante entre l'anglais GB et US à propos de *a bomb* (attention à ne pas prononcer le *b* final). En anglais GB, l'idiome a trait à une activité très lucrative : *He made a bomb on the stock market and retired* = Il a fait fortune à la Bourse et a pris sa retraite. En anglais EU, le mot est employé pour

9 Il est maintenant temps d'investir dans les actions de père de famille. Le marché est toujours à la hausse et on nous promet une tendance à la baisse dans les jours à venir.

10 Ce nouveau magasin d'informatique dans Market Street vient de déménager ; ils doivent faire un malheur !

11 La berline est dans votre gamme de prix mais vous paierez un maximum si vous désirez la version sport.

12 — On m'a roulé lorsque j'ai acheté mon lecteur de compact disques. Il m'a fait payer beaucoup trop cher.

13 — Moi, je n'en n'achèterais pas un tout de suite. Ils coûtent les yeux de la tête.

14 Il y avait une petite bosse dans le carter et le vendeur a fait un rabais de 10 %.

NOTES (suite)

quelque chose (normalement un film ou une pièce) qui n'a pas de succès. *Her latest film bombed* = Son dernier film a été un navet.

(**10**) *To pay through the nose* = payer le prix le plus fort. *You can buy your clothes there if you want, but you'll pay through the nose.* Il n'y a pas de notion de malhonnêteté, juste d'exagération !

(**11**) *To rip off* est une expression argotique, américaine à l'origine mais répandue partout maintenant, qui signifie soit voler : *He ripped off a car* (Il a volé une voiture), soit, plus couramment et dans la forme réfléchie, « se faire arnaquer ». *The last time we ate there, we got ripped off* = On s'est fait voler, la dernière fois qu'on a mangé là-bas. En plus de l'expression ci-dessus (note 10), il y a la notion d'escroquerie. A la forme substantive, on emploie *a rip-off. That new night-club's a real rip-off* = Cette nouvelle boîte est un vrai attrape-nigaud. *Over the odds :* au-dessus de la normale.

(**12**) *It costs an arm and a leg !* = Ça coûte les yeux de la tête ! est plutôt une expression américaine. L'anglais GB dirait : *It costs a fortune.*

15 — He's a lousy manager and yet his company's finances seem in good shape. — Yes, he's got an intelligent sleeping partner. (**13**)

16 That blender I bought from Marshall's broke down three times in a month. I got a real pig in a poke. (**14**)

17 That new bistrot in St. James' Square is fantastic — but don't go there unless you're well-heeled. It costs a mint. (**15**)

18 A company director was advised by his bank manager that he had an overdraft of £ 6,000

19 and that interest would be 22 % per annum. (**16**)

NOTES (suite)

(**13**) Bien que *a louse* soit un pou (le vrai sens de *lousy* est donc pouilleux), il est employé très couramment (plutôt aux E-U) pour dire tout simplement : très mauvais. *God ! What lousy weather!* = Mon Dieu, quel temps pourri ! *To be in good shape* = être en bonne forme.

(**14**) Cette jolie expression, un peu précieuse de nos jours : *to buy a pig in a poke,* rappelle les astuces des commerçants de jadis. Au marché, on voyait des jeunes cochons à vendre. Lorsque l'on en achetait un, il vous était présenté dans un sac (*a poke* étant un ancien mot, apparenté à notre : poche). De retour à la maison, on ouvrait le sac, pour y trouver non pas un cochon mais... un chat (voir l'expression française : « acheter chat en poche »). L'expression signifie alors que l'on a fait une mauvaise affaire. Cette pratique nous a aussi légué une deuxième expression, beaucoup plus courante : *to let the cat out of the bag* = vendre la mèche. *We tried to organize a surprise party, but John let the cat out of the bag* = Nous avons essayé d'organiser une fête surprise, mais J. a vendu la mèche.

15 — C'est un mauvais directeur et néanmoins les finances de sa société semblent en bonne santé. — Oui, il a un commanditaire intelligent.

16 Ce mixer que j'ai acheté chez Marshall est tombé en panne trois fois en un mois. C'est vraiment un rossignol.

17 Ce nouveau bistrot, rue St James, est fantastique, mais n'y va pas à moins d'être riche : tu y laisserais ta chemise.

18 Un directeur de société fut avisé par son directeur de banque qu'il avait un découvert de £6.000,
19 et que les intérêts seraient de 22 % l'an.

NOTES (suite)

(**15**) *The Royal Mint*: L'hôtel de la Monnaie. *It costs a mint!* = Ça coûte une petite fortune ! Nous avons aussi l'expression *in mint condition* = comme neuf, comme si cela venait d'être frappé. *That second-hand car he bought was really cheap and in mint condition* = Cette voiture d'occasion qu'il a achetée était vraiment bon marché et comme neuve.

(**16**) *Per annum* (latin, par an) s'emploie uniquement dans les contextes officiels (prospectus, petites annonces, etc.).

20 The client insisted that he should deposit his Rolls Royce as security. He drove it to the bank and left it in the car park.

21 When he returned to pick up the car a month later, the bank manager asked him why he had insisted on leaving the car as security.

22 — Well I was off on holiday, came the reply, and where else can you get a month's free parking in Central London?

***

EXERCISES 1. — Blue chip shares are selling like hot cakes at the moment. **2.** Yes, and investors are paying through the nose for them! **3.** — Somebody must be making a bomb. — Yes. The stockbrokers. **4.** I was sick for a month, but now I'm in good shape. **5.** He slumped into an armchair and picked up the paper. **6.** That old radio I bought is still in mint condition.

***

Fill in the missing words

1. *Ma belle-mère vient à la maison pendant Noël.*

My mother-in-law is coming to stay . . . . Christmas.

2. *Je n'en achèterais pas un tout de suite. Ils sont trop chers.*

I . . . . . . , ... one . . . . They're too expensive.

3. *J'ai essayé de garder le secret, mais elle a vendu la mèche.*

I tried to keep it a secret but she . . . .
. . . . . .

20 Le client insista pour laisser sa Rolls en caution, et la conduisit jusqu'à la banque où il la laissa dans le parking.

21 Lorsqu'il revint chercher sa voiture, un mois plus tard, le directeur de banque lui demanda pourquoi il avait insisté pour laisser la voiture en gage.

22 — Eh bien, je partais en vacances et dites-moi où j'aurais pu me garer gratuitement pendant un mois dans le centre de Londres ?

***

Exercices 1. Les actions de père de famille se vendent comme des petits pains en ce moment. **2.** Oui, et les investisseurs en payent le prix fort ! **3.** — Quelqu'un doit faire fortune. — Oui, les courtiers. **4.** J'ai été malade pendant un mois, mais maintenant je suis en pleine forme. **5.** Il s'affala dans un fauteuil et prit le journal. **6.** Cette vieille radio que j'ai achetée est comme neuve.

***

4. *Ils ne peuvent pas se permettre des vacances cette année.*

They . . . , ... a holiday this year.

5. *La berline est dans vos prix.*

The saloon is . . . . -. . . . .

The missing words

1. over. **2.** wouldn't buy...just now **3.** let the cat out of the bag **4.** can't afford **5.** within your price range.

Fourteenth lesson

REVISION AND NOTES

1 Le verbe *to have* nous fournit un excellent exemple de la pratique de l'anglais, ainsi que de la différence entre l'anglais GB et US. Il s'agit en fait de ce qui est « correct » et ce qui est usuel : en réalité, il existe deux verbes *to have* — le verbe proprement dit et l'auxiliaire. Regardez comment on forme les formes négative et interrogative :

He has a new car
He doesn't have a new car
Does he have a new car?

She has a cold
She doesn't have a cold
Does she have a cold?

Là, nous voyons *to have* en verbe propre ; maintenant regardons son utilisation en tant qu'auxiliaire :

He has bought a car
He hasn't bought a car
Has he bought a car?

They have seen it
They haven't seen it
Have they seen it?

Comme vous le constatez, il n'y a pas de difficulté. Or, bon nombre d'Anglais confondent les deux formes et ont tendance à tout traiter en auxiliaire, ce qui nous donne : *He hasn't a new car,* ou bien : *Has he a new car?*

Alors maintenant, suivez de près... Comme les formes *Has he a new car,* etc., sont parfois difficiles à entendre, nous ajoutons un mot (*got*) : CE MOT N'A PAS DE SENS PROPRE ! Il indique tout simplement à notre oreille que nous utilisons le verbe et non l'auxiliaire.

Has he got a new car? Has she got a cold?

Si vous l'analysez, le verbe est *has ; got* n'a pas de sens propre. Ceci explique que les Anglais peuvent confondre les deux formes, et croient parfois que la forme : *Has she a cold?* est plus élégante que *Does*

she have a cold?, alors qu'en réalité, le premier exemple est faux et le deuxième est correct ! (Avant de dire : Oh là là ! pensez au nombre de Français qui disent : j'ai été à Paris !) Ainsi, quand *have* est un verbe, il doit être traité comme tout autre verbe (c'est-à-dire, interrogatif et négatif avec *do/does*) ; lorsque c'est un auxiliaire, on l'intervertit avec le (pro)nom. Assez curieusement, l'anglais US est plus strict grammaticalement que l'anglais GB, et confond beaucoup moins les deux formes. Ainsi, si un Anglais demande à un Américain : *Have you got...* la réponse sera : *Yes, I do.* (C'est-à-dire, la question aurait dû être : *Do you have...*).
Compliqué ? Non, c'est la différence entre la connaissance et la pratique.

2 L'utilisation de l'article défini est en effet assez compliquée, et mérite qu'on y fasse attention tout au long de ce livre. Dans cette note, nous allons parler du problème principal : la distinction défini/non défini :
(1)*Most people take holidays in July.*
La plupart des gens (en général) prennent des vacances en juillet.
(2)*Most of the people that we met were on holiday.*
La plupart des gens que nous avons rencontrés étaient en vacances.
Vous voyez la différence entre les deux exemples : dans (1), on parle des gens sans précision, alors qu'en (2) ce sont les gens que nous avons rencontrés. Une règle simple : si on peut répondre à la question : le(s)quel(s), il faut ajouter l'article défini.
Most of the people we met... lesquels ? *that we met,* donc *the.*
Maintenant, vous avez la règle de base. Voyons-en le développement dans la leçon suivante (10, note 2).

3 *Shall* comme auxiliaire de la première personne singulier du futur. Voilà un joli souvenir (*I shall go, you will go,* etc.) de l'école de papa ! La distinction était vraie autrefois, et vous la trouverez dans certains livres, mais les contractions ont tout changé ! En effet, *I'll*, est-ce la contraction de *I shall* ou de *I will* ? Aujourd'hui, *I will* est devenu la norme. On apprenait donc que *shall* s'employait pour un futur « décisif » (vous le ferez, c'est moi qui vous le dis !). Cette forme n'existe aujourd'hui que dans le langage juridique. Sur certains panneaux officiels, *shall* donne cette idée d'obligation. Dans les avions, on peut lire *This curtain shall be closed before take-off* = Ce rideau doit être fermé avant le décollage. Dans notre exemple, le prophète nous dit que le lion et l'agneau doivent dormir ensemble.

4 Eh oui ! Le cricket fait partie de la pratique ! On veut qu'il soit impossible d'en expliquer les règles, pourtant rien de plus simple ! Deux équipes composées de onze personnes défendent, chacune à son tour, un guichet composé de trois tiges de bois. Les points sont marqués par les batteurs, qui courent entre les deux guichets ; lorsqu'un batteur envoie la balle jusqu'aux limites du terrain, il marque entre quatre et six points. Le batteur est éliminé quand le guichet est abattu ou quand la balle est reprise au vol par un joueur du camp adverse. Normalement, chaque équipe joue deux manches dans un match ; quand elle joue en défense on dit qu'elle est *in,* et ses adversaires essayent de la mettre hors de combat, c'est-à-dire, *out.* Clair, non ? " *the ins and outs of a problem* sont les tenants et aboutissants, les avantages et les inconvénients.)

5 Quand on commence à bien connaître une langue, on a aussitôt l'envie de connaître son côté familier, son argot. Et c'est là où il faut faire très attention, car l'utilisation de ces mots et expressions implique que l'on appartient à un certain groupe ou milieu propre à la communauté linguistique. Or, pour un étranger, ceci peut être très délicat parce que justement, il est en dehors de cette communauté. Donc, à moins d'avoir une excellente maîtrise et de la langue et de la prononciation, on peut paraître ridicule, sinon grossier. Donc, si nous vous présentons dans ce livre un certain nombre de mots argotiques « usuels », c'est pour que vous les reconnaissiez et les compreniez et non pour que vous vous en serviez. Ainsi, le mot *bloody* est utilisé souvent en anglais GB en tant qu'adjectif pour renforcer le sens d'un sentiment, à la place de *very,* ou tout simplement pour être dur et grossier : *the bloody match* = le f.... jeu. Le mot, comme beaucoup d'autres, est considéré comme vulgaire à cause de son origine religieuse (le sang en question était le sang du Christ). Voir aussi la leçon 27.

NOTES PERSONNELLES :

Fifteenth lesson

You Tarzan, Me Jane — I think... (1)

1 Is " doctor " masculine or feminine? Can a " chairman " be a woman? (**N 1**)
2 Gender — or dividing nouns into masculine, feminine and neuter —
3 used to exist in Old English but gradually the notion disappeared, making matters much simpler.
4 Life is so much easier when language is unisex!
5 Of course, there are still relics from the past — and some words have an automatic connotation of gender:
6 we tend to see a doctor as a man and a nurse as a woman — although the opposite is often true. (**2**)
7 Certain words automatically have the gender-ending " -man ".
8 Changes in society and wider sharing of jobs between the sexes have led to the restrictive use of " -man " words becoming outdated. (**3**)

NOTES

(**1**) *Me Tarzan, you Jane* est une des phrases mythiques qui jalonnent l'histoire du cinéma et qui entrent dans la culture populaire. La phrase a ses origines dans le célèbre film *Tarzan of the Apes* ; elle est souvent citée pour indiquer le manque de connaissance d'une langue.

(**2**) *Nurse* est un bel exemple d'échange franco-anglais : à l'origine, c'était le mot français nourrice. Le mot a traversé la Manche ; il est devenu *nurse* et a fait une belle carrière dans les hôpitaux, où il a pris le sens d'infirmière. Le français l'a récupéré pour indiquer

Quinzième leçon

Toi Tarzan, moi Jane. — Je pense...

1 Est-ce que docteur est masculin ou féminin ? Un président peut-il être une femme ?
2 Le genre — ou le fait de diviser les noms en masculin, féminin et neutre —
3 existait autrefois en vieil anglais, mais petit à petit la notion a disparu, rendant les choses plus simples.
4 La vie est tellement plus facile quand la langue est unisexe...
5 Bien entendu, il y a encore les reliques du passé et quelques mots ont une connotation automatique de genre :
6 Nous avons tendance à voir un docteur en tant qu'homme et une infirmière en tant que femme — bien que le contraire soit très souvent vrai.
7 Certains mots, automatiquement, ont une terminaison de genre « -man ».
8 Les changements dans la société et un plus large partage d'emplois entre les sexes ont fait que l'utilisation restrictive de mots en « man » est démodée.

NOTES (suite)

l'employée de maison qui s'occupe d'enfants. La boucle est, encore une fois, bouclée !

(3) *Outdated:* suranné. *That style is very outdated.* Un autre verbe composite avec date est *to update* : mettre à jour, moderniser. *The information is updated every three months* = Les informations sont mises à jour tous les trois mois.

9 This sometimes gives us hilarious incongruities such as:

10 — His wife is a woman policeman, or, — John is a nurse but he's a man!

11 The first tendency was to differentiate between the sexes — policewoman, male nurse, house-husband and so on.

12 But over the last decade, often due to the influence of feminist movements, (**4**)

13 many words have become all-embracing. Nurse and doctor exist without prefix or suffix,

14 even Prime Minister and President no longer have a strictly male connotation!

15 Some excesses were also committed — " man " became " person " in expressions like " fireperson " or " personhole ", (**5**)

16 but it got a little out of hand when words like " personager " began appearing in the place of " manager "! (**6**)

17 Today's movement is more balanced, tending towards words like " the chair " (instead of " chairman " or " chairperson ")

18 which is, I suppose, neuter... and takes us back to where we started!

19 A young man was filling in a job application form. (**7**)

NOTES (suite)

(**4**) Attention, faux ami ! *a decade* = une décennie (10 ans) ; le mot français décade n'a pas d'équivalent anglais : on dit tout simplement *ten days*.

(**5**) C'est vrai ! Il y a eu une tentative d'émasculation sur *fireman* (pompier) et *man-hole* (trou d'homme), et

9 Ceci nous donne parfois des incongruités hilarantes telles que :
10 — Sa femme est un policier « féminin » ou — John est une infirmière « masculine ».
11 La première tendance était de différencier les sexes — policewoman (policier femme), male nurse (infirmière homme), « ménager » (homme), et ainsi de suite.
12 Mais à travers la dernière décennie, très souvent à cause de l'influence des mouvements féministes,
13 beaucoup de mots sont devenus des mots qui englobent tout. Infirmière et docteur existent sans préfixe ni suffixe, —
14 même premier ministre et président n'ont plus une connotation strictement masculine !
15 Certains excès furent également commis — « man » devint « person » dans les expressions comme « fireperson » (pompier) ou « person-hole » (trou d'homme).
16 Mais les choses devinrent un peu excessives quand des mots comme « personager » commencèrent à paraître à la place de « manager » !
17 La tendance aujourd'hui est beaucoup plus équilibrée avec des mots tels que « the chair » (à la place de « chairman » ou « chairperson »)
18 ce qui est, je suppose, neutre, ... et nous ramène au point de départ.
19 Un jeune homme remplissait un formulaire de candidature pour un poste.

NOTES (suite)

d'autres mots du même style. Heureusement la raison a prévalu et ces mots inoffensifs restent tels quels.

(6) *To get out of hand:* devenir incontrôlable/incontrôlé. *When the rugby team arrived, the situation really got out of hand* = Lorsque l'équipe de rugby est arrivée, la situation est devenue incontrôlable. *Things always get out of hand on Friday afternoons* = Les choses deviennent toujours incontrôlables les vendredis après-midi.

(7) *To fill in a form* = remplir un formulaire. Avec une perversité bien anglo-saxonne, on dit aussi *to fill out* sans que cela change en quoi que ce soit le sens.

20 He had no difficulty with headings like " Name " " Age " and " Address "

21 but when it came to " Sex ", he thought for a moment and wrote:

22 — Occasionally.

***

EXERCISES 1. The meeting started at ten o'clock with Mr Helprin as chair. **2.** The marketing director has asked for weekly updates of the sales reports. **3.** Activity usually slows down in August, although the opposite was true last year. **4.** How much simpler it is now that we all have computers on our desks! **5.** Kindly fill out the form and send it back with a photograph and a cheque for thirty pounds. **6.** More and more policewomen are being attacked in robberies in that area of London.

***

Fill in the missing words

1. *Ce modèle existait autrefois, mais maintenant il est démodé.*

   That model . . . . but now it's . . . .

2. *Le vendeur a démisionné, rendant ainsi les choses plus simples.*

   The salesman has resigned, thus . . . . much . . . .

3. *Les gens ont trop bu et la fête est devenu déchaînée.*

   People had too much to drink and the party . . . .

20 Il n'eut aucune difficulté avec des rubriques comme « nom » « âge » et « adresse »,

21 mais quand il en vint à « sexe », il réfléchit un moment et écrivit :

22 — De temps à autre.

***

Exercices 1. La réunion a commencé à 10 h avec M. H. comme président. **2.** Le directeur du marketing a demandé des mises à jour hebdomadaires des dossiers de ventes. **3.** L'activité ralentit généralement en août, bien que le contraire ait été vrai l'année dernière. **4.** C'est beaucoup plus simple maintenant que nous avons tous des ordinateurs sur nos bureaux. **5.** Veuillez remplir le formulaire et nous le retourner avec une photographie et un chèque de £30. **6.** De plus en plus d'agents de police féminins se font attaquer lors des hold-up dans ce quartier de Londres.

***

4. *Pendant la dernière décennie, les femmes ont obtenu une plus grande égalité.*

...., women have gained greater equality.

5. *Des changements dans la société ont abouti à une plus grande mobilité.*

Changes in society .... greater mobility.

The missing words

1. used to exist...outdated **2.** making matters...simpler **3.** got out of hand **4.** Over the last decade **5.** have led to

Sixteenth lesson

Little words mean so much

1 This lesson will require a little patience — and a lot of indulgence, since the use of prepositions is often arbitrary

2 and the only way to ensure being correct is often to accept without asking why!

3 Look at the examples below and look for the difference in meaning between the two forms in each sentence.

4 — You can ask me all the questions you want, but don't ask me for money. (**1**)

5 — He said that he had been working late at the office but I didn't believe him. I don't believe in fairies! (**2**)

6 — I think of her all the time. — What do you think about the plan to build a by-pass around the village? (**3**)

7 — Excuse me sir, we're closing. Would you mind paying for your drinks? — I'll get this, Mike. You paid the bill in the café. (**4**)

NOTES

(Comme le mariage verbe + préposition est une chose immuable, nous n'essayons pas d'expliquer mais de vous présenter un certain nombre d'exemples — non traduits, où le sens est simple — pour que vous vous mettiez tout de suite en tête ces combinaisons de mots. Prononcez nos exemples à haute voix.)

(**1**) *You ask someone something BUT you ask someone for money, or for help.* Attention ! Quand vous demandez quelque chose *à* quelqu'un, vous ne mettez pas de préposition en anglais.

Seizième leçon

Les petits mots sont si importants

1 Cette leçon nécessitera un peu de patience — et beaucoup de tolérance, car l'utilisation des prépositions est souvent arbitraire
2 et le seul moyen d'être sûr d'être correct est souvent d'accepter sans demander pourquoi !
3 Regardez les exemples ci-dessous et cherchez les différences de sens entre les deux formes dans chaque phrase.
4 — Vous pouvez me poser toutes les questions que vous voudrez, mais ne me demandez pas d'argent.
5 — Il a dit qu'il travaillait tard au bureau mais je ne l'ai pas cru. Je ne crois pas au Père Noël !
6 — Je pense à elle tout le temps. — Que pensez-vous du projet de construire une rocade autour de la ville ?
7 — Excusez-moi, Monsieur, mais nous fermons... Voulez-vous bien régler vos consommations ? — C'est moi qui t'invite, Mike. Tu as payé la note au café.

NOTES (suite)

(2) *You believe someone, or what someone says* (pour vous, c'est la vérité) *BUT you believe in God or fairies.* L'expression citée ici, *I don't believe in fairies* est ironique, comme si vous disiez : « Il me prend pour qui ? ».

(3) *Think of* et *think about* ont, le plus souvent, le même sens ; toutefois, il existe une distinction : *to think about* a aussi le sens de réfléchir, de penser pendant un certain temps. On dit *Don't make up your mind straight away. Think about it for a bit* = Ne prenez pas de décision tout de suite. Réfléchissez. On peut aussi trouver *to think something over,* qui a le même sens.

(4) *You pay someone, you pay a bill, you pay a debt BUT you pay FOR something. I'll pay you for the work you did last week.* Attention à cet exemple idiomatique : *I'll buy you a drink* = Je vais vous payer un verre.

8 The security guards searched the suitcases thoroughly — they even used sniffer dogs. Apparently, they were searching for drugs. (**5**) (**6**)

9 — ...and we remind members of the audience not to shout the answer. — Don't shout at your children, try and reason with them.

10 The manager has been sick with the 'flu for a week. — I'm sick of wasting time in traffic jams. I'll take the Tube. (**7**) (**8**). (**N2**)

11 He's a terrible hunter: he shoots at anything that moves. Last week, he shot one of the beaters in the foot. (**9**)

(**5**) *You search a house, a suitcase or a person BUT you are searching FOR your keys or for hidden treasure.* Le verbe *to search* a un sens plus approfondi que *to look for* — il nous donne l'idée de retourner la maison, de fouiller le passager, etc. Dans ce contexte figuré, on entend aussi *to hunt : I've hunted all over for my glasses. Where on earth did I put them ?* = ...où diable les ai-je mises ? (*to hunt* = chasser)

(**6**) *A sniffer-dog* = un chien renifleur, qui est dressé pour flairer des *controlled substances* (jargon officiel pour la drogue). Le mot vient du verbe *to sniff* = renifler. Autrefois, l'on prenait du *snuff* : tabac à priser.

8 Les gardes de sécurité ont fouillé les valises à fond — ils ont même employé des chiens renifleurs. Apparemment, ils cherchaient de la drogue.
9 — ...et nous rappelons au public de ne pas crier la réponse. — Ne grondez pas vos enfants, essayez de les raisonner.
10 Le Directeur souffre d'une grippe depuis une semaine. — J'en ai marre de perdre du temps dans les embouteillages. Je prendrai le métro.
11 Il est très mauvais chasseur ; il tire sur tout ce qui bouge. La semaine dernière il a tiré une balle dans le pied d'un des rabatteurs.

NOTES (suite)

(**7**) *You are sick/ill with something BUT you are sick OF doing the same job, of your boss,* etc. *To be sick of* = avoir marre de quelque chose.

(**8**) *The Underground* (métro londonien) s'appelle plus familièrement *the Tube.* Dans une campagne de publicité pour encourager les Londoniens à prendre le métro pour aller au théâtre, on a pu lire une affiche *Tu be or not tu be !* Pensez-y ! A Nex York, le métro s'appelle *the subway: You take the Tube but you ride the subway.* Dans d'autres villes, les noms des systèmes diffèrent. A Newcastle (GB), il s'appelle *Metro* et à San Francisco, *the BART* pour *Bay Area Rapid Transit.* La navette qui amène les voyageurs du campus de Berkeley à la station s'appelle *Humphrey Go Bart* (qui dit qu'on ne fait pas d'humour avec les transports en commun ?) A Washington, le nom du système est *the Métro.*

(**9**) *You shoot AT something or someone (in the direction of...). If you hit the target,* (atteignez la cible) *you shoot it.* On voit dans les journaux : *He was shot dead* pour expliquer que la victime a été tuée par un coup de feu, alors que *He was shot* ne nous indique pas s'il est toujours de ce monde. On trouve le même raisonnement avec *to stab :* poignarder. *The mob stabbed the policeman to death* = La foule a poignardé le policier à mort. En argot américain, *to shoot oneself in the foot* indique de façon humoristique qu'on a fait une déclararation fracassante qui en fait a desservi le locuteur ; l'expression vient du Far West (le cowboy qui dégaine trop vite). Quelle belle image !

12 When he was young, he used to dream of becoming president. — Last night I dreamed of the house we used to spend our holidays in. (**10**) (**11**)

13 Ah! Did you notice that we ended that sentence with a preposition?

14 Some writers say that this is " incorrect " but it is also the most common form of expression — and far less formal than the alternative. (**N3**)

15 Look: Here's the article about which I was telling you, or: Here's the article which I was telling you about.

16 Or even more simply: Here's the article I was telling you about. Don't worry! Nothing else disappears.

17 In our next lesson, we will see some more examples of this simple and idiomatic way of constructing sentences.

18 A zealous speech-writer once modified one of Winston Churchill's speeches to " tidy up " any prepositions at the ends of sentences.

19 Churchill was a great wielder of the English language and this overly formal style annoyed him.

20 Changing all his sentences back to their original form, prepositions and all, he growled (**12**)

NOTES (suite)

(**10**) Ne confondez pas *I used the car every day for a month* = Je me suis servi de la voiture tous les jours durant un mois avec *I used to drive a convertible* = autrefois, je conduisais un cabriolet. La locution *used to* (pron : ioustou) + verbe + infinitif sans *to* est invariable et

12 Quand il était jeune, il rêvait de devenir président. — La nuit dernière, j'ai rêvé de la maison où nous passions nos vacances, dans le temps.
13 Ah ! Avez-vous remarqué que nous avons terminé cette phrase par une préposition ?
14 Certains écrivains disent que ceci est « incorrect », mais c'est aussi la forme d'expression la plus courante — et beaucoup moins formelle que l'alternative.
15 Regardez : Voici l'article dont je vous ai parlé.
16 Ou, plus simplement encore : Voici l'article dont je vous ai parlé. Ne vous inquiétez pas ! Rien d'autre ne disparaît.
17 Dans notre prochaine leçon, nous verrons d'autres exemples de cette façon simple et idiomatique de construire des phrases.
18 Un rédacteur zélé modifia un discours de Winston Churchill pour « faire le ménage » des prépositions en fin de phrase.
19 C. maniait formidablement bien la langue anglaise et ce style trop formel l'agaça.
20 Remettant toutes ses phrases à leur forme d'origine, prépositions comprises, il grogna :

NOTES (suite)

indique une habitude que l'on n'a plus. Une troisième utilisation de *to use* sera examinée plus tard.

(11) *To dream* (rêver), en anglais britannique peut être régulier au passé (*I dreamed*) ou irrégulier (*I dreamt*) sans changer le sens d'un iota. La même chose est vraie pour d'autres verbes comme *to light* (allumer) : *I lighted* ou *I lit* et *to burn* (brûler) *I burned* ou *I burnt*. L'américain utilise toujours la forme régulière.

(12) Remarquez la facilité de l'anglais pour incorporer deux notions en un seul verbe. Nous avons vu précédemment *to drive* = aller en voiture, *to walk* = aller à pied et, plus récemment, *to trudge* = marcher péniblement. C'est aussi vrai pour les façons de parler. *To growl :* c'est un chien qui gronde. Ici, nous pourrions traduire par : parler d'une voix menaçante. C'est à la fois imagé et économique. Un autre exemple : — *Don't hit me, he whimpered* (*to whimper* = pleurnicher) = Ne me frappez pas, dit-il d'une voix pleurnicharde. C'est un style très souvent utilisé dans les écrits descriptifs. Nous verrons plus tard, aux leçons 37 et 38, d'autres exemples de cette plasticité remarquable.

21 — This is the kind of English up with which I will not put! (**13**)

(Note : la traduction ne peut évidemment pas faire ressortir les nuances de construction).

***

EXERCISES 1. The laboratory has asked for more samples. I wonder why. **2.** I've hunted everywhere for those notes, but I can't find them. **3.** He tripped over a fallen branch and shot himself in the leg. **4.** If we follow the A 26, we can by-pass the town centre. **5.** Would you mind finishing your drink ? I'm closing. **6.** The dog whimpered in pain.

***

Fill in the missing words

1. — *Est-ce que vous croyez en Dieu ? — Non, je suis athée.*

— Do you . . . . God? — No, I'm an atheist.

2. *Le chasseur tira en direction du sanglier.*

The hunter . . . . the boar.

3. *Laissez. C'est moi qui le paierai.*

Here, I'll . . . . this.

4. *Que pensez-vous de la nouvelle secrétaire ?*

What do you . . . . the new secretary?

5. *C'est le genre d'anglais que je ne supporterai pas.*

This is the kind of English which I will not . . . .

21 — Ceci est le genre d'anglais que je ne supporterai pas. (sarcastique).

NOTES (suite)

(**13**) C'est en effet une réponse sarcastique. Choisir *to put up with* pour supporter (au lieu de *to tolerate*) indique un registre plus conversationnel. Or, le fait d'accoler les prépositions en style formel rend la phrase ridicule bien que « correcte ». La forme qui convient se trouve dans les exercices à trous. A vous de jouer !

***

Exercices 1. Le laboratoire a demandé d'autre spécimens. Je me demande pourquoi. **2.** J'ai cherché ces notes partout, mais je ne les trouve pas. **3.** Il a trébuché sur une branche qui traînait par terre et s'est tiré une balle dans la jambe. **4.** Si nous suivons la Nationale A 26, nous pourrons contourner le centre-ville. **5.** Voulez-vous bien finir votre consommation ? Je ferme. **6.** Le chien gémit de douleur.

***

The missing words

1. believe in. **2.** shot at **3.** pay for **4.** think of **5.** put up with.

NOTES PERSONNELLES :

Seventeenth lesson

Statistics

1 The results of the latest Gallup poll into the health of the nation indicate that 100 % of all people who catch 'flu die. (**1**)
2 Read this and you will probably run to the chemist's in panic to stock your medicine cabinet with the latest patent cures, (**2**) (**3**)
3 unless you stop and think it over. (**4**)
4 Have you noticed that, today, we are bombarded with statistics from all sides?
5 Politicians, advertisers, the media — even the church — will tell you, uninvited, the latest figures or percentage points.
6 They often use them as a drunk uses a lamp post: for support rather than for illumination, (**5**)

NOTES

(**1**) Nous avons tendance, des deux côtés de l'Atlantique, à utiliser le terme *Gallup poll* pour un sondage d'opinion alors que l'expression exacte est *opinion poll*. En effet, George Gallup (1901-1986) fut le premier à organiser de façon scientifique le recensement de l'opinion publique -- son premier grand succès fut de prévoir la victoire de Franklin D. Roosevelt en 1936. De nos jours, il existe un grand nombre de sociétés de sondage mais le nom de Gallup demeure toujours célèbre.

(**2**) *Chemist* = un chimiste (remarquer la prononciation KE-mist) ; en G-B, nous utilisons aussi le mot pour désigner un pharmacien, bien que le terme exact soit *a pharmacist. To go to the chemist's* = aller à la pharmacie. Aux E-U, un pharmacien s'appelle *a druggist* et on dit *to go to the drugstore*.

Dix-septième leçon

Les statistiques

1 Les résultats du dernier sondage Gallup sur la santé de la nation font apparaître que 100 % des gens qui attrapent une grippe meurent.
2 Lisez ceci et vous irez en courant chez le pharmacien, paniqué, pour bourrer votre armoire à pharmacie des dernières drogues miracles,
3 a moins que vous ne vous arrêtiez pour réfléchir.
4 Avez-vous remarqué qu'aujourd'hui, nous sommes bombardés par les statistiques de tous côtés ?
5 Les politiques, les publicistes, les médias — même l'église — vous diront, sans y avoir été invités, les derniers chiffres ou pourcentages.
6 Ils s'en servent souvent comme un ivrogne se sert d'un lampadaire : pour un soutien plutôt que pour l'éclairage,

NOTES (suite)

(3) *A patent* = un brevet. L'expression *to take out a patent* est de plus en plus remplacée par le verbe *to patent. A patent medicine* (E-U *generic drug*) est un médicament connu sous son nom commercial. Remarquez la prononciation : MED-sin. Sur certains produits manufacturés, on trouve *Pat.pending* qui veut dire que l'enregistrement du brevet est en cours.

(4) *To think something over* = réfléchir à quelque chose. *Don't decide now. Think it over for a few days.*

(5) Une exception à la règle des adjectifs substantifs. Par exemple, les pauvres = *the poor*, mais un pauvre nous oblige à dire *a poor person* (ou à tourner la phrase autrement) tandis qu'avec *drunk* (saoul) on peut faire *a drunk*.

7 and we obediently read them in amazement, slap our foreheads and exclaim — Oh, no!, or — Fancy that! (**6**)

8 Doctor Johnson must have seen the writing on the wall two hundred years ago when he exclaimed: (**7**)

9 — There are lies, then greater lies... then statistics!

10 Take the case of the Birmingham woman who, in her first two years of marriage, gave birth to two children (**8**)

11 but avoided having a baby in the third year because she had read in the papers

12 that one person in three in Birmingham ended up before the courts.

13 This mania for figures is well illustrated in the following extract from a court hearing:

14 — Now Mrs Ivers, the collision occurred at the junction of Church Road and Bedford Gardens. How far away were you?

NOTES (suite)

(**6**) Le mot *fancy* a plusieurs sens. En adjectif, il veut dire : fantaisie. *Fancy dress* = déguisement pour une fête. *Fancy cakes* = des gâteaux de luxe, etc. L'utilisation peut être péjorative quand *fancy* est le contraire de simple, ordinaire. *I'm not paying any fancy prices* = des prix exagérés. Le sens propre du verbe (s'imaginer) se perd de plus en plus mais nous le retrouvons dans certaines exclamations de surprise — et c'est cette utilisation que nous voulons souligner : *Fancy Michael getting married so quickly!* = Qui aurait pu imaginer que M. se marierait si vite ! *Fancy driving sixty miles just to go to a party!* = On n'a pas idée de faire 60 miles juste pour assister à une fête ! Donc, *fancy* se trouve en début de phrase et le verbe est à la forme en *-ing*. (*Fancy that!* Quelle idée ! — mais en langage familier on peut trouver *I don't fancy that* = Ça ne me dit rien qui vaille.)

7 et nous, obéissants, nous les lisons, éberlués, nous nous frappons le front et nous nous écrions — Ah non !, ou bien — Vous m'en direz tant !

8 Le Dr. J dû lire dans les astres il y a 200 ans lorsqu'il s'exclama :

9 — Il y a des mensonges, puis des plus gros mensonges... et enfin les statistiques !

10 Prenez le cas d'une femme de B. qui, pendant ses deux premières années de mariage, donna naissance à deux enfants

11 mais évita d'avoir un enfant pendant la troisième année car elle avait lu dans les journaux

12 qu'une personne sur trois à B. se retrouvait devant les tribunaux.

13 Cette manie des chiffres est bien illustrée dans l'extrait suivant d'une audience devant le tribunal :

14 — Alors, Mme I, la collision s'est produite au croisement de Church Rd et Bedford Gdns. Vous étiez à quelle distance ?

NOTES (suite)

(**7**) *To see the writing on the wall.* L'expression est d'origine biblique — il s'agit des mots écrits sur le mur au festin de Balthazar, par lesquels le prophète Daniel put prédire la destruction de Babylone. De nos jours, rien d'aussi dramatique, mais nous avons la notion d'une fin imminente de quelque chose ou de voir un présage. *He's leaving his firm. He must have seen the writing on the wall* = il a dû voir ce que l'avenir lui réservait (soit à lui soit à la société). *The good life can't last long. With the new government, the writing's on the wall* = la fin est proche.

(**8**) *To give birth to* est une tournure un peu élaborée. Nous dirions dans le langage courant *she had two children.* Toutefois, nous trouvons l'expression au sens figuré ; par exemple *Computers have given birth to a new technological era.* Rappelons en passant que naître (sens intransitif) se dit *to be born* et que le passé se conjugue avec *was/were: When were you born?*

15 — Fifty four yards (54 yds), two feet (2 ft) and three inches (3 ins), m'lud. (**9**) (**10**)
16 — You are very precise, madam. Did you measure the distance?
17 — Yes, m'lud. — And may I ask why?
18 — Because I knew some idiot would ask me... m'lud. (**11**)
19 But, when all is said and done, it is often better to be ignorant of figures.
20 It was recently calculated that the Lord's Prayer contains fifty six words, the Ten Commandments has two hundred and ninety seven, (**12**) (**13**)
21 The American Declaration of Independence has three hundred — but a recent EEC directive
22 on the import of caramel and caramel products needed twenty six thousand nine hundred and eleven words.
23 Would anyone care to calculate the percentage of inflation?

NOTES (suite)

(**9**) Bien que dans certains contextes les Anglo-saxons s'efforcent (du moins, disent s'efforcer) de « parler métrique », il y a fort à parier que leur système fera de vieux os ; ainsi notons que *an inch* = 2,5 cm, et que douze *inches* font *a foot* (abrév : *ft*) = 30,48 cm. Trois *feet* font *a yard* (abrév : *yd*) = 0,91 cm ; Un *mile* égale 1,6 km. Regardez ces expressions de taille pour les personnes : *She's five feet four* OU *five foot four*. *The new player was a broad six-footer from Chicago* (Il mesurait 1,80 m et était large d'épaules). Notons tout de même que l'industrie a largement adopté le système métrique.

15 — 54 yards (50 m), 2 pieds (0,6 m) et 3 pouces (7,6 cm), M. le Juge.
16 — Vous êtes très précise, Madame. Avez-vous mesuré la distance ?
17 — Oui, M. le Juge. — Puis-je demander pourquoi ?
18 — Parce que je savais qu'il y aurait un idiot qui me le demanderait... M. le Juge.
19 Mais, à la longue, il vaut souvent mieux ignorer tout des chiffres.
20 On a calculé récemment que le Notre Père contient 56 mots, les Dix Commandements en contiennent 297,
21 la Déclaration d'Indépendance Américaine en a 300 — mais une directive récente de la CEE
22 concernant l'importation du caramel et des produits dérivés du caramel a nécessité 26 911 mots.
23 Quelqu'un voudrait-il se donner la peine de calculer le pourcentage d'inflation ?

NOTES (suite)

(**10**) On s'adresse à un juge avec l'expression *My Lord* ; l'usage — et un certain accent snob ont déformé ceci en *milud* dont l'orthographe consacrée est reproduite dans notre exemple (la chanson de Piaf perd une mesure...). Aux E-U, la formule est *Your Honor* (notez qu'en G-B on écrit *honour*). Ceci vous aidera à mieux comprendre les films noirs anglo-américains que nous vous recommandons vivement de regarder... en VO, bien entendu !

(**11**) Remarquez l'emploi de *some*. *Some idiot has lost the car keys* (un idiot quelconque). On le retrouve surtout dans des expressions d'ennui. *I left the cake on the table and some glutton ate it* (*glutton* = goinfre).

(**12**) *The Lord's Prayer* = Pater Noster (« Notre Père, qui êtes aux cieux »). Pour qui voudrait l'apprendre, il trouvera la vieille forme de tutoiement *thy name* (Ton nom) *thy will* (Ta volonté), la forme pronominale *thou*, et les accusatif et datif *thee* dont nous avons parlé à la leçon 7.

(**13**) On trouvera le *thou* aussi dans les Dix Commandements ! Remarquez que le verbe est au singulier, car on considère l'ensemble des dix comme étant une chose (voir leçon 12). On dit qu'il y a un onzième Commandement *Thou shalt not get found out* - Tu ne te feras pas prendre, donc l'expression *He broke the eleventh Commandment* veut dire qu'il n'a pas pris les précautions d'usage.

EXERCISES 1. If you stop and think it over, his salary is quite low. **2.** You can count on my full suport for the project. **3.** — Car in the garage again? — Yes. Some idiot ran into the back of me at a traffic light. **4.** Would anyone care for another drink? **5.** Can you buy medicines from a chemist's without a prescription in America? **6.** No, but we can buy them from the drugstore.

***

Fill in the missing words

1. *Qui aurait imaginé que Margaret se serait mariée sans le dire à personne ?*

   ..... Margaret .... married without telling anyone?

2. *Une personne sur quatre finit en prison.*

   ... person .. four .... in prison.

3. *Ça ne peut pas durer. C'est gros comme une maison.*

   It can't last. The .... is .. ..

Eighteenth lesson

Put it at the end...

1 — It looks like it's going to rain. There goes our picnic. — That's what I was afraid of. (**1**)

2 — What are you looking for? — The plane schedule. I want to know what time we arrive. (**2**)

NOTES

(**1**) *The children are awake. There goes our lie-in.* = Les enfants sont réveillés. Adieu notre grasse matinée. *There goes...* suivi d'un nom indique que l'on dit adieu à quelque chose que l'on a, ou à quoi on s'attend. *Damn! Another bill! There goes the new car.*

Exercices 1. Si vous y réfléchissez, son salaire est en fait assez bas. **2.** Vous pouvez compter sur mon soutien absolu pour le projet **3.** — Elle est encore au garage, ta voiture ? — Oui. Une espèce d'imbécile m'a embouti au feu rouge. **4.** Est-ce que quelqu'un voudrait un autre verre ? **5.** Pouvez-vous acheter des médicaments à la pharmacie (G-B) sans ordonnance en Amérique ? **6.** Non, mais nous pouvons les acheter à la pharmacie (US)

***

4. *Quand êtes-vous né ?*

When ....?

5. *Il a dû voir ce qui allait se passer.*

He .... what was going to happen.

The missing words

1. Fancy...getting **2.** One...in...ends up **3.** writing...on the wall **4.** were you born **5.** must have seen

Dix-huitième leçon

Mettez-le à la fin...

1 — Il me semble qu'il va pleuvoir. Adieu notre pique-nique — C'est ce dont j'avais peur.
2 — Que cherches-tu ? — Les horaires d'avions. Je veux savoir à quelle heure nous arriverons.

NOTES (suite)

(**2**) Au lieu de mettre le pronom à la fin, ici nous le supprimons carrément. Il est très lourd d'entendre *At what time...?* ; on peut à la rigueur admettre *What time do we arrive at?* mais la forme la plus courante est *What time do we arrive?* Remarquez ici qu'il ne s'agit pas d'une question : *I want to know what time we arrive.* Ne mettez pas d'auxiliaire d'interrogation après *what* ici.

3 — Did you know that Simon got married last month? — No. Who to? (**3**) (**N4**)
4 — Don't you like New York? — Sure, but it's too exhausting to live in. (**4**)
5 — I'd give you his address if I could find something to write with. — Here, use my pen. (**5**)
6 — Many people are afraid to speak a foreign language because they hate being laughed at. — That's no excuse.
7 — I saw that new psychological thriller at the movies last night. — Well, what was it like? — I don't even know what it was about. (**6**)
8 — What's the matter? What are you crying for? — Nothing. I've just peeled two pounds of onions.
9 — I won't be here on Saturday. Can we put the party off till next week? — Why do you want to put it off? We'll have it without you. (**7**)
10 — Don't throw away the wrapper. There's a coupon on it. — You know I never throw things away. (**8**)

(**3**) Attention aux deux formes : *Simon got married to Judy* et *Simon married Judy* (S. épousa J.). Cependant, puisque *to marry* peut également signifier « marier quelqu'un » (*Simon married his daughter* = S. a marié sa fille), nous préférons la forme avec *get* lorsqu'il s'agit « d'épouser » quelqu'un.

(**4**) *Sure :* l'anglais américain pour répondre affirmativement à une question (on entend aussi *Sure thing!*). Un Britannique dirait plutôt : *Of course. — Let's take your car. — Sure thing.*

(**5**) L'accent tonique change entre l'anglais américain et l'anglais britannique. *...my ADdress* (US) contre *...my adDRESS* (GB). Ecoutez notre enregistrement et dites-nous s'il s'agit d'un locuteur anglais ou américain. (La réponse se trouve avec les corrigés des exercices.)

3 — Saviez-vous que S. s'est marié le mois dernier ? — Non. Avec qui ?
4 — Vous n'aimez pas New York ? — Si, mais c'est trop épuisant pour y vivre.
5 — Je vous donnerais son adresse si je pouvais trouver de quoi écrire. — Tenez. Prenez mon stylo.
6 — Beaucoup de gens ont peur de parler une langue étrangère car ils détestent qu'on se moque d'eux. — Ceci n'est pas une excuse.
7 — J'ai vu le dernier drame psychologique au cinéma hier soir. — Eh bien, c'était comment ? — Je ne sais même pas de quoi il s'agissait.
8 — Qu'est-ce qu'il y a ? Pourquoi pleures-tu ? — Ce n'est rien. Je viens de peler deux livres d'oignons.
9 — Je ne serai pas là samedi. Peut-on remettre la fête à la semaine prochaine ? — Pourquoi veux-tu la remettre ? Nous la ferons sans toi.
10 — Ne jetez pas le papier d'emballage. Il y a un bon dessus. — Vous savez que je ne jette jamais rien.

NOTES (suite)

(**6**) Dans les mots — d'origine grecque — qui commencent par *ps..* ou *pn..* (par exemple *psychology, psychiatry, pneumonia, pneumatic*) on ne prononce JAMAIS le *p* initial. Ces mots se prononcent — et notez bien la position de l'accent tonique — saiKOledji ; saiKAletri ; niouMOHni-e ; niouMAtic. Pour bien retenir la prononciation, écoutez les exercices.

(**7**) Comme nous vous l'avons indiqué dans la leçon précédente, nous pouvons mettre un nom à la fin d'un *phrasal verb* ou bien entre les deux parties. Ce n'est point le cas avec un pronom (*he, it,* etc.) qui doit se placer entre la partie verbe et la préposition. C'est-à-dire qu'on peut choisir entre *put the party off* et *put off the party* mais si nous remplaçons *the party* par *it,* nous devons impérativement le placer devant *off.* Il n'y a pas d'exception.

(**8**) Attention : *to throw something at* = jeter quelque chose vers... *The batsman threw the ball at the wicket* = Le batteur jeta la balle en direction du guichet (vous avez bien lu la leçon 11, n'est-ce pas ?) MAIS *to throw away* c'est jeter au rebut. *Don't throw away your old newspapers ; I collect them.* Dans notre phrase, la personne parle du papier d'emballage sur lequel est imprimé un bon. On les collectionne pour avoir droit à un cadeau. C'est une pratique promotionnelle très répandue aux Etats-Unis et en Grande-Bretagne.

11 You see, it really is straightforward. It takes a little time to get used to, that's all. (**9**)

12 There are of course a few difficulties: some verbs have two possible prepositions and both of them are correct. (**10**)

13 So take your time and re-read our examples regularly. Now let's move on to something lighter.

14 The candidate had just finished a long, impassioned speech at a rally just before a crucial by-election. (**11**)

15 A late-comer slipped into an empty seat and asked his neighbour what the politician had said.

16 — I've no idea, came the reply. — Why? Weren't you listening?

17 — Of course I was listening. For an hour and a half. But he never told us what it was about.

18 Putting prepositions at the end of a sentence can, however, prove disastrous.

19 Take the example of the mother who promised to read to her son from a book of his choice.

NOTES (suite)

(**9**) Un adjectif très utile composé de *straight* (droit) et *forward* (en avant). Si quelque chose est straightforward, c'est clair, net, direct, etc. *Give me a straightforward answer* = Donnez-moi une réponse claire ... et honnête car, quand on l'applique à une personne, nous avons en prime la notion de droiture, loyauté : *You can count on her ; she's very straightforward.* = Vous pouvez compter sur elle, elle est très loyale.

11 Vous voyez ? C'est vraiment tout simple. Il faut un peu de temps pour s'y habituer, c'est tout.
12 Il y a, bien sûr, quelques difficultés : certains verbes ont deux prépositions et toutes les deux sont correctes.
13 Donc, prenez votre temps et relisez nos exemples régulièrement. Maintenant, passons à quelque chose de plus léger.
14 Le candidat venait de terminer un long discours passionné à un meeting, juste avant une élection partielle cruciale.
15 Un retardataire se glissa dans un fauteuil vide et demanda à son voisin ce qu'avait dit l'homme politique.
16 — Je n'en ai aucune idée, fut la réponse. — Pourquoi ? Vous n'écoutiez donc pas ?
17 — Bien sûr que si. Pendant une heure et demie. Mais il ne nous a jamais dit de quoi il s'agissait.
18 Mettre les prépositions en fin de phrase peut, cependant, s'avérer désastreux.
19 Prenez l'exemple de la mère qui promit à son fils de lui lire un extrait d'un livre qu'il aurait choisi.

NOTES (suite)

(**10**) On peut dire *...both are correct* ou *...both of them are correct.*

(**11**) *By :* à côté, donc en utilisation adjectivale il nous donne le sens de quelque chose à côté — et en plus — de l'essentiel. *Plastic is a by-product of petroleum.* — un sous-produit ; *Let's take the by-pass to avoid the traffic in town* — une route de contournement. Nous le connaissons aussi en français dans un contexte médical où l'on contourne — ou bypasse ! — le cœur. Donc *a by-election* est une élection partielle.

20 The youngster chose a very serious volume on the wildlife in West Africa.

21 Surprised by this sudden interest in nature, the mother said — What did you choose that book to be read to from for? (**12**)

22 Work that out!

***

EXERCISES 1. — What's the matter with Alison? — She's got pneumonia. **2.** He decided to study psychology rather than law. **3.** Have you seen these new throw-away razors? They're really handy. **4.** I have a terrible problem, Doctor, I'm in love with my psychiatrist! **5.** — Don't you like your present? — Sure I do, but it's a bit too small. **6.** — You'll have to put off the party. — Put if off? Out of the question.

***

Fill in the missing words

1. *Zut ! Adieu notre week-end calme.*

Damn ! . . . . our quiet weekend.

2. *Pourquoi pleurez-vous ?*

. . . . are you crying . . .?

3. *Vous devez le remettre immédiatement.*

You must . . . . immediately.

20 Le jeune choisit un livre très sérieux sur les animaux en Afrique occidentale.
21 Surprise par cet intérêt soudain pour la nature, la mère lui dit — Pourquoi as-tu choisi ce livre pour que je t'en lise un extrait ?
22 Débrouillez-vous !

NOTES (suite)

(12) Avec nos excuses... pourtant la phrase est éventuellement possible si on accole *to read to* — lire à quelqu'un —, *to read from* — lire à partir de quelque chose —, et *What...for?* — pour quelle raison ? Il serait toutefois plus simple de dire : *Why did you choose that book?* Vous êtes bien d'accord ?

***

Exercices 1. Qu'y a-t-il avec Alison ? — Elle souffre d'une pneumonie. **2.** Il a décidé de faire des études de psychologie plutôt que de droit. **3.** Avez-vous vu ces nouveaux rasoirs jetables ? Ils sont très commodes. **4.** J'ai un problème affreux, Docteur, je suis amoureux de mon psychiatre ! **5.** — Vous n'aimez pas votre cadeau ? — Bien sûr que si, mais c'est juste un peu trop petit. **6.** — Vous devrez remettre la fête. — La remettre ? Hors de question.

***

4. — *Vous n'écoutiez pas ? Bien sûr que si.*

— . . . . . ' . you . . . . ? — . . . .

5. — *Tous deux sont faux. — Comment ? Tous les deux ?*

— . . . . are wrong. — What ? . . . . ?

The missing words

1. There goes **2.** What...for **3.** put it off **4.** Weren't...listening...Sure **5.** Both...Both of them?.
(Voir note 5) Le locuteur est américain.

Nineteenth lesson

No news is good news (Part one) (1)

1 Teacher: — Is the word " trousers " singular or plural? Student: — Singular at the top and plural at the bottom. (**2**)

2 As in the title, some words appear to be plural but are not, while others are both singular and plural.

3 But don't worry. We are not going to make a mountain out of a molehill. Just listen to the following sentences: (**3**)

4 — What time is the news on? — At nine, but you don't want to watch it, do you? (**4**)

5 — Why not? — It's either disasters or politics. (**5**)

6 Disasters are tragic, politics is boring — and I'm sure the information is misleading. (**6**)

NOTES

(**1**) C'est notre expression : Pas de nouvelles, bonnes nouvelles, mais attention ! Malgré le *s*, le mot *news* est singulier. *I'm afraid the news is very bad* — ...les nouvelles sont très mauvaises. Normalement, on ne parle pas d'une nouvelle, mais si c'était vraiment nécessaire, nous vous montrons plus loin dans la leçon comment faire.

(**2**) Le mot *trousers* est en effet pluriel. Un pantalon se dit *a pair of trousers* — avec le *s*. Mais on ne considère pas essentiel de le préciser, ainsi, pour dire : mon pantalon est déchiré, on dirait : *My trousers are torn* — bien que grammaticalement la phrase soit au pluriel. Donc elle fait office de « Mon pantalon est déchiré » ou « Mes pantalons sont déchirés ».

Dix-neuvième leçon

Pas de nouvelles, bonnes nouvelles (Première partie)

1 Le professeur : — Le mot « trousers » est-il singulier ou pluriel ? L'élève : — Singulier en haut et pluriel en bas.

2 Comme dans le titre, certains mots paraissent être au pluriel mais ne le sont pas, tandis que d'autres sont à la fois singulier et pluriel.

3 Mais ne vous inquiétez pas. Nous n'allons pas faire une montagne d'une taupinière. Simplement, écoutez les phrases suivantes :

4 — A quelle heure passent les informations ? — A 9 h 00, mais tu n'as pas envie de les regarder, n'est-ce pas ?

5 — Pourquoi pas ? — Ce sont soit des désastres, soit de la politique.

6 Les désastres sont tragiques, la politique est ennuyeuse et je suis certaine que les informations sont erronées.

NOTES (suite)

(3) *To make a mountain out of a molehill* = Exagérer l'importance d'un problème, faire d'un œuf un bœuf. *A mole* est une taupe, *a molehill* une taupinière. Myope comme une taupe = *As blind as a bat* (chauve-souris). *Mole* a pris une signification plus sinistre depuis quelque temps — c'est un agent double qui pénètre les services secrets d'un pays ! Imagé, non ?

(4) *What time's the match?* mais si on va le regarder à la télévision (*on television*), on peut rajouter la préposition. *What time is the film on?* Rappelez-vous (Leçon 18 N-2) qu'on ne dit presque jamais *At what time...*

(5) *Politics is the science of government and the art of deception*. Malgré le *s*, c'est encore un mot singulier. *A politician* = un homme/femme politique.

(6) *To lead* = mener ; *to mislead* = induire en erreur. *Appearances are often misleading* = Les apparences sont souvent trompeuses. Faites attention à la prononciation des formes passées : *misled* se prononce miss-LED, beaucoup de gens — jeunes Anglais compris — ont tendance à prendre cette forme pour le passé d'un verbe fictif *to misle* !

7 Economics is so complex that no one really understands all that waffle about inflation. And as for statistics! (**7**)

8 Twenty percent increase here, eight percent decrease there, one in three out of work...

9 — Hold on. Statistics is a very precise science.

10 So is physics and so is mathematics — but not everyone understands them. (**8**)

11 — Oh come on, let me turn on the telly. There's just one item I want to watch. — What? (**9**) (**10**)

12 — The billiards match... No, don't laugh. At least billiards is non-violent. What's so funny? (**11**)

13 — You've been arguing for so long that the news is over. (**12**)

NOTES (suite)

(**7**) Idem pour *economics*. *A waffle* est une gaufre aux Etats-Unis, mais en Angleterre, on utilise le verbe *to waffle* pour parler dans le vide. *It's a load of waffle* = C'est du vent. Il s'agit d'une utilisation argotique.

7 L'économie est tellement complexe que personne ne comprend réellement tout ce baratin au sujet de l'inflation. Et quant aux statistiques...
8 20 % d'augmentation par-ci, 8 % de baisse par-là, 1 sur 3 au chômage...
9 — Attends... La statistique est une science très précise.
10 Ainsi que la physique et les mathématiques — mais tout le monde ne les comprend pas.
11 — Oh voyons... Laisse-moi allumer la télé, il y a une information que j'ai envie de regarder. — Quoi ?
12 — La partie de billard... Non, ne ris pas. Au moins le billard c'est non violent. Qu'est-ce qu'il y a de si drôle ?
13 — Tu discutes depuis tellement longtemps que les informations sont terminées.

NOTES (suite)

(**8**) A croire que l'anglais ne met un s que lorsque le mot est singulier ! *Statistics, physics* et *mathematics* sont tous les trois singuliers. Le dernier mot est d'habitude abrégé en *maths* (GB) et *math* (EU).

(**9**) *The telly* est de l'argot britannique. On dit aussi *the box*. L'américain, toujours plus tranchant, l'appelle : *the tube* (pron. toub) contraction de *boob tube* — tube à crétins !

(**10**) Et voilà. S'il faut absolument parler d'une nouvelle, voici comment faire : *an item*. Mais nous répétons que c'est une tournure assez rare. De même, dans un dictionnaire, vous trouverez *a piece of furniture* pour dire un meuble. Ce n'est pas tout à fait exact. On dit bien *The furniture is old-fashioned* = Les meubles sont vieillots, mais, pour dire : on va juste déplacer ce meuble, l'anglais préférerait *We'll just move this chair/table/bed* etc. C'est ici une question de « sentir l'usage » — tout l'art du perfectionnement et de la pratique de l'anglais !

(**11**) Voir Note 8.

(**12**) *It's finished* ou *It's over. We wanted to go to his party but it was over by the time we arrived* = Nous voulions aller à sa fête mais le temps d'arriver et c'était déjà fini. *It's all over between us* = Tout est fini entre nous.

EXERCISES 1. Don't make a mountain out of a mole-hill. It's really not important. **2.** Politics is a load of waffle. **3.** I was misled by the sign: I thought it meant " One Way ". **4.** He's as blind as a bat. **5.** (On the phone) — He's sitting opposite me. Hold on, I'll pass him over. **6.** The party was over by the time we arrived.

***

Fill in the missing words

1. *La politique et l'économie font partie de votre programme.*

.... and .... part of your course.

2. *Vous ne couperez pas la télévision avant la fin, n'est-ce pas ?*

You ...'. turn off the television before the end, ... ?

3. *Tous ses meubles viennent du marché aux puces.*

All her .... from the flea-market.

4. *A quelle heure passe le film ?*

.... is the film .. ?

5. *Pas de nouvelles, bonnes nouvelles.*

.. ..

The missing words

1. Politics...economics are **2.** won't...will you **3.** furniture comes **4.** What time...on **5.** No news is good news.

Exercices 1. Ne faites pas une montagne d'une taupinière. Ce n'est vraiment pas important. **3.** La politique, c'est du vent. **3.** J'ai été induit en erreur par le panneau : je croyais qu'il voulait dire « Sens Unique ». **4.** Il est myope comme une taupe. **5.** (Au téléphone) — Il est en face de moi. Ne quittez pas, je vous le passe. **6.** Le temps qu'on arrive, la fête était terminée.

NOTES PERSONNELLES :

Twentieth lesson

No news is good news (Part two)

1 ... and that is the end of the national and international news. Now for the sports news, (**1**)

2 and first, football. Manchester United are preparing for tomorrow night's cup-tie against Chelsea. (**2**) (**3**)

3 Manager Gordon Bates: — The team are training hard and I think we'll have a tough match but a fair one. (**4**)

4 — What about the question of hooliganism?
— The Government (**N 5**) has been very firm about this recently. (**5**)

5 First, I must point out that the team isn't to blame — and nor are most of the fans. It's the odd one or two. (**6**)

NOTES

(**1**) *...and now for something completely different* = et maintenant, quelque chose de complètement différent. La formulation *and now for* s'emploie souvent à la télévision ou à la radio pour présenter un nouveau sujet. Dans une réunion, elle pourrait être utilisée pour présenter les points de l'ordre du jour : *...and now for item seven on the agenda* (attention : *the agenda* = l'ordre du jour ; *a diary* = un agenda).

(**2**) Comme vous le savez, il est possible d'utiliser la forme possessive avec apostrophe avec des expressions de temps : *Yesterday's semi-final was between X and Y : Tomorrow's meeting is at 10 o'clock.* On peut tourner les phrases autrement (*The semi-final yesterday... The meeting tomorrow* etc.) mais la forme possessive reste la plus idiomatique. Prêtez attention au problème suivant : *I have one week's holiday* (une semaine de vacances ; vous remarquez clairement le possessif) *We have four weeks' holiday* (il faut mettre l'apostrophe après le *s*, mais on tend à l'oublier car on ne pense qu'à un pluriel). C'est ça, la pratique.

Vingtième leçon

Pas de nouvelles, bonnes nouvelles (deuxième partie)

1 ...Et ceci termine les informations nationales et internationales. Maintenant l'actualité sportive,
2 et en premier, le football. Manchester United se prépare pour le match de la coupe, demain soir, contre Chelsea.
3 Le Directeur Gordon Bates : — L'équipe s'entraîne durement et je crois que nous aurons un match difficile mais correct.
4 — Et la question des hooligans (de la violence) ?
— Le gouvernement a été très ferme sur ce point récemment.
5 D'abord, je dois signaler que l'équipe n'est pas en cause, ni la plupart des supporters. Sinon un ou deux par-ci, par-là.

NOTES (suite)

(3) L'utilisation du mot *tie* ici est très particulière : *a cup-tie* est l'un d'une série de matchs de football pour déterminer les gagnants d'une coupe. Son origine, bien obscure, viendrait du français : tirer, où les équipes ont été tirées au sort.

(4) Rappelez-vous que *hard* est adjectif et adverbe : *hard job. He works very hard. Hardly* veut dire : à peine : *We hardly see him any more* = On le voit à peine maintenant. Remarquez la prononciation de *tough* (teuf).

(5) Un mot devenu tristement célèbre que ce *hooligan*, qui signifie un supporter violent. Le mot vient du nom d'une famille d'Irlandais redoutables qui sévissaient à Londres au 19e siècle. Assez curieusement, à cette époque il y avait des liens assez étroits entre la justice britannique et son homologue russe, d'où la présence bien vivante de ce mot dans la langue russe.

(6) Une utilisation idiomatique du mot *odd* pour signifier un nombre insignifiant : *the odd cigarette or two won't do you any harm* = une cigarette par-ci par-là ne vous fera pas de mal. *Odds and ends* = des petits bouts. *I've almost finished packing. There are just a few odds and ends to finish* = J'ai presque fini de faire les valises. Il reste deux ou trois bricoles à finir.

6 — Yes, the public is aware of your recent efforts and the progress that has been made. (**7**)
7 — We have our work cut out, but I have some advice for the public: (**8**)
8 Watch the game and not the fans. — Thank you Mr. Bates.
9 And now for a quieter game but no less exciting: billiards. Tonight's international final sees German Walter Glaser (**9**)
10 against Ireland's Paddy Mulroney, and we're going over live to the Dublin Sports Centre for the last minutes. (**10**)
11 — And here's Mulroney lining up his final shot. Oh, he can't see! The German's blowing cigar-smoke at him
12 and his hair is in his eyes. And he's missed. Glaser has won. (**11**)
13 To interest an Englishman in war, tell him it is sport;
14 to interest a Frenchman in sport, tell him it is war.

NOTES (suite)

(**7**) *Progress* est toujours singulier. *He's made enormous progress* = Il a fait des progrès considérables.

(**8**) Idem pour *advice*. Le Français dira : J'ai un conseil à vous donner, l'Anglais dirait *I have some advice for you.* Il est extrêmement rare que l'on parle d'un conseil (voir Leçon 19 N 10), on dirait alors *a piece of advice. Our work is cut out* ou *We have our work cut out* = Nous avons du pain sur la planche.

6 — Oui, le public est au courant de vos récents efforts et des progrès réalisés.
7 — Nous avons du pain sur la planche mais j'ai un conseil pour le public :
8 Regardez la partie et non pas les supporters. — Merci Monsieur Bates.
9 Et maintenant, un jeu plus tranquille mais non moins excitant : le billard. La finale internationale de ce soir voit l'Allemand Walter Glaser
10 contre Paddy Mulroney d'Irlande et nous allons en direct au Dublin Sports Centre pour les dernières minutes.
11 — Et voici Mulroney qui aligne son dernier coup. Ah.. il ne voit rien ! l'Allemand lui souffle de la fumée de cigare à la figure
12 et il a les cheveux dans les yeux. Et il a raté... Glaser a gagné.
13 Pour intéresser un Anglais à la guerre, dites-lui que c'est du sport ;
14 Pour intéresser un Français au sport, dites-lui que c'est la guerre.

NOTES (suite)

(9) Remarquez l'utilisation journalistique du verbe *to see*. *Tomorrow sees the start of Wimbledon* = Demain sera l'ouverture du tournoi de Wimbledon.

(10) *A live programme/concert* = une émission/concert en direct. Attention à la prononciation (laïve). La tournure employée dans notre exemple est la formule consacrée des journalistes qui passent l'antenne à un reportage en direct.

(11) Faites très attention au mot *hair* : lorsqu'il s'agit de la chevelure, le mot est toujours singulier *His hair is brown* = Ses cheveux sont bruns. Quand le mot est au pluriel, il s'agit de poils. *I don't want a cat. You get hairs everywhere* = Je ne veux pas de chat. On a des poils partout. Donc, lorsque vous voulez dire que les cheveux de quelqu'un sont longs, faites bien attention de dire *his/her hair IS long*. Cela vous évitera des ennuis...

EXERCISES 1. He looks so old that I hardly recognized him **2.** The concert was shown live from Red Square in Moscow. **3.** The Government isn't to blame, and nor are the police. **4.** What about the difficult question of union membership? **5.** She has her work cut out if she wants to finish by the end of the week. **6.** She said she was taking a few odds and ends, and she turned up with four suitcases!

***

Fill in the missing words

1. *La météo de demain promet de la pluie... comme d'habitude !*

.......'. weather forecast promises rain — as usual!

2. *J'ai un conseil pour vous, jeune homme. Vos cheveux sont trop longs.*

I have .... for you, young man. Your ....

too long.

3. *Et maintenant, le point suivant de l'ordre du jour.*

... ... the next item on the ......

4. *Je dois signaler que j'ignorais tout de l'affaire.*

I .... that I knew nothing about the affair.

5. *Le deuxième volume n'est pas moins intéressant.*

The second volume is .. ..

The missing words

1. Tomorrow's **2.** some advice..hair is **3.** And now for...agenda **4.** must point out **5.** no less interesting

Exercices 1. Il a l'air tellement vieux que je l'ai à peine reconnu. **2.** Le concert était diffusé en direct à la télévision à partir de la Place Rouge à Moscou. **3.** Le gouvernement n'est pas en cause, pas plus que la police. **4.** Et à propos de la question difficile d'appartenance à un syndicat ? **5.** Elle a du pain sur la planche si elle veut terminer avant la fin de la semaine **6.** Elle m'a dit qu'elle prenait quelques affaires seulement, et elle est arrivée avec quatre valises !

NOTES PERSONNELLES :

Twenty-first lesson

Revision and notes

1. Comme vous le savez, les noms anglais sont « neutres », c'est-à-dire qu'à part certaines exceptions (*fireman*, *policeman*, etc.), ils peuvent s'appliquer aussi bien à des femmes qu'à des hommes, comme l'explique la leçon 15. Ce fameux courant d'opinion qui voulait à tout prix qu'on élimine les mots se terminant en *man* n'a guère laissé de traces ; toutefois, un nouveau titre en est né. Pourquoi, disaient des femmes, distingue-t-on une femme mariée d'une célibataire — *Mrs* ou *Miss* — alors que pour un homme on n'a qu'une forme, *Mr* ? Ainsi est né le *Ms*. Son utilisation n'est répandue que dans des documents officiels, des envois de mailing ou encore dans certaines publications — et sa prononciation (*mz*) évoque des vocables d'une langue exotique ! (Rappelons en passant que *Ms* est le nom d'un journal-phare féministe).
Autre point sur les genres des noms : bien que n'ayant pas de genre, certains mots sont par nécessité masculins ou féminins, surtout quand on parle des animaux. Nous avons alors trois formes : le mâle, la femelle , et une forme dite « non marquée » que nous choisissons pour représenter l'espèce. Par exemple, en français nous avons *un* chien (masc.), *une* chienne (fém.) et nous parlons de l'espèce en utilisant une forme non marquée, *le* chien. Il en est de même en anglais : *a dog* (masc.), *a bitch* (fém.) et nous appelons l'espèce *the dog*. Comme vous le voyez, la forme non marquée est d'habitude identique à la forme du masculin, et ceci dans les deux langues. Mais attention ! Ce n'est pas toujours le cas. Regardez la famille canard (*un* canard *une* canne, *le* canard). Comment dit-on canard en anglais ? *A duck*, bien sûr. Et *a duck's egg* alors ? En effet, la forme non marquée pour le canard est *the duck*, mais ce *duck* est en fait une cane ! (le mâle se dit *a drake*).

2. sick et *ill* ont tous deux le sens de malade ; regardons la différence entre eux. Disons tout de suite que l'anglais US utilise presque exclusivement *sick — They didn't get to the movies after all ; their kid was sick* = Ils ne sont pas allés au cinéma après tout ; leur gosse était malade.
En anglais GB, *sick* est utilisé devant un nom : *He visited the sick child in hospital* = Il rendit visite à l'enfant malade à l'hôpital, ou pour traduire « vomir » : *I feel sick* = J'ai mal au cœur. *Ill* est utilisé après un groupe sujet-verbe. *The wounded policeman is seriously ill* = Le policier blessé est gravement malade. Voilà pour les règles, mais ne soyez pas surpris si vous entendez des anglophones dire le contraire : ils sont comme ça...

3. Encore un résultat des origines mélangées de l'anglais, les formes latines et anglo-saxonnes vivent une cohabitation parfois difficile. Il est généralement entendu qu'un mot « latin » est plus savant qu'un mot ou une forme « germanique ». Par contre, ces derniers sont plus accessibles, et « parlent plus vrai ». Ainsi, les verbes dits *phrasal verbs* (composés d'un verbe et d'une postposition) sont presque de rigueur dans la langue parlée, alors qu'on préfère l'équivalent latin dans la langue écrite. Si on utilise un *phrasal verb*, où faut-il placer la postposition ? Faut-il dire *This is the house in which we lived* ou bien *This is the house which we lived in?* La réponse traditionnelle est : ne jamais mettre une préposition à la fin d'une locution ; notre réponse est basée sur l'usage : la première construction (préposition accolée au relatif) est très latine ; or, nous avons choisi exprès un *phrasal verb* pour être moins formel, (voir Leçon 23) donc il paraîtrait logique d'adopter la seconde construction. CQFD, non ? Donc, nos excuses aux puristes, mais la pratique de l'anglais veut que, lorsque l'on utilise une construction verbe-postposition, celle-ci peut très bien venir à la fin de la phrase.

Remarquez aussi ce qui se passe avec le relatif (*which, that, who,* etc.) lorsqu'on déplace la postposition :

This is the house we lived in

En effet, lorsque le relatif sépare l'objet et le sujet de la phrase, on peut l'enlever carrément ! *Where is the book that I was looking at?* devient *Where is the book I was looking at?* ou bien *The man who(m) I was speaking to is a police officer* perd un mot pour devenir *The man I was speaking to is a police officer.* Remarquez que nous avons dit qu'on *peut* enlever le relatif et non pas qu'on *doit* le faire. Il s'agit plutôt d'une pratique très courante que d'une règle de grammaire.

4. Vous avez remarqué dans le dernier exemple ci-dessus que nous avons mis des parenthèses autour de la dernière lettre de *whom.* En effet, l'utilisation du relatif indirect se perd de plus en plus dans la langue courante, partiellement à cause du phénomène décrit dans la note 3 de cette leçon. Résumons : *who* est un relatif ou interrogatif utilisé pour le *sujet* de la phrase : *Who are you? The singer who has sold a million albums*, etc. *Whom* remplit les mêmes fonctions pour *l'objet* de la phrase : *Whom do you wish to interview? The person with whom I normally do business.* Si nous appliquons nos conseils de la note 4 à ce dernier exemple, nous obtenons *The person I normally do business with;* l'utilisation des relatifs devient moins courants et, de ce fait, les différences de formes *who/whom* disparaissent, au point que, si on tient à faire la distinction dans la langue parlée, on est souvent considéré comme quelqu'un de précieux ! Notre premier exemple peut donc se construire : *Who do you wish to interview?* sans que personne (ou presque...) ne sache que c'est en effet une faute de grammaire ! Au contraire, des constructions telles que *Who did you travel with?* (au lieu de *With whom*, etc.) ; *The President who everyone loves* (...*whom everyone loves*) sont « correctes » de par l'usage, et on les trouve même dans la presse. Curieux phénomène que cette perte de particularités grammaticales, mais cette souplesse est aussi une des raisons principales de l'attrait de l'anglais. Notons toutefois qu'en règle générale la langue américaine telle que nous l'entendons est restée plus grammaticalement pure que l'anglais britannique ; nous en reparlerons.

5. Encore une règle qui s'ignore ! Des noms singuliers qui s'appliquent à des groupes de gens (noms collectifs) tels que *government*, *team*, *committee*, sont suivis tantôt par un verbe singulier tantôt par un verbe pluriel. Que faire ? La règle veut que, lorsque l'unité en question est solidaire, on utilise un verbe singulier *The government is united on this point* mais lorsqu'il y a des divergences, on utilise un pluriel *The team are unsure of their strategy for Saturday's match.*
En pratique, le pluriel est moins formel que le singulier — on voit l'ensemble des gens qui forment l'unité. *My family are very happy with the news* ou bien *The team are exhausted after a long season;* comparez ces exemples avec des phrases qu'on retrouve dans des contextes écrits : *The nuclear family is a vital component of modern society*, ou bien *The team is currently at the bottom of the league*. Voyez-vous la différence ? Les deux derniers exemples sont « impersonnels » alors que dans les deux premiers on sent un intérêt pour les personnes elles-mêmes. Parmi les autres noms dans cette catégorie, citons : *the party* (sens politique), *the union* (syndicat), *the public, the staff* (personnel) et *the firm*. Encore une fois, il ne s'agit pas d'une règle mais d'une pratique, qui est plus répandue dans l'anglais GB puisque, nous l'avons dit, l'anglais EU est plus fidèle à sa grammaire.

***

Twenty-second lesson

Time and time again...

1 — Can you repair my car by Thursday? — No, we'll have to keep it till the weekend.
2 It should be ready at ten o'clock on Monday morning. — Not until then? — Sorry, but we're snowed under at the moment (**1**).
3 — From Tuesday to Monday: isn't that a little bit long? — Well, there's a lot to be done. (**2**)
4 There's the steering to check, the brakes to tighten... if you want it to pass the MoT, it'll need all that. (**3**)
5 In fact, perhaps it's time to buy a new car. — Yes, perhaps, or time I found a new garage! (**4**)
6 A modern music critic, talking to a classical music lover — Parson's music will be played when Beethoven's has been forgotten.
7 — Yes, and not until then.
8 — I'm sorry sir, the bar doesn't open until five thirty. Would you like a drink while you're waiting?
9 An English opera singer was invited to sing at the famous La Scala in Milan.

NOTES

(**1**) *Not until then?* est une tournure plus familière pour *Not before?* = Pas avant ? Remarquez qu'en français on est débordé et qu'en anglais on est enseveli sous la neige *I've no free time at all : I'm snowed under with work.*

Vingt-deuxième leçon

Encore et toujours

1 — Pouvez-vous réparer ma voiture avant jeudi ? — Non, nous devrons la garder jusqu'au week-end.
2 Elle devrait être prête à 10 heures lundi matin. — Pas avant ? — Désolé, mais nous sommes débordés en ce moment.
3 — De mardi à lundi ce n'est pas un peu long ? — Si, mais il y a beaucoup à faire.
4 Il faut vérifier la direction, resserrer les freins... Si vous voulez passer le **MoT** elle aura besoin de tout cela.
5 En fait, il est peut-être temps d'acheter une nouvelle voiture. — Oui, peut-être, ou bien que je trouve un nouveau garage !
6 Un critique de musique moderne parlant avec un amateur de musique classique : — La musique de Parson sera jouée lorsque celle de Beethoven sera oubliée.
7 — Oui, mais pas avant.
8 — Je suis désolé, monsieur, mais le bar n'ouvre pas avant cinq heures et demi. Voulez-vous boire quelque chose en attendant ?
9 Un chanteur d'opéra anglais fut invité à chanter à la célèbre « Scala » de Milan.

NOTES (suite)

(2) Une autre tournure familière : *There's a lot to be done* = Il y a beaucoup à faire.

(3) En Grande-Bretagne, tous les véhicules doivent se soumettre à un contrôle annuel qui est imposé par le *Ministry of Transport.* Cette vérification est connue sous le nom de *MoT* (em-o-ti).

(4) *It's time I bought a new car* = Il est temps que je m'achète une voiture neuve. Remarquez l'emploi du passé dans cette tournure avec *It's time...* (ou parfois, quand il est grand temps, *It's high time...*) Exemple : *It's high time he changed jobs* = Il est vraiment temps qu'il change de travail.

10 During the first act, he was very nervous but after his first aria the audience applauded and shouted for an encore. (**5**)

11 He sang it a second time and the shouts were louder. After the third time, he held up his hand and said:

12 — During my career, I've had many an appreciative audience but never anything like this. Thank you so much. (**6**)

13 The conductor whispered — You don't understand. They want you to continue until you sing it properly.

14 The tenor did not sing another note throughout the whole performance.

15 And since we are talking of music, a distinguished Irishman was invited to present the prizes to the children at his old school. (**7**)

16 In his honour, a choir of very young children gave an enthusiastic but off-key concert of Irish ballads. (**8**)

NOTES (suite)

(**5**) Encore un emprunt ! *an encore* = un « bis ». *He played two encores* = Il joua deux « bis ». Attention à la prononciation !

(**6**) *I've had many a great meal, but nothing as good as this* = J'ai fait beaucoup d'excellents repas, mais rien d'aussi bon que ceci. L'utilisation de l'article indéfini suivi d'un singulier est une façon plus élégante de dire *I've had many appreciative audiences/many great meals,* etc.

(**7**) *Old* est employé souvent dans le sens de : ancien. *My old school* = mon ancienne école. « Les anciens élèves » se dit *old boys* (ou *old girls*). La pratique qui consiste à tisser un réseau d'anciens d'une même promotion, école, etc. s'appelle *the old boys' network.* Un ancien ministre, président, etc. se dit *former : Mr Williams, former Minister of Trade...* (ancien ministre du Commerce). On peut aussi trouver *ex- : ex-Minister, ex-President.*

10 Pendant le premier acte il était très anxieux, mais après son premier aria, le public l'applaudit et cria « Bis ».
11 Il chanta une deuxième fois et les cris redoublèrent. Après la troisième fois, il leva la main et dit :
12 — Pendant ma carrière j'ai eu de nombreux publics enthousiastes mais jamais quelque chose comme ceci. Merci beaucoup.
13 Le chef d'orchestre chuchota — Vous ne comrpenez pas. Ils veulent que vous continuiez jusqu'à ce que vous le chantiez bien.
14 Le ténor ne chanta plus une note de musique jusqu'à la fin de la représentation.
15 Et puisque nous parlons de musique, un Irlandais distingué fut invité à présenter les prix aux enfants de son ancienne école.
16 En son honneur, un chœur de très jeunes enfants donna un concert enthousiaste, mais mal accordé, de ballades irlandaises.

NOTES (suite)

(**8**) *Yo sing off-key* (ou *out of tune*) = chanter faux. Le contraire est *in key* (ou *in tune*), où *key* est pris dans le sens du ton de la musique. *What key do you play "Summertime" in?* = Dans quel ton jouez-vous Summertime ? Les tons sont classés par ordre alphabétique de A à G (do = C).

17 Whenever they started a song, a lady sitting next to the visitor started crying.

18 — Are you Irish, too? he asked. — No, she replied, I'm a music teacher.

19 A lady with a broken nose said to a diplomat — You say you have never met an ugly woman — up until now.

20 The diplomat replied — Madam, you are like all women, an angel fallen from heaven.

21 You just had the misfortune to fall on your face.

***

EXERCISES 1. — Your appointment's on the twenty-first. — Not until then? **2.** Hurry up and finish breakfast. There's a lot to be done before we leave. **3.** Would you like a drink while you're waiting? **4.** The audience shouted for an encore. **5.** You will continue practising until you are perfect. **6.** The police are looking for a man with a broken arm.

***

Fill in the missing words

1. *Il est grand temps qu'il apprenne à conduire.*

..'. .... he learned to drive.

2. *Il est débordé jusqu'au mois prochain.*

He's .... with work ..... nex month.

3. *Pas avant que celle de Beethoven ne soit oubliée.*

Not until ....'. has been ....

17 A chaque fois qu'ils commençaient une chanson, une dame assise à côté du visiteur se mettait à pleurer.

18 — Vous êtes Irlandaise aussi, lui demanda-t-il ? — Non, répliqua-t-elle, professeur de musique.

19 Une femme avec le nez cassé dit à un diplomate — Vous dites que vous n'avez jamais rencontré une femme laide — jusqu'à maintenant.

20 Le diplomate répliqua — Madame, vous êtes comme toutes les femmes, un ange tombé du ciel.

21 Malheureusement vous avez eu la mauvaise fortune de tomber sur le visage.

***

Exercices 1. — Tu as rendez-vous le 21. — Pas avant ? **2.** Dépêche-toi et finis de déjeuner. Il y a beaucoup à faire avant qu'on ne parte. **3.** Voulez-vous boire quelque chose en attendant ? **4.** Le public a bissé. **5.** Vous continuerez à répéter jusqu'à ce que vous soyez parfait. **6.** La police recherche un homme au bras cassé.

***

4. *J'ai eu tant de longues discussions avec Peter.*

I've had . . . . . long . . . . with Peter.

5. *Dans quel ton jouez-vous cette chanson ?*

What . . . do you . . . . that song . .?

The missing words

1. It's high time **2.** snowed under...until **3.** Beethoven's...forgotten **4.** many a...discussion **5.** key...play...in

Twenty-third lesson

It's all Greek to me (N1)

1 — Malcolm is newly employed. — Indeed? What is the amount of his pecuniary remuneration?

2 Stop! Amazingly enough, these two people are speaking English, but a sort of English we could baptise " officialese ". (**1**)

3 Remember we told you that Norman French, of Latin origin, was grafted onto the native tongue of the British, of Germanic origin.

4 Well, the parallel vocabulary syndrome means that, quite often, we write one word and say another — for the same thing!

5 Listen to the exchange at the beginning of the lesson, " translated " into everyday speech!

6 — Malcolm's got a new job. — Really? How much does he earn? Phew! That's clearer, isn't it? (**2**)

7 The English language has absorbed these " intellectual " words alongside their more proletarian counterparts

8 and this can prove confusing to a person who has no classical education (**3**)

9 because the output of government administrations, law, science and technology

10 is written in this form of the tongue we have called officialese.

Vingt-troisième leçon

C'est du grec pour moi

1 — Malcom est nouvellement employé. — Ah bon ? Quel est le montant de sa rémunération pécuniaire ?
2 Arrêtez! Aussi étonnant que cela puisse paraître, ces deux personnes parlent anglais, mais une sorte d'anglais que nous pourrions baptiser « officialese ».
3 Rappelez-vous, nous vous avons dit que le français normand d'origine latine fut greffé sur la langue natale des Britanniques, d'origine germanique.
4 Eh bien, le syndrome du vocabulaire parallèle veut dire que, assez souvent, nous écrivons un mot et en disons un autre pour exprimer la même chose!
5 Ecoutez le dialogue au début de la leçon, traduit en parler de tous les jours :
6 — Malcom a un nouveau boulot. — Ah bon, il gagne combien ? Phew ! c'est plus clair, n'est-ce pas ?
7 La langue anglaise a absorbé ces mots « savants » à côté de leurs équivalents plus prolétaires,
8 et ceci pourrait confondre une personne sans éducation classique.
9 parce que le langage des administrations gouvernementales, juridiques, scientifiques et technologiques
10 est écrit dans cette forme de langue que nous avons appelée « officialese ».

NOTES

(**1**) Nous avons l'habitude de baptiser les jargons d'adjectifs se terminant en *-ese ; officialese* est la langue de bois « officielle » des administrations ; *journalese* est le langage particulier des journalistes. Ces mots ont un sens plutôt péjoratif.

(**2**) Nous retrouvons ce même problème, souvent évoqué dans ces pages, des origines doubles de l'anglais, où le latin fait office de langue savante et l'anglo-saxon de langue populaire.

(**3**) *Classical* = qui relève de la civilisation grecque ou latine, ou encore de la période dite classique, c'est-à-dire le 18e siècle. *Classic* se dit de quelque chose de célèbre, qui a établi un étalon pour le genre : on parle de *a classic wine* ou *a classic car.* A ne pas confondre.

11 Things came to such a head a few years ago that a proposal was considered to introduce Latin into the primary classroom (**4**)

12 not for lofty academic reasons but so that the young adult would be equipped to understand this gobbledegook. (**5**) (**6**)

13 If an optician were to tell his patient that he or she was myopic (**N2**)

14 the poor person probably would not understand his condition. A dictionary would tell him that he was short-sighted.

15 Or it could have been daltonism. What! What on earth is that? Is it fatal? (**7**) (**8**)

16 Relax, it only means that you're colourblind. You don't need a white stick and a canine quadruped, sorry, a dog.

NOTES (suite)

(**4**) *Matters have come to a head* = les choses en sont venues à un point critique. *The problem came to a head when they published an article in the press* = Le problème est devenu critique lorsqu'on a publié un article dans la presse.

(**5**) *Lofty* est un adjectif dont le sens originel était tout simplement : haut. Il est maintenant employé dans un sens abstrait pour signifier des idées, un caractère nobles et idéalistes. *He has lofty ideals* = Il a des idéaux élevés. Nous savons par ailleurs que *a loft* est une sorte de grenier ou atelier, très recherché dans certaines villes comme New York.

(**6**) Nous avons vu (note 1) les mots en *-ese,* dont nous avons dit qu'ils étaient quelque peu péjoratifs. *Gobbledegook* est franchement péjoratif ! Ce mot — d'origine obscure et américaine — signifie un langage pompeux et incompréhensible : charabia. *I can't understand all that gobbledegook you hear on television.* C'est une vraie joie à prononcer !

11 Les choses en sont venues à un tel point, il y a quelques années, qu'une proposition a été envisagée : introduire le latin dans les salles de classes primaires,

12 non pas pour des raisons hautement académiques mais afin que le jeune adulte soit équipé pour comprendre ce charabia.

13 Si un opticien devait dire à son client (patient) qu'il ou elle est myope,

14 cette malheureuse personne ne comprendrait vraisemblablement pas son problème. Un dictionnaire lui dirait qu'elle est *short-sighted.*

15 Ou elle aurait pu être daltonienne! Quoi! Qu'est-ce que c'est que ça? Est-ce mortel?

16 Détendez-vous, cela veut simplement dire que vous êtes *colour-blind.* Vous n'avez pas besoin d'une canne blanche ou d'un quadrupède canin, pardon, d'un chien.

NOTES (suite)

(**7**) Voir note 2. Bien que cette anomalie de la vue ait été découverte par le physicien anglais John Dalton, peu d'anglophones connaissent le mot (trop savant). On explique que l'on est aveugle aux couleurs : *colour-blind.*

(**8**) *What on earth is happening?* = Que diable se passe-t-il ? *What on earth...* n'est pas du tout vulgaire ; le terme exprime une incompréhension. Lorsque, en plus, on est en colère, on descend nettement plus bas avec *What the hell...?* (*hell* = enfer). Cette dernière expression n'est pas conseillée, tant elle peut encore offenser des sensibilités.

17 It is important to understand this " explaining " tendency of the English language —

18 the practice of breaking down intellectual words into their basic parts, generally using words of Germanic origin.

19 If you want to understand the ordinary native English speaker rather than the stodgy official texts which appear all too regularly (**9**)

20 learn not to use words which are sesquipedalian, sorry, too long!

***

EXERCISES 1. Who is his counterpart in the Ministry of Trade? **2.** Things came to such a head that the manager resigned. **3.** I can't understand this gobbledegook! Write simply! **4.** Why do you need glasses? Are you short-sighted or long-sighted? **5.** — What on earth is daltonism? — It just means you're colour-blind. **6.** His Russian is good, but he's not a native speaker.

***

Fill in the missing words

1. *Aimez-vous la musique classique ou préférez-vous le rock ?*

Do you like . . . . music or do you prefer rock?

2. *La faillite arrive trop souvent.*

Bankruptcy happens . . . .

3. *Aussi étonnant que cela puisse paraître, c'est une vraie princesse !*

. . . ., she really is a princess!

17 Il est important de comprendre cette tendance explicative de la langue anglaise —

18 la pratique de « décomposer » des mots intellectuels en composants de base, généralement avec des mots d'origine germanique.

19 Si vous voulez comprendre l'utilisateur normal d'anglais plutôt que les textes officiels si lourds qui apparaissent beaucoup trop régulièrement,

20 apprenez à ne pas utiliser des mots qui sont sesquipèdes, pardon, trop longs !

NOTES (suite)

(**9**) *it happens all too often* = Ça arrive beaucoup trop souvent. La tournure est une façon plus élégante de dire : *much too often.* Le nom *stodge* signifie une nourriture étouffe-chrétien ; l'adjectif *stodgy* signifie donc un style trop lourd.

***

Exercices 1. Qui est son homologue au Ministère du Commerce? **2.** Les choses en sont venues à un tel point que le directeur a démissionné. **3.** Je ne comprends pas ce charabia ! Ecrivez simplement ! **4.** Pourquoi as-tu besoin de lunettes ? Es-tu myope ou presbyte ? **5.** — Qu'est-ce diable que le daltonisme ? — Cela veut dire simplement que vous êtes « aveugle aux couleurs » (daltonien). **6.** Il parle bien le russe, mais ce n'est pas sa langue maternelle.

***

4. *Les deux langues existent l'une à côté de l'autre.*

The two languages exist ....

5. *Les textes officiels peuvent souvent prêter à confusion.*

Official texts can often ....

***

The missing words

1. classical **2.** all too often **3.** Amazingly enough **4.** alongside each other (ou bien : one another) **5.** prove confusing

Twenty-fourth lesson

To tolerate... or to put up with?

1 The phenomenon we described in the last chapter is not just confined to nouns.

2 The same process is used to transform verbs of classical origin into a combination of a simple verb and a preposition. (**N2**)

3 Thus " to tolerate " will be used less frequently in everyday speech than " to put up with ", (**1**)

4 and " to call in " rather than " to visit ". Listen to these two people:

5 — I can't put up with his selfishness any longer. He either changes his ways or I go. (**2**)

6 — Don't get so upset. Why don't you call in on your way back, then we can have a drink and a chat? (**3**) (**4**)

7 Unfortunately, the choice of verb and preposition is sometimes arbitrary, to say the least!

NOTES

(**1**) Il est d'une importance primordiale d'apprendre le couple verbe-préposition (ou, plus exactement, post-position) sans chercher une raison logique pour le choix des mots. En effet, la moindre erreur rend la phrase incompréhensible ; pis encore, si on se trompe, on peut faire des contre-sens terribles ! Ici, donc, nous avons le groupe *to put up with,* dont l'équivalent latin est *to tolerate. She couldn't put up with his arrogance any longer* = Elle ne pouvait plus supporter son arrogance.

Vingt-quatrième leçon

« To tolerate » ou « to put up with » ?

1 Le phénomène que nous avons décrit dans le dernier chapitre n'est pas restreint uniquement aux noms.
2 Le même processus est utilisé pour transformer des verbes d'origine classique en une combinaison d'un simple verbe et d'une préposition.
3 Ainsi « to tolerate » (tolérer) sera utilisé moins fréquemment dans le langage de tous les jours que « to put up with » (tolérer),
4 et « to call in » (visiter) plutôt que « to visit ». Ecoutez ces deux personnes :
5 — Je ne puis tolérer son égoïsme plus longtemps. Soit il change ses manières soit je pars.
6 — Ne te fâche pas. Pourquoi ne ferais-tu pas un saut en revenant, nous pourrions alors boire un verre et bavarder ?
7 Malheureusement, le choix du verbe et de la préposition est parfois arbitraire, c'est le moins que l'on puisse dire !

NOTES (suite)

(2) Le mot *ways* est employé ici dans le sens de : habitudes. *You get used to his ways after a while* = On s'habitue à ses façons de faire au bout d'un certain temps.

(3) Attention à la différence entre *to call* (appeler au téléphone ; *Don't call me before ten o'clock* = Ne me téléphonez pas avant 10 h), et *to call in* = faire un saut chez quelqu'un. *Call in on your way back* = Fais un saut en revenant. Autrefois, une carte de visite (*a visiting card*) s'appelait *a calling card.*

(4) *To chat* = causer, bavarder. *A chat* = une conversation amicale. Attention au verbe (qui ressemble beaucoup au précédent) *to chatter* = jacasser ; il est autrement plus péjoratif. *A chatterbox* = une personne intarissable.

8 Listen to the following examples and try to understand the meaning of the " phrasal verb " through the context which it is used in.

9 Government expenditure has been brought down considerably over the last three months in order to control inflation.

10 — How are you making out at your new job? — Well, the manager is a bit of a slave-driver but otherwise it's fine. (**5**)

11 After all the ups and downs of the last few weeks, share prices are beginning to pick up rapidly. (**6**)

12 The United States has pulled its forces out of the area after a call from the UN Security Council. (**7**)

13 The union is pushing for an increase in the basic wage and better overtime conditions. (**8**)

14 — Could you put the meeting off until ten o'clock? I have to drop off my wife at the airport at nine. (**9**)

15 — If you want to stay for a couple of days, we can put you up in David's room. He's still at university. (**10**)

NOTES (suite)

(**5**) *A slave* = un esclave ; *a slave-driver* = un esclavagiste. *Slave* est employé en jargon technologique pour signifier un mécanisme piloté par un autre mécanisme.

(**6**) *To pick up* = (littéralement) ramasser. Lorsqu'on parle d'affaires, le verbe signifie : reprendre. *Business picked up in the last week of December* = Les affaires ont repris dans la dernière semaine de décembre. (Un remontant se dit en langage familier *a pick-me-up*).

(**7**) *To pull out* = se désengager. *Henson was interested in the deal, but he pulled out at the last minute* = H. était intéressé par l'affaire, mais il s'est retiré à la

8 Ecoutez les exemples suivants et essayez de comprendre le sens du « phrasal verb » (verbe + préposition) à travers le contexte dans lequel il est utilisé.

9 Les dépenses gouvernementales ont été réduites considérablement depuis ces trois derniers mois afin de maîtriser l'inflation.

10 — Comment te débrouilles-tu dans ton nouveau job ?
— Eh bien le directeur est un tantinet esclavagiste, mais à part ça tout va bien.

11 Après tous les aléas de ces dernières semaines, le prix des actions commence à remonter rapidement.

12 Les Etats-Unis ont retiré leurs forces de la zone après un appel du Conseil de Sécurité de l'ONU.

13 Le syndicat insiste pour une augmentation du salaire de base et de meilleures conditions pour les heures supplémentaires.

14 — Pourriez-vous remettre le rendez-vous à 10 heures ? Il faut que je dépose ma femme à l'aéroport à 9 heures.

15 — Si vous voulez rester quelques jours, nous pourrions vous héberger dans la chambre de David. Il est toujours à l'université.

NOTES (suite)

dernière minute. *A pull-out supplement* est un supplément à une publication, que l'on peut retirer. (Remarquez au passage que le *United Nations Organization* est connu sous le sigle *UN*.)

(8) *To push for* = insister pour obtenir quelque chose. L'utilisation est très journalistique. *He was pushing for a pay rise* = Il insistait pour avoir une augmentation de salaire. Si l'on insiste trop, si l'on est trop agressif, on est *pushy*. *Overtime* = les heures supplémentaires.

(9) *To put off* (*a meeting*, etc.) = remettre (une réunion, etc.). On peut aussi utiliser *to put back*. *She has put off the appointment until Tuesday* = Elle a remis le rendez-vous à mardi. Un autre sens de *to put off* est : dissuader quelqu'un, le « refroidir » ; c'est ce sens qu'on trouve dans les exercices.

(10) *To put someone up* = héberger quelqu'un. Remarquez combien l'expression est proche de *to put up with*. A ne pas confondre !

16 — You can't rule out the possibility that they will refuse to cooperate with the management.

17 We will round off this lesson with a story about Marylin Monroe.

18 A reporter asked her — Marylin, what do you put on at night?

19 The star answered coyly — My perfume. (**11**)

***

EXERCISES 1. She called in for a chat on her way home from work. **2.** We've had a lot of ups and downs but we're still married **3.** My new boss is a real slave-driver, to say the least. **4.** Could you drop me off at the station? I can't find a taxi anywhere. **5.** You can't rule out the possibility of a stock market collapse.

***

Fill in the missing words

Cet exercice sera entièrement consacré aux verbes formés avec to *put.*

1. *Son attitude négative m'a refroidi complètement.*

His negative attitude . . . . completely.

2. *Nous pouvons vous héberger si vous venez à Portsmouth.*

We can . . . . if you come to Portsmouth.

3. *Mettez des vêtements chauds ; il fait un froid de canard dehors.*

. . . . . some warm clothes: it's freezing outside.

16 — On ne peut exclure la possibilité qu'ils refusent de coopérer avec la direction.
17 Nous terminerons cette leçon avec une histoire à propos de Marylin Monroe.
18 Un reporter lui demanda — Marylin, que mettez-vous la nuit ?
20 La star répondit, coquette — Mon parfum.

NOTES (suite)

(11) *Coy* est un adjectif qui exprime une fausse timidité. On utilise surtout l'adverbe *coyly*. Ici la réponse de la star est faussement timide... mais amusante !

***

Exercices 1. En rentrant du travail, elle s'est arrêtée pour bavarder un peu. **2.** Nous avons eu beaucoup de hauts et de bas mais nous sommes toujours mariés. **3.** Mon nouveau patron est un vrai bourreau d'esclaves, c'est le moins qu'on puisse dire. **4.** Peux-tu me déposer à la gare ? Je ne trouve de taxi nulle part. **5.** Vous ne pouvez pas ignorer la possibilité d'un effondrement de la Bourse.

***

4. *Elle ne pouvait plus le supporter.*

She couldn't ... . any longer.

5. *Retardez la fête de quelques jours, jusqu'à ce que vous vous sentiez mieux.*

... the party ... for a few days until you feel better.

***

The missing words

1. put me off **2.** put you up **3.** Put on **4.** put up with him **5.** put...off

Twenty-fifth lesson

Let's carry on

1 Let's carry on for one more lesson with these extremely useful phrasal verbs.

2 — Do you have anything on this evening?
— Afraid so. I'm seeing my lawyer. (**1**) (**2**)

3 — No, I won't lend them any more money. I've helped them out enough already. (**3**)

4 — We were held up for an hour at the airport with those damned security checks. (**4**)

5 Keep on revising: it's the only way to learn.

6 Public demand has fallen off and the factory has had to lay off three hundred workers. (**5**)

7 Sunday is the only day of the week I can lie in, so don't call me before eleven o'clock.

NOTES

(**1**) *Do you have anything on?* = Avez-vous quelque chose de prévu ? Les guides hebdomadaires qui annoncent les spectacles dans une ville s'appellent souvent : *What's on...*

(**2**) Vous avez peut-être appris que les verbes tels que *to see* n'ont pas de forme continue. En effet, c'est exact dans le sens propre du verbe. Par contre, *to see* a plus le sens de rendre visite que de voir ; dans cette deuxième application, la forme continue est donc admise.

(**3**) *To help someone out* a plutôt le sens de dépanner ponctuellement que d'aider à long terme. *They helped me out with a loan when I had problems with the tax people* = Ils m'ont dépanné avec un prêt quand j'ai eu des problèmes avec le fisc.

Vingt-cinquième leçon

Continuons

1 Continuons encore pendant une leçon avec ces « phrasal verbs » extrêmement utiles.
2 — Avez-vous quelque chose de prévu ce soir ?
— Malheureusement oui. Je vois mon avocat.
3 — Non, je ne leur prêterai plus d'argent. Je les ai déjà assez dépannés.
4 — Nous avons été retenus une heure à l'aéroport avec ces fichus contrôles de sécurité.
5 Continuez à réviser : c'est la seule façon d'apprendre.
6 La demande du public a baissé et l'usine a dû mettre 300 ouvriers au chômage technique.
7 Dimanche est le seul jour de la semaine où je peux faire la grasse matinée, donc ne m'appelle pas avant 11 heures.

NOTES (suite)

(**4**) Autres temps, autres mœurs ! *damned* (damné — voir aussi la phrase 9) était autrefois un explétif très fort, car religieux. (On peut même, dans la littérature du 19e siècle, le trouver comme la p... de Sartre, écrit *d...*) Maintenant, il paraît très inoffensif, mais ne l'employez pas car il reste quelques âmes sensibles...

(**5**) *To lay off* = mettre en chômage technique. Il est de plus en plus utilisé pour « licencier ». Etudiez bien le contexte.

8 — If you want to go to the movies, I'll look after the kids for you. (**6**)

9 — Damn! I've forgotten his number. — Well, look it up in the phone book. (**7**)

10 The bomb blew up in a crowded shopping centre, killing three people and wounding twenty others.

11 The fight was called off because one of the boxers was suffering from a bad cold!

12 I came across this photograph of my parents' Silver Wedding when I was going through my drawers.

13 — I'm afraid I don't have any butter. You'll have to make do with margarine.

14 — I just dropped in to see how you were. Nowadays, I rarely leave the office before seven thirty. (**8**)

15 — When did you give up smoking? — Three days, two hours, four minutes and twenty two seconds ago!

16 — I'm sorry, I didn't understand the last part of your explanation. Could you go over it again, please?

NOTES (suite)

(**6**) Cette phrase est dite par un Américain, car un Anglais aurait dit *...to the cinema*. Nous verrons les différences entre les deux langues plus tard dans ce livre. *A kid* = (littéralement) un chevreau. Le mot est surtout employé en langage familier pour dire : un gosse. *Do you have any kids?* = Vous avez des gamins ?

(**7**) Bien que l'annuaire téléphonique se nomme officiellement *the telephone directory*, on l'appelle plus couramment *the phone book*. Le service d'assistance à l'annuaire s'appelle *Directory Enquiries* en GB et *Directory Assistance* aux EU.

8 — Si tu veux aller au cinéma, je garderai les gamins à ta place.
9 — Zut ! J'ai oublié son numéro. — Eh bien, cherche-le dans l'annuaire.
10 La bombe a explosé dans un centre commercial bondé, tuant trois personnes et en blessant vingt autres.
11 Le combat a été annulé car l'un des boxeurs souffrait d'un gros rhume !
12 J'ai trouvé cette photo des noces d'argent de mes parents alors que je fouillais dans mes tiroirs.
13 — Je suis désolé, je n'ai pas de beurre. Vous allez devoir vous contenter de margarine.
14 — Je suis juste passé pour voir comment vous alliez. En ce moment, je quitte rarement le bureau avant 7 heures et demie.
15 — Quand avez-vous arrêté de fumer ? — Il y a trois jours, deux heures, quatre minutes et vingt-deux secondes !
16 — Je suis désolé, je n'ai pas compris la dernière partie de votre explication. Pourriez-vous me la répéter, s'il vous plaît ?

NOTES (suite)

(**8**) *To drop in* est un petit peu plus familier que *to call in* (voir leçon 24 note 3) mais les deux peuvent être employés presque indifféremment.

17 — There was a loud bang and all the lights went out. I thought a fuse had blown, but the house had been struck by lightning!
18 — Hang on a minute! You're going too fast.

***

EXERCISES 1. — What do we have on this morning, Bill? — A technical meeting at ten. **2.** Four armed men held up a security guard and robbed him of £4000. **3.** They had to call off the rehearsal because the director was ill. **4.** Can you make do without me for ten minutes? I have to go to the bank. **5.** Hang on a minute! Not too fast!

***

Fill in the missing words

1. *La société Barnham a dû licencier/mettre en chômage technique 300 ouvriers.*

Barnham's . . . . three hundred workers.

2. *Continuez à prendre les médicaments ; vous irez mieux bientôt.*

. . . . taking the medicine; you'll soon get better.

3. *Mon avocat s'occupe de mes intérêts financiers.*

My lawyer . . . . my financial interests.

4. *Si vous ne connaissez pas le mot, cherchez-le dans le dictionnaire.*

If you don't know the word . . . . in the dictionary.

5. *Regardons à nouveau son explication.*

. . .'. . . . . . . his explanation again.

17 — Il y a eu un bruit terrible et toutes les lumières se sont éteintes. Je croyais qu'un fusible avait sauté mais la maison avait été frappée par la foudre !

18 — Attendez un instant ! Vous allez trop vite.

***

Exercices 1. Qu'est-ce qu'il y a au programme ce matin, B ? — Une réunion technique à 10 heures. **2.** Quatre hommes armés ont menacé un gardien et lui ont volé £4000. **3.** On a dû annuler la répétition car le metteur en scène était malade. **4.** Pouvez-vous vous passer de moi pendant dix minutes ? Il faut que j'aille à la banque. **5.** Minute ! Pas trop vite !

NOTES PERSONNELLES :

The missing words

1. has laid off **2.** Carry on **3.** looks after **4.** look it up **5.** Let's go over

Twenty-sixth lesson

London

1 " When a man is tired of London, he is tired of life ". The famous saying of Doctor Johnson (**1**)

2 is still true for the 8 million who live in the capital and the countless millions of tourists who flock there every year. (**2**)

3 London is a true megalopolis; it is the largest city in Europe and the third or fourth largest in the world. (**3**)

4 But the City of London — the financial district and the heart of the capital — is the world's smallest city.

5 It measures only one square mile. Indeed the City is sometimes referred to simply as The Square Mile.

6 The Lord Mayor of London is in fact the mayor of the city only and he has to ask permission to travel officially to other parts of the capital. (**4**)

7 But, as you can imagine, this permission is rarely refused !

8 " For there is in London all that life can afford ", continued our friend Samuel Johnson. (**5**)

NOTES

(**1**) Dr. Samuel Johnson (1709-1784), homme de lettres et lexicographe, était le point d'ancrage de la vie intellectuelle londonienne. Son biographe, James Boswell, a laissé un monument de la biographie littéraire : *The Life of Dr Johnson.*

Vingt-sixième leçon

Londres...

1 « Lorsqu'un homme est las de Londres, il est las de la vie ». La citation célèbre du Dr. Johnson
2 est toujours vraie pour les 8 millions de personnes qui habitent la capitale et les innombrables millions de touristes qui s'y ruent tous les ans.
3 Londres est une vraie mégalopole ; c'est la plus grande ville d'Europe, et la troisième ou la quatrième plus grande du monde.
4 Mais la cité de Londres — le quartier financier et le cœur de la capitale — est la ville la plus petite du monde.
5 Elle ne mesure qu'un mille carré. En effet, la City est parfois appelée simplement Le Mille Carré.
6 Le Maire de Londres est en fait uniquement maire de la City, et doit demander la permission de voyager officiellement vers d'autres quartiers de la capitale.
7 Mais, comme vous pouvez l'imaginer, cette permission lui est rarement refusée !
8 « Car il y a à Londres tout ce que la vie peut offrir », continuait notre ami Samuel Johnson.

NOTES (suite)

(2) *A flock of sheep* = un troupeau de moutons. Le verbe *to flock* s'emploie pour décrire des mouvements de foule : *People flocked to see the Rolling Stones* = Les gens sont venus de partout pour voir les Rolling Stones.

(3) *A megalopolis* = un mot récent, inventé par les sociologues, pour décrire une très grande agglomération urbaine (en français : mégalopole). Un mot similaire est *conurbation. The New York-Boston conurbation.*

(4) Attention à la prononciation du mot *mayor* (mair). Dans les grandes villes anglaises, le titre officiel est *the Lord Mayor* mais on laisse tomber le titre de noblesse. Le féminin est *mayoress.*

(5) *To afford* = se permettre. (Dans notre citation, il retient son ancien sens de : offrir). *I'm out of work, so I really can't afford any luxuries* = Je suis sans travail, donc je ne peux me permettre le moindre luxe. *You can't afford to take a risk* = Vous ne pouvez pas vous permettre de prendre des risques.

9 There are scores of theatres, dozens of world-famous shops, fine architecture — there are even mosques. (**6**)

10 From the East End, the old docklands and home of the true Londoner,

11 to the West End with its theatres, cinemas and glittering night-life,

12 not forgetting the cosmopolitan Soho — originally a French quarter and now packed with restaurants offering every kind of cuisine imaginable (though rarely English), (**7**)

13 London is a vast, bustling, exciting city so full of life that it is easy to forget that it has been destroyed at least four times.

14 When reconstruction began after the Second World War, it was decided to decongest the city; the concept of " new towns " was adopted,

15 to move inhabitants and companies out of the centre into custom-built towns within easy reach of the capital. (**8**)

16 But judging by today's rush-hour traffic jams, the solution has only been partly successful.

NOTES (suite)

(**6**) *A score* = vingt. Voir leçon 11 note 4.

(**7**) En effet, le quartier de Soho était à l'origine une enclave française. Maintenant, il y a un quartier — très recherché — à New York qui s'appelle *SoHo*. Remarquez bien l'orthographe, une contraction des noms des deux rues qui délimitent ce quartier d'artistes et de lofts : South Street et Houston Street.

9 Il y a des vingtaines de théâtres, des douzaines de boutiques célèbres de par le monde, une architecture superbe — il y a même des mosquées.
10 Depuis l'East End, les anciens docks et l'habitat du vrai Londonien,
11 jusqu'au West End, avec ses théâtres, ses cinémas et son étincelante vie nocturne,
12 sans oublier le cosmopolite Soho — à l'origine un quartier français, regorgeant maintenant de restaurants qui proposent toutes les sortes de cuisine imaginables (bien que rarement anglaise),
13 Londres est une ville vaste, mouvementée et passionnante, si pleine de vie qu'il est facile d'oublier qu'elle a été détruite au moins quatre fois.
14 Lorsque la reconstruction débuta après la deuxième guerre mondiale, on décida de décongestionner la ville ; le concept des « villes nouvelles » fut adopté,
15 afin de déplacer les habitants et les entreprises du centre vers des villes spécialement construites et d'accès facile vers la capitale.
16 Mais à en juger par les embouteillages actuels aux heures de pointe, la solution n'a été que partiellement réussie.

NOTES (suite)

(8) *A custom* = une coutume. Mais le mot *custom-built* est dérivé de *customer* (client). *A custom-built car* est une voiture qui est construite selon les spécifications du client, et l'adjectif est assez répandu dans les publicités qui proposent des solutions adaptées aux problèmes, etc. Le sens de cette phrase est que les villes ont été conçues et construites pour répondre à une fonction.

17 London is a city where tradition and modernity rub shoulders with easy familiarity, (**9**)

18 where the scarlet uniforms of the Horse Guards blend with the often outrageous fashions of the young along the King's Road.

19 The capital has always had a cosmopolitan vocation and the unsuspecting visitor may be forgiven his bewilderment (**10**)

20 at the Caribbean dancing of the Notting Hill Carnival or the snaking dragons of the Chinese New Year celebrations in Chinatown.

21 If London has lost some of its international influence since the 1950s,

22 it has retained and increased its fascination by incorporating influences from all over the world.

***

EXERCISES 1. Countless thousands of tourists flock here every month. **2.** Darling, we really can't afford a new washing machine. **3.** The area is packed with all kinds of restaurants. **4.** Our new flat is within easy reach of the shops. **5.** There was a bewildering variety of spices on sale at the Soho market.

***

Fill in the missing words

1. *Londres est la troisième ou quatrième plus grande ville du monde.*

   London is the .... in the world.

17 Londres est une ville où la tradition et la modernité se côtoient de façon intime,

18 où les uniformes écarlates des Horse Guards se marient avec la mode souvent exagérée des jeunes le long de King's Road.

19 La capitale a toujours eu une vocation cosmopolite, et on peut pardonner au visiteur sans méfiance son ahurissement

20 devant les danses caraïbes au Carnaval de Notting Hill ou les dragons sinueux des célébrations du Nouvel an chinois dans Chinatown.

21 Si Londres a perdu un peu de son influence internationale depuis les années 50,

22 elle a maintenu et augmenté sa fascination en incorporant les influences de tous les coins du monde.

NOTES (suite)

(**9**) *She rubs shoulders with royalty* = Elle côtoie la famille royale. Le sens est, bien entendu, figuré.

(**10**) *There were so many exhibits : I was bewildered* = Il y avait tant de choses exposées : j'en étais perplexe/ahuri. *bewilderment* = perplexité. Le mot est assez recherché.

***

Exercices 1. D'innombrables milliers de touristes se ruent ici chaque mois. **2.** Chéri(e), nous n'avons vraiment pas les moyens d'acheter une nouvelle machine à laver. **3.** Le quartier regorge de toutes sortes de restaurants. **4.** Notre nouvel appartement est tout près des magasins. **5.** Il y avait une variété ahurissante d'épices en vente au marché de Soho.

***

2. *Il y a des vingtaines de théâtres et des douzaines de boutiques.*

There are ...... of theatres and ...... of shops.

3. *Il côtoie des gens de partout dans le monde.*

He .... people from all over the world.

4. *J'étais ahuri par le nombre de restaurants dans le West End.*

I ... . the number of restaurants in the West End.

Twenty-seventh lesson

... and Londoners

1 As befits its status as the capital city, London has had a vital influence on the English language. (**1**) (**N 3**)

2 In fact, it was the London dialect that formed the basis of the English language as we know it today.

3 The influence of Caxton and his printing press meant that the language of the Londoners spread all over the country — and the world. (**2**) (**3**)

4 Nowadays, there are so many ethnic groups which have set up home in London that it is hard to say who or what makes up a real Londoner.

NOTES

(**1**) *To befit* est un verbe littéraire qui exprime la notion de : convenir à quelque chose ; il ne s'emploie qu'à la troisième personne. Par contre, le radical *to fit* est un mot que nous connaissons, et qui veut dire : être à la taille (de). *These shoes don't fit. Give me the next size up* = Ces chaussures ne sont pas de la bonne taille. Donnez-moi la pointure au-dessus. Le verbe est très courant, mais vous pouvez deviner le sens exact à partir de notre explication. Par exemple : *They fitted the new carpet last week* = Ils ont posé la nouvelle moquette la semaine dernière (voir aussi Leçon 28 N 3).

5. *Tâchez d'éviter les embouteillages des heures de pointe.*

Try and avoid the ....-............. ....

The missing words

1. third or fourth largest city **2.** scores...dozens **3.** rubs shoulders with **4.** was bewildered by **5.** rush-hour traffic jams.

Vingt-septième leçon

... et les Londoniens

1 Comme il sied à son statut de capitale, Londres a eu une influence cruciale sur la langue anglaise.

2 En fait, ce fut le dialecte de Londres qui forma les bases de la langue anglaise telle que nous la connaissons aujourd'hui.

3 L'influence de Caxton et de son imprimerie a eu pour résultat que le langage des Londoniens s'est étendu partout dans le pays — et le monde.

4 De nos jours, il y a tant de groupes ethniques qui se sont établis à Londres qu'il est difficile de dire qui ou quoi constitue un vrai Londonien.

NOTES (suite)

(2) William Caxton (1422-1491) fut le premier imprimeur anglais. La publication des *Canterbury Tales* de William Chaucer fut le point de départ du rayonnement du dialecte londonien, dans lequel écrivait Chaucer, et qui allait devenir la langue anglaise.

(3) *To mean* = signifier ; dans ce genre de structure, le sens du verbe est plutôt « résultat » : *The crash of 1929 meant that millions of people lost their savings* = Le krack de 1929 eut pour résultat que des millions de gens perdirent leurs économies.

5 But let's look at a group of people who are usually identified as being " typical " — the Cockneys.

6 " I get a funny feeling inside of me, just walking up and down

7 maybe it's because I'm a Londoner that I love London town. " (**4**)

8 A true Cockney is someone who is born within the sound of Bow Bells, but we traditionally identify the east end of the city with the Cockneys. (**5**)

9 Originally tradesmen, their traditional ceremonial dress is covered with pearl buttons;

10 each year, the man and the woman with the finest dress are named Pearly King and Queen.

11 Cockneys are renowned for their wit, their repartee — and their fast-talking idiomatic speech called " rhyming slang ". (**6**)

12 Their accent and the speed at which they speak not only bewilder foreigners — people from other parts of Britain are often lost for words. (**7**)

13 For a Cockney, " to die " and " today " have the same sound, Listen: — I don't want to die today. (**8**)

NOTES (suite)

(**4**) Ce sont là des vers d'une chanson célèbre des Londoniens *Maybe it's because I'm a Londoner*. Les Cockneys ont l'esprit espiègle, et leur nom viendrait... du mot français coquin !

(**5**) En effet, la définition du Cockney est : celui qui est né là où il pouvait entendre (*within the sound of*) les cloches de l'église de Bow. Nous trouvons aussi l'ex-

5 Mais examinons un groupe de gens que l'on identifie habituellement comme étant « typiques » — les Cockneys.

6 « J'ai en moi une sensation étrange, rien qu'en me baladant,

7 peut-être est-ce parce que je suis Londonien que j'adore la ville de Londres. »

8 Un vrai **Cockney** est quelqu'un qui est né à portée de son des cloches de Bow, mais nous identifions traditionnellement le quartier Est de la ville avec les Cockneys.

9 Commerçants à l'origine, leur habit traditionnel de cérémonie est recouvert de boutons de nacre ;

10 chaque année, l'homme et la femme aux vêtements les plus magnifiques sont élus Roi et Reine de Nacre.

11 Les Cockneys sont célèbres pour leur esprit, leur répartie — et leur parler rapide et idiomatique que l'on appelle « argot rimé ».

12 Leur accent et la vitesse à laquelle ils parlent laissent perplexes non seulement les étrangers — mais les gens d'autres coins de la Grande-Bretagne y perdent souvent leur latin.

13 Pour un Cockney, « to die » (mourir) et « today » (aujourd'hui) ont le même son : Ecoutez — Je ne veux pas mourir aujourd'hui.

NOTES (suite)

pression *within sight of: We were within sight of the coast* = nous pouvions voir la côte.

(6) *Wit* = l'esprit (humour). *He's a very witty writer* = C'est un écrivain plein d'esprit. Remarquez aussi la déformation de notre mot répartie : *repartee*. Le *rhyming slang* fait partie des argots inventés partout dans le monde par les commerçants afin que leurs clients ne les comprennent pas (*cf.*, le louchebem de nos bouchers d'autrefois).

(7) *I was at a loss for words* = Je ne savais que dire. *She is never lost for words* = Elle a la langue bien pendue.

(8) Ecoutez soigneusement les enregistrements ; nous y reproduisons au mieux l'accent typique des faubourgs de Londres, un accent qui est répandu dans beaucoup de villes du sud de l'Angleterre. Cette leçon vous donne quelques « tuyaux » pour mieux le déchiffrer. Après tout, c'est la vraie pratique de l'anglais !

14 The letter " h " is not pronounced in front of a word, a trait which is known as " dropping one's aitches ".

15 The letter " g " disappears from the " -ing " form of the verb: — He's having a blooming good holiday,

16 would be written down as — 'Es 'avin' a bloomin' good 'oliday.

17 The influence of the capital is still felt all over the country, as new trends always spread from the centre outwards.

18 A Cockney asked his doctor — who had an impeccably correct accent — What shall I do for an 'orrible 'eadache?

19 The doctor replied — Try a couple of aspirates. (**9**)

20 As to the vocabulary, try to understand the speaker who says — in broadest Cockney — (**10**)

21 — If you're goin'up the apples and pears with a cup of Rosie Lee, don't spill it on your whistle and flute.

22 Well, we agree that it is difficult — after all, rhyming slang was developed so that tradesmen could talk together without being understood. (**11**)

NOTES (suite)

(**9**) Jeu de mots sur *aspirate* = le *h* aspiré (qui fait cruellement défaut aux Londonniens de pure souche) et *aspirin*.

(**10**) *Broad* = large ; mais lorsqu'il s'applique à un accent, il a le sens de : épais, prononcé. *Our guide had a broad Scottish accent* = Notre guide avait un accent écossais marqué.

14 La lettre h n'est pas prononcée devant les mots, une caractéristique que l'on appelle « laisser tomber les h ».

15 La lettre « g » disparaît de la forme « -ing » du verbe : Il passe de chouettes vacances

16 s'écrirait : 'Es 'havin' a bloomin' good 'oliday.

17 L'influence de la capitale se fait sentir partout dans le pays, puisque les nouvelles tendances évoluent du centre vers l'extérieur.

18 Un Cockney demanda à son médecin — qui avait un accent impeccable — Que dois-je faire pour un mal de tête affreux ? (NDLR : sans prononcer les h).

19 Le médecin répondit — Essayez deux ou trois aspirés.

20 Quant au vocabulaire, tâchez de comprendre le locuteur qui dit, avec un accent Cockney des plus prononcés,

21 — Si tu montes les pommes et les poires avec une tasse de Rosie Lee, ne la renverse pas sur ton sifflet et flûte. (NDLR : !)

22 Bien, nous sommes d'accord que c'est difficile — après tout, l'argot rimé fut élaboré afin que les commerçants puissent se parler sans se faire comprendre.

NOTES (suite)

(11) *I make myself understood* = Je me fais comprendre. Remarquez l'emploi du participe passé dans ce genre de tournure.

23 But take the word " stairs "; find a word that rhymes with it: " pears ";
24 now find a word that goes with the sense of the rhyme: " apples ".
25 So " apples and pears " means " stairs ". Our sentence means:
26 — If you're going up the stairs (" apples and pears ") with a cup of tea (" Rosie Lee "),
27 don't spill it on your suit (" whistle and flute ").

***

EXERCISES 1. If the suit doesn't fit, try the next size up. **2.** The discovery of the cholera vaccine meant that millions of lives were saved. **3.** We are within sight of our objectives for the year. **4.** What is the difference between wit and humour? **5.** He was so rude that I was at a loss for words. **6.** — Can you speak Italian? — Not very well, but I make myself understood.

***

Fill in the missing words

1. *Il parlait avec un épais accent new-yorkais.*

He . . . . a . . . . . New York accent.

2. *C'est l'anglais tel que nous le connaissons aujourd'hui.*

This is English . . . .

3. *J'ai dû crier pour me faire entendre.*

I had to shout . . . . . . myself . . . . .

23 Mais prenez le mot « stairs » (escalier) ; trouvez un mot qui rime avec : « pears » (poires) ;
24 maintenant trouvez un mot qui va avec le sens du mot rimé : « apples » (pommes)
25 Ainsi « apples and pears » veut dire « stairs ». Notre phrase signifie :
26 — Si tu montes les escaliers avec une tasse de thé,
27 ne la renverse pas sur ton costume.

***

Exercices 1. Si le costume ne te va pas, essaye la taille au-dessus. **2.** La découverte du vaccin contre le choléra eut pour résultat de sauver la vie de millions de gens **3.** Nos objectifs pour l'année sont en vue. **4.** Quelle est la différence entre l'esprit et l'humour ? **5.** Il était tellement grossier que je ne savais que dire. **6.** — Parlez-vous italien ? — Pas très bien, mais je me fais comprendre.

***

4. *Les Cockneys sont célèbres pour leur parler rapide et idiomatique.*

The Cockneys are famous for their . . . . - . . . .

5. *Le dialecte de Londres s'étendit partout dans les Iles britanniques.*

The London dialect . . . . the British Isles.

The missing words

1. spoke with...broad **2.** as we konw it today **3.** to make...heard **4.** fast-talking idiomatic speech **5.** spread all over.

Twenty-eight lesson

REVISION AND NOTES

1. Nous entrons ici dans la différence entre un anglais « latinisé » et un anglais quotidien. Nous avons souvent parlé des doubles origines de la langue, et nous verrons dans les leçons qui vont suivre les équivalences entre ces deux mondes, car il s'agit vraiment de deux mondes à part.
La difficulté pour l'étranger qui veut approfondir ses connaissances est que la plupart des publications qu'il pourra trouver (livres, journaux...) sont écrits dans cette langue officielle, mais il a seulement à comparer un journal dit « de qualité » avec un journal à grand tirage pour commencer à sentir la différence. Ainsi, nous vous recommandons vivement d'être très attentifs à cette deuxième façon de parler pendant les leçons à venir, car c'est bien celle-ci qui est la plus répandue — et qui cause le plus de problèmes.

2. Voici le mécanisme le plus répandu pour éviter les mots à base classique. Il s'agit de ce que nous appelons des *phrasal verbs*, qui sont décrits dans les leçons 24 et 25. Il s'agit de prendre un verbe radical et d'y adjoindre une ou deux prépositions (ou plutôt postpositions, car elles suivent toujours le verbe radical). **Nous ne pouvons trop insister sur l'importance d'apprendre chaque paire de mots** (avec, éventuellement, son équivalent latin) dans un contexte qui laisse apparaître clairement son sens. C'est pour cette raison (méthodologie Assimil oblige) que nous ne vous présentons pas des listes interminables à apprendre par cœur hors contexte, car ce serait multiplier les risques de confusion.
En outre, à ce stock de *phrasal verbs* bien identifiables, s'en ajoutent tous les jours d'autres, certains qui prennent racine et d'autres qui disparaissent. Si vous en trouvez que vous ne comprenez pas, demandez leur sens à un anglophone ou à défaut, cherchez dans un bon dictionnaire anglais/anglais. Vous vous ferez à cette particularité très rapidement,

mais il faut un petit effort dès le départ, c'est-à-dire dès maintenant !

3. *To fit.* Regardons ce verbe plus en détail car il est très usité. Disons tout de suite qu'il n'a pas de forme progressive ni passive. Le sens de base est de s'adapter à quelque chose, soit par la taille soit par le contexte. Voyons plutôt quelques exemples :

The table is too big to fit into the room

It's far too small ; it will never fit you

Vous remarquerez qu'il peut s'agir de quelque chose de trop grand ou de trop petit. Comme il se doit, on le retrouve très souvent en parlant de vêtements (dans un magasin, les cabines d'essayage s'appellent *fitting rooms*).

A ce propos, il ne faut pas confondre *to fit* et *to suit*; le premier se raporte à la taille, le second au style :

That hat really doesn't suit you

Ce chapeau ne vous va vraiment pas (parce que trop bleu, haut, laid, etc.)

Regardons quelques exemples de l'utilisation de *to fit* dans un contexte technique :

Fit the sleeve onto the shaft

Ajuster le manchon à l'arbre

Fit one end of the pipe into the orifice

Insérez un bout du tuyau dans l'orifice

He fitted a 35 mn lens onto the camera

Il monta un objectif 35 mm sur l'appareil photographique

(Dans le dernier exemple, il s'agit d'une utilisation britannique, où le passé est régulier ; en anglais EU, le verbe est irrégulier — il garde la même forme : *He fit a lens...*)

Vous commencez sans doute à voir le nombre d'applications que ce petit mot peut avoir : s'adapter, s'ajuster, etc. (d'ailleurs, un ajusteur se dit *a fitter*). De même qu'en français on peut s'adapter à un contexte ou une situation, *to fit* s'emploie pour exprimer cette notion :

He fits into the team very well

Il s'intègre très bien dans l'équipe

I'll fit into your schedule

Je m'adapterai à votre emploi du temps

Twenty-ninth lesson

No news is not always good news

1 They say that no news is good news — but judging by the 13 million-odd newspapers that land on the doormats every day (**1**)

2 this is not the opinion of the British public, who buy more papers every day than almost any other country in the world.

3 There are roughly twenty national papers — both dailies and Sunday editions — and over eight hundred regional papers.

4 The national papers are traditionally produced in Fleet Street, in the centre of London,

5 but new technology has caused more and more titles to move from the Street of Ink to other headquarters. (**2**)

6 Content — and quality — vary greatly; so much so that we generally divide the dailies into " quality " and " popular ". (**3**)

NOTES

(**1**) Nous connaissons *odd* pour impair ; rajouté en suffixe, il donne la notion d'approximation. *There were three hundred-odd people at the meeting* = Il y avait environ 300 personnes au meeting. On peut le remplacer par *or so : He smokes sixty or so cigarettes a day.* Le mot *approximately* est plus formel.

(**2**) *The Street of Ink* = La Rue de l'Encre, est un des sobriquets de cette rue londonienne, qui a la plus forte concentration de journaux du monde. L'autre nom ? *The Street of Shame* (La Rue de la Honte) !

Vingt-neuvième leçon

Pas de nouvelles n'est pas toujours bonnes nouvelles

1 On dit : pas de nouvelles, bonnes nouvelles — mais à en juger par les quelque 13 millions de journaux qui atterrissent sur les paillassons tous les jours

2 ceci n'est pas l'avis du public britannique, qui achète plus de journaux tous les jours que presque tout autre pays au monde.

3 Il y a environ 20 journaux nationaux — les quotidiens et éditions du dimanche — et plus de 800 journaux régionaux.

4 Les journaux nationaux sont traditionnellement produits à Fleet Street, dans le centre de Londres,

5 mais la nouvelle technologie a persuadé de plus en plus de titres de quitter la Rue de l'Encre pour d'autres quartiers généraux.

6 Le contenu — et la qualité — varient énormément, à tel point que nous divisons habituellement les quotidiens en journaux « de qualité » et journaux « populaires ».

NOTES (suite)

(3) *So much so (that)* : expression invariable pour « tant et si bien » (que). *The storms were ferocious ; so much so that fifty houses were destroyed* = Les orages furent féroces ; tant et si bien que cinquante maisons furent détruites.

7 A famous writer once said that a good paper should be like a nation talking to itself,

8 but in the case of some papers, the nation may not like what it hears !

9 Unusual events have always been a staple of journalism, (**4**) (**N1**)

10 (when a dog bites a man, that's not news; but when a man bites a dog — that is news)

11 and investigative reporting has always been a journalistic tradition stemming from the right of free speech ; (**5**)

12 however, the growing appetite for sensationalism has given rise to cheque-book journalism, (**6**)

13 where people connected with news stories — usually crimes — are paid huge sums for their " exclusive story ".

14 Banner headlines announce the scoop and the daily diet of disaster grows greater. (**7**)

15 Of course, newspapers are about more than just news. The political stance of each

NOTES (suite)

(4) *A staple* vient du mot français étape (dans le sens d'un marché — l'Etape de Calais) et autrefois avait le même sens. Comme on vendait au marché les produits de première nécessité, le sens du mot a glissé pour exprimer ces produits de base. *After the disaster, international aid agencies flew supplies of staples into the area* = Après la catastrophe, les agences internationales d'aide ont envoyé par avion des livraisons de produits de première nécessité. *A staple industry* = une industrie principale. (Attention : l'autre sens de *a/to staple* [qui n'a rien à voir] = une agrafe/agrafer.)

7 Un écrivain célèbre a dit qu'un bon journal devrait être comme une nation qui se parle à soi-même,

8 mais dans le cas de certains journaux, la nation peut ne pas aimer ce qu'elle entend !

9 Les événements extraordinaires ont toujours été un sujet de base du journalisme.

10 (lorsqu'un chien mord un homme, ce n'est pas de l'actualité ; lorsqu'un homme mord un chien, c'est de l'actualité)

11 et le reportage-enquête a toujours été une tradition journalistique qui est fondée sur le droit de la libre parole ;

12 néanmoins, un appétit croissant pour le sensationalisme a donné naissance au journalisme vénal (dit « du chéquier »),

13 où des gens en rapport avec des histoires d'actualité — habituellement des crimes — sont payés des sommes énormes pour leur « récit exclusif ».

14 Des gros titres annoncent l'exclusivité, et le régime quotidien de désastres s'amplifie.

15 Bien sûr, les journaux sont plus que de l'actualité. La position politique de chacun

NOTES (suite)

(5) *A stem* = une tige de plante ; donc *to stem from* est tout ce qui trouve son origine à partir de cette tige : *The recent riots stem from the removal of subsidies on staples* = Les récentes émeutes ont pour origine la suppression des subventions pour les produits de base.

(6) L'expression *cheque-book journalism* est récente (ainsi que la pratique), et décrit la sorte de journalisme qui consiste à payer au plus cher (ou vendre au plus offrant) les « exclusivités » de tel ou tel drame.

(7) *A banner* = une bannière ; *The Star Spangled Banner* = La Bannière étoilée (drapeau des Etats-Unis) ; *a banner headline* = un gros titre. (Notez bien : *a headline* = un titre de journal ; *a title* = un titre de livre, de chanson...)

16 is put over in editorial comment and opinion columns, which are sometimes subtle but often strident. (**8**)

17 That most famous of all papers, the Times, owes its nickname " The Thunderer " (**9**)

18 to the denunciatory tone of its editorials, which still carry much weight among members of the Establishment. (**10**)

19 Although the influence of the press is enormous and the world sometimes seems like a global village, (**11**)

20 it is useful to remember the words of the journalist who described his profession

21 as telling the public that Lord Smith was dead when they didn't know who Lord Smith was when he was alive.

NOTES (suite)

(**8**) Attention à la prononciation ; le *b* reste muet (suttel).

(**9**) Tournure plus élégante ; au lieu de dire *The most famous paper of all* (le plus célèbre journal de tous), on dit *The most famous of all papers... The most distinguished of all playwrights :* = Le plus distingué de tous les dramaturges...

***

EXERCISES 1. Judging by the newspaper reports, the situation is serious. **2.** There were roughly two thousand enquiries, but only about twenty or so were interested. **3.** — Did he like the book? — So much so that he went out and bought ten copies. **4.** Riots broke out when the government increased the price of staples. **5.** The superstition stems from a belief in witches. **6.** It owes its nickname to an old Scottish word.

16 est exprimée dans les rubriques éditoriales et de commentaires, qui sont parfois subtiles, mais le plus souvent grinçantes.

17 Le plus célèbre de tous les journaux, le *Times,* doit son surnom, « Le Tonnant »,

18 au ton dénonciateur de ses éditoriaux, qui ont toujours beaucoup de poids parmi les membres de l'Establishment.

19 Bien que l'influence de la presse soit énorme et que le monde ressemble parfois à un village global,

20 il est utile de se rappeler les paroles du journaliste qui décrivait sa profession

21 comme le fait de dire au public que Lord Smith venait de mourir alors qu'il ne savait pas (le public) qui était Lord Smith de son vivant.

NOTES (suite)

(**10**) *To carry weight with the Establishment* = avoir du poids parmi les gens de pouvoir. *The Establishment,* cible des protestations des années soixante, n'est plus aussi en vogue qu'autrefois (le mot, s'entend).

(**11**) L'expression *global village :* l'auteur canadien Marshall McLuhan (1911-80) prétendait que deux cultures, (littéraire et électromagnétique), se confrontent actuellement ; le dénouement sera un monde plus informé donc plus uni, un village global.

***

Exercices 1. A en juger par les comptes rendus dans les journaux, la situation est grave. **2.** Il y a eu environ 2 000 demandes, mais seulement une vingtaine étaient intéressés. **3.** A-t-il aimé le livre ? — Tellement qu'il est allé acheter dix exemplaires. **4.** Des émeutes ont éclaté lorsque le gouvernement a augmenté les prix des denrées de base. **5.** La superstition a pour origine une croyance dans les sorcières. **6.** Il doit son surnom à un vieux mot écossais.

Fill in the missing words

1. *Son opinion a toujours beaucoup de poids.*

   His opinion ....

2. *Le plus ancien journal de tous, le Times, a 300 ans.*

   The ...., The Times, is 300 years old.

3. *Vous n'aimerez peut-être pas ce que vous entendez.*

   You ... ...

Thirtieth lesson

Quality versus tabloid

1 Newspapers in Britain are basically divided into two categories: the quality press
2 and the popular, or tabloid, press (tabloid refers to the size of the pages). (**1**)
3 Each type has its own style, but the tabloids are written in such a way that one has to know the conventions.
4 Popular papers are concerned with eye-appeal as well as content, and their pages are often filled with scantily-clad girls. (**2**)

NOTES

(**1**) *Tabloid* est en fait une marque déposée pour un produit chimique très concentré ; mais son emploi le plus courant est celui qui décrit cette sorte de journal, parce que les pages sont d'un format réduit.

4. *Je lis et un quotidien et un magazine hebdomadaire.*

I read . . . . a . . . . . paper and a . . . . . . magazine.

5. *La position politique est communiquée dans l'éditorial.*

The political . . . . in the editorial.

The missing words

1. still carries much weight **2.** oldest of all newspapers **3.** may not like what you hear **4.** both...daily...weekly **5.** stance is put over.

Trentième leçon

La presse de qualité contre la presse populaire

1 Les journaux en Grande-Bretagne sont générale-ment divisés en deux catégories : la presse de qualité
2 et la presse populaire (dite " tabloid ", mot se rapportant au format des pages).
3 Chaque type a son style propre, mais les journaux populaires sont écrits de telle façon que l'on doit connaître les conventions.
4 Les journaux populaires s'intéressent à ce qui frappe l'œil aussi bien qu'au contenu, et leurs pages sont souvent remplies de filles légèrement vêtues.

NOTES (suite)

(2) A l'instar de *sex-appeal* (pas de traduction), le suffixe *-appeal* s'attache couramment à des noms pour indiquer l'objet de l'attraction. L'adjectif *scanty* signifie une insuffisance de quelque chose, *a scanty meal* = un maigre repas. *Scantily-clad* est une formule empruntée aux *tabloids* pour dire dévêtu.

5 (This trend caused the editor of a rather conservative daily to observe: They're full of nudes, not news.) (**3**)

6 The language is arresting: adjectives are extravagant (huge! amazing! wonderful!)

7 and verbs are violent: slam! axe! probe! (**4**)

8 Let's contrast the two styles by looking at separate reports of the same incident. First from a quality paper:

9 A confidence trickster was jailed for a year by Birmingham Crown Court (**5**)

10 for the theft of a string of pearls valued at £ 8,000.

11 Frederick Walton, 46, was arrested during a dinner-dance at the Regent Hotel in Birmingham,

12 after asking the woman he had robbed two years earlier to dance, apparently not recognizing her. (**6**)

13 Mrs Joanna Potter met Walton two years ago, and she entrusted him with the string of pearls (**7**)

14 after he had told her he was a jeweller and could restring them. He disappeared immediately afterwards.

15 He failed to recognize Mrs Potter at the Regent Hotel and invited her to waltz.

NOTES (suite)

(**3**) Nous avons déjà vu (leçon 5 note 5) le mot *nude.* Prononcez donc les deux mots dans cette phrase, vous aurez du mal à les distinguer. (Ecoutez aussi nos exercices.)

(**4**) *An axe* (une hache) s'écrit *ax* en anglais américain.

5 (cette tendance à incité le rédacteur d'un quotidien plutôt conservateur à remarquer : ils sont pleins de nus, pas de nouvelles.)
6 Le langage est saisissant : les adjectifs sont extravagants (énorme ! incroyable ! merveilleux !)
7 et les verbes sont violents : claquer ! cogner ! sonder !
8 Comparons les deux styles en regardant deux reportages séparés d'un même incident. D'abord un journal de qualité :
9 Un escroc a été condamné à un an de prison par le parquet de Birmingham
10 pour le vol d'un collier de perles d'une valeur estimée à £ 8.000.
11 Frederick Walton, 46 ans, a été arrêté pendant un dîner dansant à l'hôtel Regent à Birmingham,
12 après avoir invité à danser, apparemment sans la reconnaître, la femme qu'il avait dépouillée deux années auparavant.
13 Mme Joanna Potter rencontra Walton il y a deux ans, et lui confia le collier de perles
14 après qu'il lui eût dit qu'il était joaillier et qu'il pouvait renfiler les perles. Il disparut aussitôt après.
15 Il ne reconnut pas Mme Potter à l'hôtel Regent, et l'invita à valser.

NOTES (suite)

(5) (Voir aussi à la phrase 18). *A confidence trickster/man* est une personne qui commet des abus de confiance. Cette expression est couramment abrégée en *con-man.* Nous en faisons un verbe *to con* = berner quelqu'un. *He tried to con me into believing he was rich* = Il a essayé de me berner en me faisant croire qu'il était riche. (*A con* est une abréviation familière pour un détenu de justice, *convict.*)

(6) Nous vous le rappelons : *to steal,* voler une chose ; *to rob* est dérober quelque chose à quelqu'un, ou à une banque, un musée, etc.). *The Simon Art Museum was robbed last night. Thieves stole five valuable paintings. Theft* = le vol.

(7) *She trusted him implicitly* = Elle lui a fait entièrement confiance. *He was entrusted with a vital mission* = On lui a confié une mission cruciale. *To entrust someone with something* = confier quelque chose à quelqu'un.

16 She later called the police. In his summing up, the judge called Walton "a stupid and unpleasant man". (**8**)

17 Clear? Now read how a tabloid paper would treat the same incident:

18 Quick-stepping con-man Frederick Walton waltzed into the arms of the law

19 after robbing his glamorous partner of a pearl necklace worth £8,000.

20 Smooth talker Freddy swept blonde Joanna Potter off her feet at a dance in a plush nightspot two years ago, (**9**)

21 and shortly after the two began to tango, the 46-year-old Romeo danced off with the stones.

22 But Mrs Potter had the last laugh when he bumped into her at the same spot two years later. (**10**) (**11**)

23 Amazingly, the daft Don Juan didn't recognize the lover he had cheated, and asked her to dance. (**12**)

NOTES (suite)

(**8**) *To sum up* (résumer, récapituler) est un verbe bien utile : *So, to sum up what has been said, we need to lay off fifty more workers* = Donc, pour résumer ce qui a été dit, nous devons licencier encore 50 ouvriers. *The summing up :* le résumé d'un procès que le juge fait pour le jury.

(**9**) Nous savons que *smooth* veut dire lisse ; quand il s'applique à une personne, le mot veut dire suave. Mais attention, il peut avoir aussi une connotation négative. *Don't listen to that smooth talker ; you can never believe him* = N'écoutez pas ce baratineur ; vous ne pouvez jamais le croire.

(**10**) *He tried to con me, but I had the last laugh* = Il a essayé de m'avoir, mais c'est moi qui ai ri le dernier. Rira bien qui rira le dernier = *He who laughs last laughs longest* (tâchez de dire ça à haute voix...).

16 Elle appela ensuite la police. Dans son compte rendu, le juge a décrit Walton comme « un homme stupide et déplaisant ».
17 C'est clair ? Maintenant, lisez comment un journal populaire rendrait compte du même incident :
18 L'escroc Frederick Walton, qui adorait danser, a valsé jusque dans les bras des policiers
19 après avoir dérobé à sa belle partenaire un collier de perles qui valait £ 8.000.
20 Freddy le beau parleur fit chavirer la blonde Joanna Potter lors d'un bal dans une boîte de luxe il y a deux ans,
21 et peu après qu'ils aient commencé à faire la java, le Roméo quadragénaire s'éclipsa avec les pierres précieuses.
22 Mais c'est Mme Potter qui a ri la dernière quand il l'a rencontrée au même endroit deux ans plus tard.
23 Incroyable mais vrai, le Don Juan imbécile n'a pas reconnu la maîtresse qu'il avait bernée, et l'a invitée à danser.

NOTES (suite)

(**11**) *to bump into* = (litt.) cogner quelque chose/quelqu'un. *Ow! I've just bumped into the sofa* = Aïe, je me suis cogné contre le canapé. Par contre, l'utilisation idiomatique est très courante : rencontrer par hasard : *Guess who I bumped into in the street?* = Devinez sur qui je suis tombé dans la rue ?

(**12**) *Daft* est un adjectif familier (mais gentil) qui veut dire sot, idiot. *Don't be daft!* = Ne sois pas idiot ! Vous avez peut-être une variante de ce mot avec un personnage célèbre de Walt Disney : *Daffy Duck.*

24 She agreed and then called the police, who arrested Walton in the middle of the fox-trot.
25 Walton, of Church Street Birmingham, was jailed for a year.
26 Believe it or not, it **is** the same story.

***

EXERCISES 1. — What's the difference between nudes and news? — How old are you? **2.** The reason for high interest rates is the huge budget deficit. **3.** It's a nineteenth-century water colour valued at £25,000 **4.** I don't trust him, he's a real smooth talker. **5.** I would like to sum up the different arguments. **6.** A con-man cheated her out of all her savings.

***

Fill in the missing words

1. *Rira bien qui rira le dernier.*

He who ....

2. *Je viens de tomber sur un vieil ami.*

.'.. .... an old friend.

3. *Des voleurs ont attaqué un fourgon blindé et ont volé £ 250.000*

.... an armoured car and ..... £250.000.

4. *Il n'a pas su reconnaître ses erreurs.*

He .... his mistakes.

5. *Après qu'il lui eût dit qu'il était joaillier, elle lui confia ses perles.*

.... he was a jeweller she .... her pearls.

24 Elle a accepté et a ensuite appelé les policiers, qui ont arrêté Walton en plein milieu d'un fox-trot.

25 Walton, qui habite Church Street à Birmingham, a été condamné à un an de prison.

26 Croyez-le ou non, c'est en effet la même histoire.

***

Exercices 1. — Quelle est la différence entre les nus et les nouvelles ? — Quel âge as-tu ? **2.** La raison des taux d'intérêt élevés est l'énorme déficit budgétaire. **3.** C'est une aquarelle du 19e siècle, estimée à £ 25.000. **4.** Je ne lui fais pas confiance, c'est un vrai baratineur. **5.** J'aimerais faire le point sur les différents arguments. **6.** Un escroc l'a soulagée de toutes ses économies.

NOTES PERSONNELLES :

The missing words

1. laughs last laughs longest **2.** I've just bumped into **3.** Thieves robbed...stole **4.** failed to recognize **5.** After he had told her...entrusted him with.

Thirty-first lesson

Careless talk...

1 A contributor to the satirical weekly *PUNCH* once wrote about journalists: (**1**) (**2**)

2 — You cannot hope to bribe or twist — thank God — the British journalist; (**3**) (**4**)

3 but seeing what the man will do unbribed, there is no real reason to.

4 Here are a couple of examples of what can happen if you are not careful about what you say to the press.

5 The British ambassador in Washington was rung up by a local paper about a fortnight before Christmas. (**N 2**) (**5**) (**6**)

NOTES

(**1**) *PUNCH*, magazine satirique fondé en 1841, existe toujours, certes moins politique qu'alors, mais toujours iconoclaste. Son nom est dérivé de Punchinello, la marionnette italienne qui est connue en France sous le nom de Polichinelle. Nous retrouvons aussi l'expression courante *to be as pleased as Punch* = être heureux comme un pacha.

(**2**) Remarquez cette utilisation de *once* pour situer un événement dans le passé : *Oscar Wilde once said: I have nothing to declare but my genius* = Oscar Wilde a dit : Je n'ai rien à déclarer sinon mon génie. Faites attention : il n'y a pas forcément l'idée d'une fois. Dans ce contexte *once* peut remplacer *used to* pour les actions habituelles qui n'existent plus : *I once thought I would become a painter* = Je pensais que je deviendrais peintre. C'est une tournure littéraire plutôt qu'orale.

Trente et unième leçon

Paroles imprudentes...

1 Un collaborateur de l'hebdomadaire satirique Punch écrivit un jour des journalistes :

2 — On ne peut espérer soudoyer ou faire fléchir, grâce à Dieu, le journaliste britannique ;

3 mais étant donné ce dont il est capable sans être soudoyé, il n'y a vraiment aucune raison de le faire.

4 Voici quelques exemples de ce qui peut se passer si on ne fait pas attention en parlant à la presse.

5 L'ambassadeur britannique à Washington fut appelé au téléphone par un journal local environ deux semaines avant Noël.

NOTES (suite)

(3) *To bribe* : soudoyer, verser des pots-de-vin. *A bribe* : un paiement illicite. L'américain, toujours plus imagé dans le langage familier que l'anglais britannique, emploie le mot *a kickback*, qui pourrait être traduit par un renvoi d'ascenseur (il n'y a pas de verbe).

(4) *To twist* : tordre. *You don't need a bottle opener, this bottle has a twist-off top* = Tu n'as pas besoin d'un décapsuleur, cette bouteille peut être ouverte en tournant la capsule. On se souviendra longtemps de cette danse, que certains ont qualifiée de scabreuse, des années 60 : *the Twist* = la torsion ! Ici, pour garder la rime, il signifie : détourner.

(5) *To ring someone* OU *to ring someone up* = téléphoner à quelqu'un. Notez d'abord qu'il n'y a pas de préposition après le verbe. *To ring* signifie littéralement sonner (on trouve en Belgique l'expression : Je te sonnerai demain). *Ring the bell and wait* = Sonnez et attendez. Donc en langage familier britannique, on entend *Give me a bell around ten* = Tu me « bigophones » vers les 10 heures ; ou, puisque de plus en plus la sonnerie est remplacée par des bruits électroniques, on trouve aussi *to call* et *to call up* pour téléphoner. Comme nous l'avons vu, *to call in* signifie rendre visite ; l'expression est un peu dépassée.

(6) *A fortnight* = une quinzaine (de jours) est une contraction de *fourteen nights* ; le mot n'est pas courant en américain, où on dit plutôt *two weeks*.

6 — Mr Ambassador, what would you like for Christmas? — I wouldn't dream of accepting anything. (**7**)

7 — Seriously sir, we would like to know — and don't be a stuffed shirt. You've become a media personality over the last year. (**8**) (**9**)

8 — Well, if you insist, the ambassador replied, I'd like a small box of chocolates from Macy's. (**10**)

9 He thought no more about the incident until, on Christmas Eve, he was leafing through a copy of the paper in question. (**11**)

10 A full-page feature article was devoted to a series of interviews with foreign ambassadors in the United States. (**12**) (**13**)

11 — In this season of peace and goodwill, the article ran, we asked three prominent diplomats what they wanted for Christmas.

NOTES (suite)

(**7**) *I wouldn't dream of giving away a secret* = Je ne m'aviserais pas de trahir un secret. Cette expression *I wouldn't dream of...* est un peu vieillotte, mais on la trouve toujours chez ceux qui soignent leur expression.

(**8**) *A stuffed shirt* (litt. une chemise farcie) : quelqu'un qui reste très formaliste, qui se prend trop au sérieux, (surtout lorsqu'il s'agit de quelqu'un de pas très important). En fait, l'expression vient du mot français estoffe, qui est devenu *stuff* et qui signifiait une étoffe de qualité médiocre mais qui ressemblait à de la soie. Donc, *a stuffed shirt*: une chemise qui a l'air plus élégante qu'elle n'est. Notons en passant : *This room is very stuffy* = Cette pièce est mal aérée ; *Don't get shirty* (fam.) = Ne te fâche pas.

6 — M. l'Ambassadeur, qu'aimeriez-vous pour Noël ?
— Je ne m'aviserais jamais d'accepter quoi que ce soit.

7 — Sérieusement, Monsieur, nous aimerions le savoir — et ne soyez pas si formaliste. Vous êtes devenu une personnalité médiatique depuis un an.

8 — Bien, puisque vous insistez, répondit l'ambassadeur, j'aimerais une petite boîte de chocolats de chez Macy.

9 Il ne pensa plus à l'incident jusqu'à la veille de Noël, où il se mit à feuilleter un exemplaire du journal en question.

10 Un article de fond sur une page entière était consacré à une série d'entretiens avec les ambassadeurs étrangers aux E-U.

11 — En cette saison de paix et de bienveillance, disait l'article, nous avons demandé à trois diplomates importants ce qu'ils désiraient pour Noël.

NOTES (suite)

(9) *The media* est un mot très (trop) usité de nos jours. Nous trouvons aussi *the electronic media* (l'audiovisuel) et *the print media* (la presse écrite). Il est signicatif d'un sur-emploi qu'on ne sache jamais si le verbe qui le gouverne est singulier ou pluriel (cf. *data*). La logique veut qu'il soit pluriel, mais la pratique a plutôt tendance à mettre un singulier. Qui gagnera, à votre avis ? *A media personality* est une expression à la mode pour désigner quelqu'un qu'on voit beaucoup à la télévision ou dans la presse. L'expression est aussi maladroite que laide.

(**10**) *Macy's*: avec *Bloomingdale's* est l'un des plus célèbres grands magasins (*department stores*) de New York.

(**11**) *A leaf*: une feuille ; *to leaf through* = feuilleter. Notez que la postposition est essentielle.

(**12**) *A feature article* = un grand reportage. Nous trouvons *feature* (litt. un trait) utilisé de plus en plus comme verbe. *The film features Marlon Brando and Jack Nicholson* (ils en sont les vedettes). *This week our show features a report on life in the jungle* (ce reportage est le point-clé de l'émission).

(**13**) Attention ! Malgré le *s* final, *a series* est singulier. Quel est le pluriel ? Eh bien, c'est ... *series*.

12 The French ambassador replied — Peace on earth, respect of human rights and genuine freedom in the developing world. (**14**)

13 His German counterpart called for a revival in international trade in order to generate worldwide prosperity and economic revival.

14 However, when we questioned the British ambassador, he replied that he would like a small box of chocolates from Macy's.

15 The Archbishop of Chicago arrived in Britain for an episcopal visit.

16 In the VIP lounge at Heathrow Airport, journalists from the different media were waiting to question him. (**15**)

17 A reporter from one of the tabloids shouted — Will you be visiting the strip-clubs in Soho, Archbishop?

18 Innocently, the clergyman replied — Are there any strip-clubs in Soho? He could have bitten his tongue because the next day's headline read:

19 — Archbishop's first question: — Are there any strip-clubs in Soho?

20 One can occasionally get one's revenge on the press. When the Beatles returned from their first American tour, (**N3**)

21 a journalist asked the singer John Lennon — How did you find New York, John?

22 Lennon replied sardonically — I turned left at Southampton.

12 L'ambassadeur français nous a répondu — La paix sur la terre, le respect des droits de l'homme et une vraie liberté pour les pays en voie de développement.
13 Son homologue allemand a lancé un appel pour une relance du commerce international, afin de créer une prospérité mondiale et une relance économique.
14 Par contre, lorsque nous avons interrogé l'ambassadeur britannique, il nous a répondu qu'il voulait une petite boîte de chocolats de chez Macy.

15 L'Archevêque de Chicago arriva en Grande-Bretagne pour une visite épiscopale.
16 Dans la salle d'attente des personnalités à l'aéroport de Heathrow, les journalistes des différents médias attendaient pour l'interroger.
17 Un reporter d'un journal populaire lui cria — Allez-vous visiter les boîtes de strip-tease à Soho, Monseigneur ?
18 Innocent, l'ecclésiastique répliqua — Existe-t-il des boîtes de strip-tease à Soho ? Il aurait pu se mordre la langue, car le gros titre du journal le lendemain disait :
19 — Première question de l'archevêque : — Existe-t-il des boîtes de strip-tease à Soho ?
20 Parfois, on peut se venger de la presse. Lorsque les Beatles revinrent de leur première tournée américaine,
21 un journaliste demanda au chanteur John Lennon — Comment avez-vous trouvé New York, John ?
22 Lennon rétorqua, sardonique, — J'ai tourné à gauche à Southampton.

NOTES (suite)

(**14**) *Genuine* = réel, à l'opposé des contrefaçons. *He has genuine humility* = Il a une véritable humilité. On peut ici substituer *real*. Appliqué à une chose, on n'alterne pas les deux : *a genuine 20 karat diamond* : ce n'est pas un faux.

(**15**) *A VIP = a very important person.* Bien qu'on le prononce (vi - aï - pi), il devient de plus en plus courant d'entendre (surtout aux E-U) *a veep.* Et puisqu'il faut toujours renchérir, nous trouvons aussi *VVIP* (c.-à-d. *very very important person*). Quant à la prononciation...

EXERCISES 1. He was jailed for three years for bribery. **2.** I rang him up straight away to tell him the result; he was genuinely surprised. **3.** The media tends to exaggerate the importance of small events. **4.** One of the major features of the car is its reliability. **5.** The poster read: Free Concert in Central Park.

***

Fill in the missing words

1. *Il était heureux comme un pacha.*

He ... .

2. *Tu m'avais dit que tu allais devenir un écrivain.*

You .... you ..... become a writer.

3. *Il ne lui viendrait jamais à l'esprit de dépenser de l'argent pour des cadeaux.*

He ......'. .... money on presents

4. *La série a pour vedettes deux acteurs célèbres — et un serpent !*

The .... two famous actors — and a snake!

5. *Je feuilletais d'anciens numéros de Punch la semaine dernière.*

I ... . some back issues of PUNCH last week.

Exercices 1. Il a été écroué pendant trois ans pour corruption. **2.** Je lui ai téléphoné immédiatement pour lui dire le résultat ; il était franchement surpris. **3.** Les médias ont tendance à exagérer l'importance des petits incidents. **4.** L'un des principaux attraits de la voiture est sa fiabilité. **5.** L'affiche disait : Concert gratuit à Central Park.

NOTES PERSONNELLES :

The missing words

1. was as pleased as Punch **2.** once told me...would **3.** wouldn't dream of spending **4.** series features **5.** was leafing through

Thirty-second lesson

Journalists and politicians

1 — Hello Fred, how's life? I hear you're working free-lance these days. What's it like? (**1**) (**2**)

2 — Couldn't be better: no more rigid deadlines, no more flak from the editor, and no one going mad if you're late. (**3**)

3 What about you? Still writing a gossip column? — Not likely! I'm covering the election. (**4**)

4 — Me too. Let's swap notes. What do you think of this Pearson bloke? Seems quite liberal. (**5**)

5 — He's dyed-in-the-wool conservative, but he'll climb on the disarmament bandwagon (**6**)

6 if he thinks it will win him another few votes. He makes no bones about it — he admits it openly (**7**)

NOTES

Puisque cette leçon traite surtout des expressions très idiomatiques (néanmoins courantes), nous sommes obligés de fournir des notes assez complètes. Qu'on ne nous en tienne pas rigueur : perfectionnement oblige !

(**1**) *How's life?* ou bien, *How are things?* sont deux formules familières, mais courantes, de salutation ; elles sont plutôt britanniques. En américain, on entend couramment *How are you doing?* Attention au registre.

(**2**) *A free-lance* = un indépendant, plutôt dans le journalisme ou les professions créatives. L'expression trouve ses origines dans les mercenaires moyenâgeux qui vendaient leurs services et armes (*lance*) au plus offrant.

(**3**) Nous avons hérité le mot *flak* de la deuxième guerre mondiale ; c'est l'abréviation allemande de « Flugab-

Trente-deuxième leçon

Les journalistes et les hommes politiques

1 — Salut, Fred comment vas-tu ? J'ai entendu dire que tu travaillais en indépendant maintenant. C'est comment ?
2 — On ne peut mieux : plus de délais rigides, plus de critiques du rédacteur, et personne qui s'énerve si tu es en retard.
3 Et toi ? Toujours échotier ? — Penses-tu ! Je couvre l'élection.
4 — Moi aussi. Echangeons nos notes. Que penses-tu de ce type, Pearson ? Il paraît assez libéral.
5 — C'est un conservateur pur et dur, mais il se rangera du côté du désarmement
6 s'il pense que ça lui fera gagner quelques voix de plus. Il ne s'en cache pas — il le dit ouvertement.

NOTES (suite)

wehrkanone » (la DCA). Nous le retrouvons surtout aux E-U pour indiquer des critiques à l'égard de quelqu'un ou de quelque chose. *The Treasury Secretary's plan took a lot of flak* = le projet du ministre des finances a été durement critiqué. Dans le jargon politico-journalistique, *a flak* est un attaché de presse, car c'est lui qui doit défendre son « patron » contre les attaques des journalistes.

(4) *To gossip* = raconter des ragots. *They're always gossiping about their neighbours* = Ils cassent toujours du sucre sur le dos de leurs voisins, ou bien : *He's a terrible gossip* = C'est un vrai potinier. *A gossip column* = une chronique mondaine. *A gossip columnist* = un échotier.

(5) *To swap* = échanger. *After the match, the two teams swapped shirts* = Après le match, les deux équipes ont échangé leurs maillots. *To swap notes :* comparer les expériences. *A bloke* = un « type » en anglais G-B ; en anglais E-U on dirait *a guy.*

(6) *To dye* = teindre (attention à l'orthographe : *to die* = mourir). *He's a dyed-in-the-wool...* = C'est un ... convaincu, pur et dur. A l'origine, le commerce de la laine (*wool*) : les fils qui étaient teints avant la fabrication des vêtements gardaient mieux leur couleur. *A bandwagon* = un mouvement politique à la mode.

(7) *To make no bones about something* = ne pas mâcher ses mots.

7 — What about Masters, the Christian Democrat? He's above board, isn't he? (**8**)
8 — Not on your life! He was involved in that slush fund affair with that big firm. (**9**)
9 He was in political limbo for a few years, but even that doesn't make one iota of difference. (**10**)
10 No one will go near him: his name's mud. — I see. Well, Hamilton seems honest enough. (**11**)
11 — You've got a short memory, haven't you? Do you remember the last election?
12 He proposed a Bill to change the electoral boundaries so that his party would be re-elected.
13 — But that's blatant gerrymandering!
— Dead right. And what's more, he never accepts any responsability. (**12**)

NOTES (suite)

(**8**) *To be above board* = être honnête, au-dessus de tout soupçon. *A board* = une planche. Les planches en question formaient le pont des voiliers ; ceux qui étaient au-dessus : les officiers (donc les gens honnêtes), comparés aux pauvres marins qui galéraient dans les cales... *the board* d'une société = le conseil d'administration. Aucun rapport !

(**9**) *Slush* = la neige fondue. Et encore sur les mers : les cuisiniers de la marine gagnaient de l'argent en vendant la graisse de viande pour fabriquer des bougies. Ce n'était pas très légal, mais... la graisse s'appelait *slush. A slush fund* est devenu l'appellation de la caisse noire de certains partis politiques ou grandes sociétés.

7 — Et Masters, le Démocrate chrétien ? Il est au-dessus de tout soupçon, n'est-ce pas ?
8 — Jamais de la vie ! Il a été mêlé à cette affaire de pots-de-vin avec cette grande entreprise.
9 Il a été oublié politiquement pendant quelques années, mais cela ne change rien quand même.
10 Personne ne le suivra : sa réputation est fichue.
— Je vois. Alors, Hamilton semble assez honnête.
11 — Tu as la mémoire courte, hein ? Tu te souviens de la dernière élection ?
12 Il a proposé une loi pour modifier les limites des circonscriptions afin que son parti soit réélu.
13 — Mais c'est du truquage électoral flagrant ! — Tu l'as dit. Et qui plus est, il n'accepte jamais une responsabilité quelconque.

NOTES (suite)

(**10**) *Limbo* = les limbes (endroit où vont les âmes non baptisées). *To be in limbo :* être aux oubliettes. *It doesn't make one iota* (aï-ota) *of difference* = Ça ne change strictement rien. L'expression viendrait d'un débat philosophique du 4e siècle, où deux doctrines similaires s'opposèrent ; l'une s'appelait Homo-ousion et l'autre Homoi-ousion. La différence ? La lettre *i* (iota, i grec). Comme on dit en anglais : *" Plus cela change, plus c'est la même chose "...*

(**11**) *If you tell him my secret, your name will be mud* = Si tu lui trahis mon secret, ta réputation est finie. Bien que *mud* veuille dire la boue, l'expression a des origines plus complexes : après que James Wilkes Booth eût assassiné le Président Lincoln lors d'une représentation théâtrale, il se blessa à la jambe en s'enfuyant. Naturellement il s'en alla chercher un médecin : un certain Dr Samuel Mudd. Le fait que Lincoln était un président très populaire fit que toute personne ayant eu commerce avec l'assassin fut vilipendée, y compris le pauvre Dr Mudd.

(**12**) Encore un mot politique, qui revient chaque fois qu'il y a une élection : *to gerrymander* est la pratique qui consiste à modifier les limites des circonscriptions pour s'attirer un nombre de voix plus élevé. Un homme politique américain du 18e siècle, Elbridge Gerry, utilisait cette pratique couramment. Un dessinateur remarqua que la forme d'une de ses nouvelles circonscriptions ressemblait à une salamandre, donc il fit un dessin de cet animal avec la tête de Gerry. La bête fut baptisée... *a gerrymander.*

14 He'll always pass the buck or look for a scapegoat. (**13**)
15 — Oh Lord! Well, who's left? — Not much, old chum. There's a new Ecology candidate. By and large, he's OK.
16 — He's a dark horse. No one's been able to sound him out, but he's not got the clout. (**14**)
17 — No, my young friend, it's Hobson's Choice! (**15**)

18 A young politician was standing with his wife, staring up at the night sky.
19 — What a beautiful moon!, sighed the wife.
— Yes, replied her ambitious husband, — and it is in my constituency.
20 Winston Churchill once said that democracy was a very bad system, but no one had been able to show him a better one.
21 On the desk of the President of the United States, in the Oval Office at the White House, is a sign.
22 It says — The buck stops here.

NOTES (suite)

(**13**) *To pass the buck :* transmettre la responsabilité à quelqu'un d'autre. Dans les parties de poker dans l'ouest des E-U, celui qui devait distribuer les cartes avait devant lui un morceau de gros plomb (*buckshot*) ; lorsqu'il perdait le droit de distribuer, il passait les cartes — et le gros plomb — à quelqu'un d'autre. A l'Est, où l'on était plus sophistiqué, on remplaçait le *buck* par un dollar en argent, et depuis ce temps la monnaie américaine s'appelle familièrement... *a buck*. (Maintenant vous comprendrez sans problème l'astuce dans la phrase 22.)

14 Il la fourguera à quelqu'un d'autre ou il cherchera un bouc émissaire.
15 — Oh Seigneur ! Et alors, qui reste-t-il ? — Pas grand-chose, mon vieux. Il y a un nouveau candidat écologiste. En gros, il est correct.
16 — C'est un inconnu. Personne n'a pu le sonder, mais il n'a aucune influence.
17 — Non, mon jeune ami, c'est bonnet blanc et blanc bonnet.

18 Un jeune politicien et sa femme contemplaient le ciel nocturne.
19 — Quelle belle lune !, soupira la femme. — Oui, répliqua son ambitieux mari, — et elle est dans ma circonscription.
20 Winston Churchill a dit que la démocratie était un très mauvais système, mais que personne n'avait pu lui en montrer un qui soit meilleur.
21 Sur le bureau du Président des E-U, dans le bureau ovale à la Maison Blanche, il y a un petit panonceau.
22 Il dit : La responsabilité s'arrête ici.

NOTES (suite)

(**14**) *A dark horse* : un inconnu, un personnage mystérieux. *To clout* est un verbe argotique pour : donner un coup de poing. On le retient (surtout aux E-U) pour indiquer l'influence. *He's got a lot of clout* = *He's very influential* = Il est très influent.

(**15**) *It's Hobson's choice* = C'est bonnet blanc et blanc bonnet. Au 17e siècle, Thomas Hobson, un natif de Cambridge, louait des chevaux. Il les louait tour à tour afin que les bêtes pussent se reposer entre deux tâches ; donc celui qui louait se voyait allouer le cheval qu'avait choisi Mr Hobson : il n'avait pas le choix.

EXERCISES 1. Never listen to gossip, it may be about you. **2.** — Hi, Miko, how are you doing? — Couldn't be better. **3.** — Is Wilson above board? — Not on your life! He's a crook! **4.** Lord, you've got a short memory! **5.** — Who's left? — There's the Republican candidate, but he's a dark horse. **6.** His name's mud.

***

Fill in the missing words

1. *C'est un conservateur pur et dur..*

He's a . . . . - . . - . . . - . . . . conservative.

2. *Cela ne fait strictement aucune différence.*

It doesn't make . . . .

3. *Le Président ne peut pas se débarrasser de la responsabilité.*

The President . . . ' . . . .

Thirty-third lesson

The language of the media

1 Many of the words and expressions used in popular papers are in fact a form of shorthand.

2 Luckily the famed ASSIMIL method keeps its finger on the pulse of media jargon to bring you this collection of gems. (**1**)

NOTES

(**1**) Là, nous empruntons certaines expressions très courantes de la presse journalière : on a tendance à utiliser *famed* au lieu de *famous* pour célèbre (à proscrire) ; *the pulse* = le pouls, *to take the pulse* (prendre le pouls) peut être employé au sens figuré

Exercices 1. N'écoutez jamais de ragots, ça pourrait vous concerner. **2.** — Salut, Mike, comment vas-tu ? — On ne peut mieux ! **3.** — Est-ce que Wilson est honnête ? — Jamais de la vie ! C'est un escroc ! **4.** Seigneur, que tu as la mémoire courte ! **5.** — Qui reste-t-il ? — Il y a le candidat républicain, mais c'est un inconnu. **6.** Sa réputation est fichue.

***

4. *Le rapporteur de la Commission du Sénat est très influent.*

The Chairman of the Senate Commitee . . . .

. . . . .

5. *Ils sont cassés tous les deux. C'est bonnet blanc et blanc bonnet.*

Both of them are broken. . . ' . . . . ' . . . . . .

The missing words

1. dyed-in-the-wool **2.** one iota of difference **3.** can't pass the buck **4.** has a lot of clout **5.** It's Hobson's choice.

Trente-troisième leçon

Le langage des medias

1 Beaucoup des mots et expressions utilisés dans la presse populaire sont en fait une sorte de sténographie.

2 Heureusement, la célèbre méthode ASSIMIL garde son doigt sur le pouls du jargon médiatique pour vous apporter cette collection de perles.

NOTES (suite)

pour mesurer une situation. *To keep a finger on the pulse* = se tenir au courant. *A gem* est littéralement une pierre précieuse (une gemme) ; on l'emploie couramment pour faire des compliments : *He's a gem of a husband* = C'est la crème des maris.

3 We asked the man in the street what he thought of the idea, and he gave the green light to our exposé. (**2**)

4 Simpler words like " to kill " and " a fire " are overlooked in favour of " to slay " and " a blaze ".

5 The Opposition does not criticize government policies, it slams them (**3**)

6 and projects are axed and shelved rather than being cancelled or postponed.

7 Pundits and gurus give their expert opinions on every topic under the sun. (**4**)

8 An attractive lady who has left her husband does not ask her new companion to marry her; instead we read:

9 The shapely divorcee pops the question to her live-in lover (**5**)

10 (no doubt in their love nest in London's posh West End, where once they are wed, they will live happily ever after). (**6**)

NOTES (suite)

(**2**) *What does the man in the street think of the proposals?* = Et que pense l'homme de la rue des propositions ? *To give the green light to* nous rappelle notre : donner le feu vert à ; nous trouvons aussi *to give the go-ahead to.*

(**3**) *She stormed out of the room, slamming the door behind her* = Elle est sortie furieuse de la pièce en claquant la porte derrière elle. Dans la presse populaire, le verbe *to slam* est souvent utilisé pour : attaquer, critiquer quelqu'un.

(**4**) Encore deux mots médiatiques ; nous connaissons aussi les *gurus* (gourous), mais les Anglo-saxons ont aussi les *pundits*. Le mot vient du sanskrit *pandit* (on se souvient de *Pandit Neru*), et il signifie un sage. La presse l'utilise pour désigner un expert : *The pundits were all predicting a new devaluation* = Les experts prédisaient une nouvelle dévaluation.

3 Nous avons demandé à l'homme de la rue ce qu'il pensait de l'idée et il a donné le feu vert à notre exposé.
4 Des mots plus simples comme « to kill » (tuer) et « a fire » (un incendie) sont négligés pour « to slay » et « a blaze ».
5 L'Opposition ne critique pas la politique du gouvernement, elle lui tape dessus,
6 et des projets sont « coupés à la hache » et « mis sur une étagère » plutôt que d'être annulés ou reportés.
7 Les pontes et les gourous donnent leur opinion d'experts sur tous les sujets du monde.
8 Une jolie femme qui a quitté son mari ne demande pas à son nouveau compagnon de l'épouser : à la place nous lisons :
9 La divorcée bien galbée pose **LA** question à son concubin chéri
10 (sans doute dans leur nid d'amour dans le chic West End de L, où une fois mariés, il vivront heureux pour toujours).

NOTES (suite)

(**5**) *Shapely* (de *shape* = forme) bien fait, joli ; *to pop the question* est une expression populaire pour demander en mariage (la question étant *will you marry me?* = Veux-tu m'épouser ?).

(**6**) *Posh* est un adjectif assez courant qui signifie chic. *We went to this really posh restaurant* = Nous sommes allés dans ce restaurant vraiment chic. Le mot remonte à la colonisation anglaise des Indes : lorsque les dames prenaient le bateau pour aller rendre visite à leurs époux, elles préféraient voyager du côté bâbord à l'aller (**P***ort* **O***utward*), et du côté tribord pour le retour (**S***tarboard* **H***ome*), ceci étant le moyen de rester plus à l'abri de la chaleur. On marquait donc *POSH* sur le billet. Le reste est de l'histoire... (*to wed* est un vieux verbe pour se marier ; la presse l'utilise souvent car il est plus court que *to marry*).

11 A tense situation becomes a cliff-hanging drama, and, if a disaster occurs on, say, a Monday, that day becomes Black Monday. (**7**)

12 Even the most mundane events of everyday life get the treatment: eating and drinking for example: (**8**)

13 Diners tuck into four-course meals and wash them down with wine — or the traditional cuppa. (**9**)

14 While planes plummet from the skies and buildings blaze, you may feel like reaching for the quality papers;

15 but although they are more low-key than their mass circulation rivals, they can still give you indigestion. (**10**)

16 Questions that are important are described as key issues, and discoveries become breakthroughs.

17 An important event is hailed as a milestone, information is leaked to the media... and you turn on the television! (**11**)

18 Seriously, though, media English is all-pervasive: one must remember that Britain reads more newspapers than almost any other nation.

NOTES (suite)

(**7**) Expression imagée que ce *cliff-hanging* ; on est littéralement suspendu en haut d'une falaise par le bout des doigts. Un feuilleton à suspense s'appelle *a cliff-hanger*.

(**8**) *Mundane* : ce mot nous rappelle le français : mondain. Bien que le sens premier soit : qui a trait au monde terrestre (par opposition au monde spirituel), le sens le plus courant est : banal, ordinaire. Ex. : *you*

11 Une situation tendue devient un drame insoutenable, et si un désastre a lieu disons un lundi, ce jour devient le Lundi Noir.

12 Même les occupations les plus banales de la vie quotidienne reçoivent le traitement : manger et boire, par exemple :

13 Les convives s'empiffrent de repas à quatre plats et les arrosent de vin — ou de la traditionnelle tasse de thé.

14 Pendant que les avions tombent en chute libre des cieux et que les bâtiments s'enflamment, vous aurez peut-être envie de chercher les journaux sérieux ;

15 or, bien qu'ils soient un petit peu plus modérés que leurs concurrents à grand tirage, ils peuvent néanmoins vous donner une indigestion.

16 des questions importantes deviennent les dossiers clés, et les découvertes deviennent des percées.

17 Un événement important est salué comme une date historique, l'information fuit vers les médias... et vous allumez la télévision !

18 Soyons sérieux, l'anglais des médias est omniprésent : il faut se rappeler que la GB lit davantage de journaux que presque tout autre pays.

NOTES (suite)

shouldn't talk about something so mundane as prices (vous ne devriez pas parler de quelque chose d'aussi banal que les prix). Attention : pour traduire l'adjectif français : mondain (qui se rapporte à la « haute » société), l'anglais devra utiliser une périphrase : évoluer dans un milieu mondain = *to move in fashionable circles* ; elle mène une vie mondaine = *She has a busy social life.*

(**9**) *To tuck into* = expression populaire pour manger avec appétit. *A cuppa* est aussi une expression populaire, sorte d'éllipse de *a cup of tea* (écoutez bien nos exercices pour d'entendre comment le mot *of* est escamoté). Et, comme en Angleterre une tasse ne peut contenir que du thé, on n'a pas besoin de préciser *a cuppa what?*

(**10**) *Low-key* : l'expression vient de la musique, ou *key* est le ton, et signifie discret, profil bas (on peut aussi dire *low profile*).

(**11**) *A milestone* = une borne kilométrique. Maintenant, le mot n'est employé qu'au figuré : une étape historique.

19 Many of the words and expressions are clichés, but journalists write to strict deadlines (**12**) (**13**)
20 and often do not have the time for creative writing.
21 So, if you want to keep a finger on the pulse of today's key issues,
22 sit down and read all the news that's fit to print. (**14**)
23 Marylin Monroe said to a friend: — I told the Los Angeles Times that I wanted a house, a garden, a husband and at least six kids.
24 — Heavens!, said her friend, what made you say a silly thing like that?
25 — The publicity department, replied the film star.

NOTES (suite)

(**12**) *A cliché* (dans le sens d'un lieu commun) n'a pas besoin de revendiquer sa parenté ; par contre, il peut aussi se trouver dans une forme verbale *to become clichéd* (pron. kleeshayd).

(**13**) *A deadline* est un mot très utile, venu du journalisme : c'est un délai (de remise d'article) mais son sens est plus répandu. *Can you meet the Monday deadline with that report?* = Peux-tu respecter le délai de lundi pour ce rapport ? (Rappelons que *a delay* = un retard.)

(**14**) *All the news that's fit to print* est le slogan du *New York Times* (inventé par son fondateur Adolph Ochs).

***

EXERCISES 1. Politicians seem to have no respect for the views of the man in the street **2.** — Would you like a nice cup of tea? — That would be nice. **3.** We've shelved the project for the time being because of a lack of funds. **4.** She can talk about any subject under the sun — and she frequently does. **5.** The wedding was a very low-key affair; we didn't want to invite too many people.

19 Beaucoup des mots et expressions sont des lieux communs, mais les journalistes écrivent dans des délais très serrés
20 et n'ont souvent pas le temps d'écrire de façon créative.
21 Donc si vous voulez gardez votre doigt sur le pouls des dossiers clés d'aujourd'hui,
22 asseyez-vous et lisez toutes les nouvelles qui sont dignes d'être imprimées.
23 Marylin Monroe dit à une amie : — J'ai dit au Times de Los Angeles que je voulais une maison, un jardin, un mari et au moins six gosses.
24 — Mon Dieu ! dit son amie, qu'est-ce qui t'a fait dire une bêtise pareille ?
25 — Le service de presse, répondit la star.

Exercices 1. Les hommes politiques semblent ne pas avoir de respect pour l'opinion du citoyen ordinaire. **2.** — Voulez-vous une bonne tasse de thé ? — Quelle bonne idée. **3.** Nous avons classé le projet pour le moment à cause d'un manque de fonds. **4.** Elle peut parler de n'importe quel sujet — et elle le fait fréquemment. **5.** Le mariage a été très discret ; nous ne voulions pas inviter trop de monde.

Fill in the missing words

1. *Le ministre a donné le feu vert au projet.*

   The .... has ....-..... to the project.

2. *La découverte de la pénicilline fut un grand événement dans la vie de Fleming.*

   The .... of penicillin was a .... in Fleming's life.

3. *Nous sommes obligés de respecter le délai ; je l'ai promis au rédacteur.*

   We have .. ..; I promised the editor.

Thirty-fourth lesson

Headlines (N4)

1 Now that you understand the language of newspaper articles, let's look at the words in large print — the headlines; (**1**)

2 these often prove ten times more difficult to understand than the article underneath!

3 Since space is at a premium in a newspaper, headline writers tend to use short words (**2**)

4 or to give ordinary words a sense that they do not usually have in everyday speech.

NOTES

(**1**) *To print :* On utilise également *print* en typographie : *large-print books* = des livres imprimés en gros caractères (pour les mal-voyants, par exemple). Une

4. *Peut-être auriez-vous envie d'aller vous promener tout à l'heure ?*

You ... . for a walk later on.

5. *Nous lui avons demandé ce qu'il pensait de l'idée.*

We .... he .... of the idea.

The missing words

1. Minister...given the go-ahead **2.** discovery...milestone **3.** to meet the deadline **4.** may feel like going **5.** asked him what...thought

Trente-quatrième leçon

Les titres des journaux

1 Maintenant que vous comprenez le langage des articles de journaux, regardons les mots en gros caractères, c'est-à-dire les titres ;
2 ceux-ci s'avèrent souvent dix fois plus difficiles à comprendre que l'article au-dessous !
3 Puisque l'espace dans un journal est précieux, les auteurs des titres ont tendance à employer des mots courts
4 ou à donner aux mots ordinaires un sens qu'ils n'ont pas dans le langage de tous les jours.

NOTES (suite)

expression qui est fréquemment employée quand on a affaire à des documents officiels est *Read the small print* = Faites attention aux petits détails (ce qui est imprimé en petits caractères). Dans le domaine de l'art, *a print* est une estampe ou une gravure.

(**2**) *At a premium* = de grande importance. *Space is at a premium in the cockpit of an aircraft* = L'utilisation de l'espace est primordiale dans le poste de pilotage d'un avion.

5 So, for example, a word like **drama** is frequently used when describing a tense or dangerous situation;

6 HOSTAGE DRAMA NEARS END tells us that the situation that led to hostages being taken is coming to an end, (**3**)

7 possibly because of negotiations, ransom payments, etc. (Remember that the point of a headline is to give basic information.)

8 A word like **haul** will mean something of value that has been taken by robbers or recovered by the police. (**4**)

9 POLICE MAKE RECORD DRUGS HAUL (the police have confiscated a record amount of drugs) or MILLION-POUND HAUL IN STORE HOLD-UP.

10 Another key word (incidentally, **key** is a headline favourite) is the verb **to hit,** meaning to affect badly.

11 SOUTH HIT BY WATER SHORTAGE or PLANS HIT BY SPENDING CUTS; in these two examples, the South of the country

12 and the government's plans were negatively affected by different factors.

13 Another trick employed by headline writers in an effort to reduce words is to cut grammar

NOTES (suite)

(**3**) *Drama* = le drame (ou l'art dramatique) : *He takes drama classes at the Fischer School* = Il suit des cours d'art dramatique à l'école Fisher. Le mot est très courant dans les titres de journaux. (Remarquez aussi l'utilisation de l'adjectif *near* comme verbe : *The project is nearing conclusion* = Le projet touche à sa fin).

5 Ainsi, par exemple, un mot comme **drama** est souvent employé pour décrire des situations tendues ou dangereuses :

6 LE DRAME DES OTAGES TOUCHE A SA FIN nous dit que la situation qui a provoqué la prise d'otages arrive à sa fin,

7 peut-être à cause des négociations, le paiement d'une rançon, etc. (Rappelez-vous que le but d'un titre est de donner des informations essentielles.)

8 Un mot comme **haul** aura le sens de quelque chose de valeur qui a été pris par des voleurs ou récupéré par la police.

9 PRISE EXCEPTIONNELLE DE DROGUE PAR LA POLICE (la police a confisqué une quantité record de drogue) ou BUTIN D'UN MILLION POUR UN HOLD-UP DANS UN MAGASIN.

10 Un autre mot-clé (à propos, **key** est très prisé dans les titres) est le verbe **to hit**, qui veut dire : avoir une influence négative :

11 LE SUD TOUCHÉ PAR UNE PÉNURIE D'EAU ou LES PROJETS FRAPPÉS PAR DES RÉDUCTIONS DE DÉPENSES ; dans ces 2 exemples, le Sud du pays

12 et les projets du gouvernement ont subi l'influence négative de différents éléments.

13 Une autre astuce utilisée par les faiseurs de titres afin de réduire le nombre de mots est de restreindre la grammaire

NOTES (suite)

(4) *To haul* vient de notre verbe haler. L'utilisation de *a haul* dans ce domaine vient de la pêche : un coup de filet (nous trouvons la même utilisation en français : *The police made a good haul* = La police a fait un bon coup de filet). La différence est que le *haul* en question peut être ce qui est capturé ou ce qui est volé ! *The thieves got away with a large haul of diamonds* = Les voleurs se sont enfuis avec un butin important de diamants. On trouve aussi ce mot pour décrire des vols... d'avion : *a long-haul/short-haul flight* = un vol long/moyen courrier.

14 down to its barest essentials, removing anything that could possibly be dead wood. (**5**)

15 The first victim is the verb **to be** in its various conjugations,

16 and especially when it is used to form continuous tenses. Although you or I would say, for example :

17 The Prime Minister is visiting the Soviet Union, the headlines would tell us that PREMIER VISITS MOSCOW. (**6**)

18 Moreover, if there is no danger of misunderstanding, **to be** is left out altogether!

19 STOCKMARKET BEARISH or CHILDREN HEALTHIER IN NORTH, SAYS GP. (**7**) (**8**)

20 Is everything clear? Right. Now read this:

21 HI-TECH FIRM SHARE PRICE CRASH. Don't panic; try reading it backwards. (**9**)

22 The article is about a sharp drop (crash) in the price of shares issued by a company working in the advanced technology sector.

NOTES (suite)

(**5**) *To reduce something to its barest essentials* = réduire au minimum (*bare* = nu — voir leçon 5 note 5). *In Redwood's new film, dialogue has been reduced to its barest essentials* = Dans le dernier film de Redwood, le dialogue est réduit au strict minimum. *Dead wood* = bois mort ; au figuré, tout ce qui est superflu.

(**6**) Le dirigeant politique d'une nation (qu'il s'agisse du Premier ministre ou du président) se dit *the Premier* (avec ou sans majuscule) dans les médias : *the Soviet premier, the British premier,* etc. Nous connaissons tous l'habitude d'utiliser une ville pour représenter un pays.

14 à l'essentiel, en supprimant tout ce qui pourrait être superflu.

15 La première victime est le verbe **to be** dans ses conjugaisons diverses,

16 et surtout quand il est utilisé pour former les temps progressifs. Bien que vous et moi disions, par exemple,

17 Le Premier Ministre se rend en URSS, les titres nous diraient que LE PREMIER (MINISTRE) VISITE MOSCOU.

18 D'ailleurs, s'il n'y a pas danger de contre-sens, on omet carrément **to be** !

19 LA BOURSE EN BAISSE ou LES ENFANTS PLUS SAINS DANS LE NORD, DIT UN GÉNÉRALISTE.

20 Tout est clair ? Bien. Maintenant, lisez ceci :

21 CHUTE DES ACTIONS D'UNE SOCIÉTÉ DE HAUTE TECHNOLOGIE. Ne paniquez pas ; essayer de lire « à l'envers ».

22 L'article parle d'une chute brutale (*crash*) du prix des actions émises par une société qui travaille dans le secteur de la haute technologie.

NOTES (suite)

(7) Nous avons déjà vu le sens de *bull* et *bear* dans le contexte boursier (Leçon 13 note 8). *Stockmarket* s'écrit de plus en plus en un seul mot en anglais GB (mais pas en anglais EU).

(8) *A GP = a general practitioner* (médecin généraliste). L'abrévation est anglaise, l'équivalent EU étant *MD,* l'expression latine pour docteur en médecine. On utilise souvent les initiales *GP* en Grande-Bretagne pour parler de son médecin : *My GP told me to go on a diet* = Mon médecin m'a ordonné de suivre un régime.

(9) Eh oui, la logique est là si on la cherche bien. Mettons le titre « en toutes lettres » : *A CRASH IN THE PRICE OF SHARES OF A HIGH-TECHNOLOGY COMPANY* (chute des actions d'une société de haute technologie). Commençons à la fin : *a crash* ; de quoi ? Des prix (*price crash*) ; chute des prix de quoi ? Des actions (*share price crash*) ; les actions de quelle sorte de société ? D'une société de haute technologie (*high-tech firm share price crash*). Au début, ça paraît laborieux mais on s'y fait ! Il faut suivre cette procédure : commencer à la fin et revenir au début du titre.

23 The trick is really to go to the end of the headline and to read it from the last word backwards. Try this one:

24 KEY WONDER DRUG TRIAL tells us that the article is about a vital (or key) trial involving a highly effective medicine. (**10**)

25 But is that a legal trial or a test? Remember that editors and writers sometimes leave headlines deliberately ambiguous

26 in an attempt to intrigue the reader and to make him want to read the article. (**11**)

27 One very popular device is the joke headline, a frequent failing especially in the popular press.

28 If a heavy snowfall affects (or hits) public transport, the journalist would be tempted to write SNOW JOKE. (**12**)

29 If this happens around mid-December, you will read WHITE CHRISTMAS ON THE CARDS. (**13**)

30 Joke headlines are a matter of taste (or lack of it); but we mentioned them because we don't want you to be left out in the cold.

NOTES (suite)

(**10**) En effet *a trial* peut être ou un procès ou un essai. *The frigate is currently undergoing sea trials* = La frégate suit un programme d'essais en mer. (On utilise aussi *tests* dans ce contexte : *in-flight tests* = des essais en vol). Le contexte vous l'indiquera, mais comme nous vous l'expliquons dans le texte, les titres sont souvent « aguichants » pour inciter les lecteurs à lire l'article. Avis aux initiés !

23 La véritable astuce consiste à aller à la fin du titre et, commençant par le dernier mot, à lire « à rebours ». Essayez celui-ci :

24 PROCÈS CLÉ A PROPOS D'UN MÉDICAMENT MIRACLE nous dit qu'il s'agit d'un procès vital (ou clé) qui concerne un médicament très efficace.

25 Mais s'agit-il d'un procès ou d'un essai ? Rappelez-vous que les rédacteurs et journalistes font parfois exprès de laisser ambigus leurs titres

26 afin d'intriguer le lecteur, et de lui donner envie de lire l'article.

27 Un article très prisé est le « titre-plaisanterie », une faiblesse courante dans la presse populaire.

28 Si une chute de neige sévère touche (ou frappe) les transports en commun, le journaliste serait tenté d'écrire *SNOW JOKE*.

29 Si cela arrive à la mi-décembre, vous lirez NOEL BLANC PRÉVU.

30 Les « titres-plaisanteries » sont une question (ou absence) de goût ; nous les avons mentionnés pour ne pas vous laisser « dans le froid ».

NOTES (suite)

(**11**) Un problème de genres que nous avons évoqué dans les Leçons 15 et 21. Dans cette phrase, nous aurions pu dire... *to intrigue readers and make them,* etc., mais lorsqu'on utilise un singulier (plus littéraire), nous sommes obligés de choisir le genre de l'adjectif possessif, et nous faisons comme le français, nous utilisons le masculin. Pour les raisons conjoncturelles que nous expliquons dans les leçons sus-citées, ce type de tournure est moins utilisé de nos jours (on choisit le pluriel).

(**12**) Si on prononce vite *It's no joke* (ce n'est pas drôle), on entend : *s'no joke,* et de là à faire *snow joke,* il n'y a qu'un (faux) pas ! Ce genre de jeu de mots est assez fréquent dans la presse anglaise et américaine (et pas seulement dans les journaux populaires).

(**13**) *A royal wedding is on the cards* = Un mariage royal est à prévoir. Les cartes en question sont les cartes des diseuses de bonne aventure. Le jeu de mots ici consiste à faire le rapprochement entre les prévisions météo pour un Noël enneigé (*white Christmas* : voir le film du même titre) et... les cartes de Noël. Nous vous l'accordons, ce n'est pas très fin mais voilà un bel exemple d'économie de mots !

EXERCISES 1. I'm afraid the book is out of print, sir. **2.** When's he going to retire? He must be nearing his seventieth birthday! **3.** The Eastern seaboard States were badly hit by Hurricane Betty. **4.** The Chairman insists that marketing reports be reduced to the barest essentials: no dead wood. **5.** We have to stick to the schedule since time is at a premium. **6.** The aim of a headline is to intrigue readers and make them want to read the article.

***

Headline interpretation

Nous allons changer un petit peu nos habitudes : vous allez mettre en pratique les enseignements de cette leçon et de la leçon 35 note 4. Nous vous donnons ci-dessous 5 titres, et nous vous demandons de deviner (et de noter) le contenu des articles selon leur titre.

1 PREMIER DETENTE BID LEAVES SOVIETS COLD

. . . .

2 BRITON HELD AFTER MAJOR DRUGS HAUL

. . . .

3 ENERGY CHIEF QUITS CABINET

. . . .

4 ROYALS IN EARTHQUAKE DRAMA

. . . .

5 SUPER FRIGATE SEA-TRIAL DISASTER HITS DEFENCE SPENDING

. . . .

Exercices 1. Je suis désolé, monsieur, mais ce livre (est épuisé). **2.** Quand va-t-il prendre sa retraite ? Il doit approcher de son soixante-dixième anniversaire ! **3.** Les Etats côtiers de l'est ont été durement touchés par l'ouragan Betty. **4.** Le Président insiste pour que les rapports de marketing soient réduits au minimum : pas de superflu. **5.** Nous devons respecter le planning puisque le temps est d'une importance capitale. **6.** Le but d'un titre de journal est d'intriguer les lecteurs et de leur donner envie de lire l'article.

Headline interpretation

Nous vous présentons la version « complète » en anglais avec la traduction française :

1. ATTEMPT BY PRIME MINISTER TO ENCOURAGE DETENTE DOES NOT IMPRESS SOVIET OFFICIALS (Le premier ministre a tenté un rapprochement entre son pays et l'URSS, mais les dirigeants soviétiques ne se sont pas laissé impressionner.)
2. BRITISH CITIZEN DETAINED BY POLICE FOLLOWING THE SEIZURE OF A LARGE QUANTITY OF DRUGS (Un citoyen britannique est détenu par la police à la suite d'une importante prise de drogue.)
3. MINISTER IN CHARGE OF ENERGY POLICY RESIGNS HIS CABINET POST (Le ministre de l'énergie démissionne du conseil des ministres.)
4. MEMBERS OF THE ROYAL FAMILY ARE INVOLVED IN A TENSE SITUATION DURING AN EARTHQUAKE (Des membres de la famille royale se sont trouvés dans une situation difficile lors d'un tremblement de terre.)
5. DEFENCE SPENDING PLANS ARE AFFECTED BY THE DISASTER THAT OCCURRED DURING SEA-TRIALS TO A POWERFUL NEW FRIGATE (Les projets de défense ont été affectés par le désastre qui est survenu à une nouvelle et puissante frégate lors des essais en mer.)

Thirty-fifth lesson

REVISION AND NOTES

1. Comme nous l'avons vu, l'anglais et le français ont beaucoup en commun, aussi bien pour les expressions (nous avons vu, par exemple, à la leçon 32 *scapegoat* = bouc émissaire) que pour l'origine des mots. Nous voyons ici le mot *staple,* qui vient de notre : étape et qui illustre un phénomène intéressant. Lorsqu'en français moderne nous avons des mots qui commencent par ét-, il suffit parfois de remplacer la voyelle par un « s » (présent en vieux français) pour retrouver le mot anglais. Voici quelques exemples :

étranger = *stranger*
étable = *stable*
étole = *stole*
étal = *stall*

Et même quand on ne retrouve pas exactement le mot, on s'en approche (épier = *to spy*; état = state ; etc.)
Un autre cas, toujours à propos du « s » disparu en français moderne, et remplacé par un accent circonflexe : remettons le « s » et voyons ce qui se passe :

bâtard = *bastard*
forêt = *forest*
mât = *mast*

Bien sûr, ce n'est pas systématiquement que nous retrouvons le mot anglais, mais c'est un petit « truc » de plus pour vous aider à mieux maîtriser cette langue.

2. Quelques précisions sur la voix passive. Nous savons former le **passif** avec *to be,* par exemple :
My brother **broke** *the window* = *The window* **was broken** *by my brother*
They **are painting** *the house* = *The house* **is being painted** *by them*
I **told** *Peter about it* = *Peter* **has been told** *about it by me*

Bien entendu, la raison principale de l'utilisation du passif est que l'objet (par exemple, phrase 2, *the house*) est plus important que l'agent (*them*). Normalement, l'agent ne figure pas dans ce genre de phrase.

L'anglais utilise le passif plus couramment que le français pour un certain nombre de raisons, mais l'absence d'un équivalent exact du pronom impersonnel « on » en est une des principales (voir aussi N3 ci-dessous). Dans une phrase comme : « on parle allemand », nous n'avons pas beaucoup de choix : si « on » remplace « nous », aucun problème : *We speak German ;* mais si la phrase est : « Dans cette région, on parle allemand », à moins d'y habiter soi-même, on ne peut dire *we ;* nous avons alors deux partis : soit

In that region, they speak German, soit
German is spoken in that region

Lequel choisir ? Le premier serait plus familier, le passif plus formel. Regardez encore un exemple : On aura tout fait d'ici la fin du mois = *Everything will have been done by the end of the month* (au lieu de *we,* car on ne sait peut-être pas à qui attribuer le pronom).

Un autre exemple avec « on » où l'anglais est confronté à un choix : soit utiliser le passif, soit reformuler la phrase, c'est l'emploi de : On dit que... Dans un contexte formel (exemple : On dit que ce criminel est très dangereux), on utiliserait un passif = *This criminal is said to be very dangerous.* Par contre, lorsqu'il s'agit d'un registre plus familier, le passif serait trop lourd : on dit que tu es un fin cuisinier pourrait donc se dire = *I hear that you're a wonderful cook* ou même *Apparently, you're a wonderful cook.*

Enfin, une autre construction française qui exige le passif anglais est celle formée avec « se ». Exemples : Cette voiture se vend partout en Europe, ce mot ne s'emploie pas. Regardez les équivalents anglais, puis pensez à d'autres exemples vous-même :

This car is sold throughout Europe
This word isn't used

3. One : le pronom impersonnel existe bel et bien, seulement il n'est pas très répandu, car nous préférons attribuer l'action à quelqu'un (comme nous l'avons vu plus haut). Voyons deux cas de figure :

Lorsque *one* remplace *you,* il peut paraître prétentieux voire condescendant : *One never wears black at a wedding* prend tout de suite un ton accusateur ; dit autrement *You shouldn't* (ou *mustn't*) *wear black at a wedding,* la phrase est plutôt un conseil. Regardez encore : Comment est-ce que ça s'ouvre ? = *How does one open this thing?* paraît plus précieux que *How do I open this thing?* Dans ces contextes, l'emploi de *one* a des connotations sociales ; c'est un parler qui est souvent identifié avec la grande bourgeoisie (*the upper class*), et de ce fait rarement employé dans la conversation courante.

Le deuxième cas de figure se présente lorsque l'on fait de grandes généralisations, pour lesquelles il ne serait pas approprié d'attribuer une identité au pronom ; exemple : *One should always respect authority* = On devrait toujours respecter l'autorité. Le « on » est vraiment tout le monde. *One should always recognize the importance of chance* = Tout le monde devrait reconnaître l'importance du hasard. Comme vous voyez, à partir de ces exemples, il s'agit plutôt d'un langage à la fois écrit et recherché.

Une dernière précision, qui concerne l'anglais américain (qui a moins de problèmes de classes que l'anglais britannique, et donc utilise *one* avec moins de réticence) : il s'agit d'un compromis. Si on commence une phrase avec *One...* le locuteur « précise » souvent plus tard dans la phrase avec un autre pronom : *One should always be grateful to his parents* = On devrait toujours être reconnaissant envers ses parents (alors que l'anglais britannique dirait *One should always be grateful to one's parents*). Comme pour beaucoup de choses dans ce livre, il ne s'agit pas de vous donner des règles, mais de vous expliquer les raisons de la pratique.

4. Les titres des journaux américains, mais surtout britanniques, laissent perplexes bon nombre de lecteurs. Il faut savoir que le langage utilisé est une sorte de code, dont nous vous donnons quelques éléments ci-dessous, qui a pour but de réduire autant que possible la place prise par les titres. Un effet secondaire est que, parfois, on est tenté de lire l'article au-dessous, ne serait-ce que pour comprendre le titre !

Sachez d'abord que certains mots sont choisis pour leur faible longueur ; ainsi *to hit* remplace *to affect, to damage, to upset ; to axe* (*ax* en américain) remplace *to cancel, to dismiss ;* etc.
D'autres mots préférés des journalistes sont : *a blaze* pour a *fire* (incendie) ; *a pact* pour *agreement* (accord) ; *a poll* pour *election ; a probe* pour *investigation ; to slam* pour *to criticize ; a supremo* pour *person in charge, minister* (le responsable d'une activité, qu'il soit un politicien ou un particulier) ; *to/ a bid* pour *to/an attempt* (tenter, une tentative). (Pour voir ces mots en pratique, regardez le dernier exercice de la leçon 34.) Il est clair que l'on s'habitue très vite à ce mode, mais il faut garder à l'esprit le fait que ces mots « journalistiques » ne sont pas toujours précis et souvent ne donnent qu'une notion du contenu de l'article.
D'autre part, les titres ont peu de respect pour les règles de grammaire. Tout d'abord, il n'y a quasiment pas d'articles définis ou indéfinis. En outre, le verbe *to be* est presque systématiquement omis (sauf là où il y a un risque de contre-sens). Par ailleurs, certains mots que nous avons l'habitude d'utiliser à la forme nominale se retrouvent à la forme verbale (voir *near/to near* à la phrase 6). Cette habitude est déjà déroutante lorsque le verbe est à la 3e personne (c'est-à-dire prend un *s*), mais à d'autres formes, il s'avère parfois impénétrable à première vue. Regardez : *TORIES HEAD CRASH PROBE.* Ici, il faut savoir que *to head* est utilisé pour signifier : diriger, mener. Notre phrase « au complet » serait : *CONSERVATIVES ARE IN CHARGE OF INVESTIGATION INTO CRASH* (les Conservateurs mènent l'enquête sur la collision).

Un autre exemple : *to top* = dépasser. *BRAZILIAN DEBT TOPS 30 BILLION* (La dette brésilienne dépasse les 30 milliards) est plus clair que *AMERICANS TOP TOURIST POLL* (les Américains sont en tête du palmarès des touristes).
Le plus difficile, nous l'avons vu, est lorsque le titre est composé de plusieurs noms, sans verbe ni autre explication : *GOVERNMENT BACKED HOUSING PLAN SHOCK.* Comme nous vous l'avons expliqué, il faut

---

Thirty-sixth lesson

Politics and economics

1 The general economic situation in the member-States of the EC over the last year is far from rosy. (**1**)
2 In Britain, inflation rose by one percent (1 %) and that increase was reflected in consumer prices.
3 Unemployment continued its upward movement to reach record levels, and the government is unable to find a lasting solution.
4 Over the Channel in France, unemployment appears to have peaked at twelve percent (12 %) of the population, (**2**)
5 while inflation dropped from four to three point six percent (3.6 %).
6 However, GNP shrank slightly last year, and manufacturing output remains sluggish. (**3**) (**4**)

NOTES

(**1**) *Rosy* est l'adjectif de rose, la fleur. *Rosy* signifie : en bonne voie, en bonne condition. Remarquez aussi la

commencer par la fin du titre. Il y a eu une surprise désagréable (*shock*) à propos d'un projet (*plan*) de logement (*housing*) qui avait l'appui (*backed*) du gouvernement (*government*) ! Parfois, il vaut mieux ne pas jouer les Champollion et lire tout de suite l'article, mais tâchez tout de même de vous servir de ces clés pour mieux comprendre le *headline news!*

Trente-sixième leçon

La politique et l'économie

1 La situation économique globale dans les Etats membres de la CEE depuis l'année dernière est loin d'être heureuse.
2 En Grande-Bretagne, l'inflation a augmenté de 1 % et cette augmentation s'est reflétée dans les prix à la consommation.
3 Le chômage a continué son ascension pour atteindre des niveaux records et le gouvernement n'est pas capable de trouver une solution durable.
4 De l'autre côté de la Manche, en France, le chômage semble avoir plafonné à 12 % de la population,
5 alors que l'inflation est tombée de 4 à 3,6 %.
6 Néanmoins, le PNB a diminué légèrement l'année dernière, et la production des produits manufacturés reste stagnante.

NOTES (suite)
tournure *...is far from (being) perfect* = est loin d'être parfait(e).
(2) *A peak* = un sommet de montagne. *To peak* s'emploie dans un style journalistique pour signifier : plafonner. *The share price peaked at $ 15* = Le prix de l'action a atteint son plafond à $ 15. (voir aussi note 12).
(3) *GNP* = *gross national product* (produit national brut) ; un autre indicateur économique, le produit intérieur brut, se dit *gross domestic product* (*GDP*).
(4) *A slug* = une limace. L'adjectif signifie : paresseux ou léthargique. *The engine is sluggish* = Le moteur est poussif.

7 In Spain, after a post-election economic boom had led to a consumer spending spree, (**5**)

8 the government was obliged to introduce a prices and wages policy to curb galloping inflation. (**6**)

9 Spain's neighbour on the Iberian peninsula, Portugal, is seeking to turn around its economy

10 by encouraging foreign investment, which showed a somewhat more optimistic trend than in the past few years. (**7**)

11 The government is seeking a broader economic base and is moving away from its traditional reliance on tourism.

12 In Italy, a dramatic increase in the official unemployment figures

13 has fuelled further speculation as to the real extent of the black economy. (**8**)

14 In Greece, further signs of economic recovery have encouraged foreign investments,

15 which soared to new levels: an encouraging sign in a country with aging plant and equipment. (**9**)

NOTES (suite)

(**5**) *A spree* = une partie de plaisir. *When he received his exam results, they all went out on a spree* = Quand il a reçu les résultats de ses examens, ils sont tous partis faire la fête. On trouve ce mot le plus souvent dans l'expression *a spending spree*: aller faire des achats extravagants.

(**6**) *A curb* (aux E-U : *kerb*) = le bord du trottoir. *You mustn't park if there is a double yellow line on the curb* = Vous ne devez pas vous garer s'il y a une double ligne jaune le long du trottoir. *To curb* = restreindre. *The government is attempting to curb*

7 En Espagne, après qu'un essor économique post-électoral ait provoqué une frénésie de dépenses et de la consommation,

8 le gouvernement a été obligé d'introduire une politique de prix et de salaires afin de maîtriser une inflation galopante.

9 Le voisin de l'Espagne dans la péninsule ibérique, le Portugal, cherche à relancer son économie

10 en encourageant les investissements étrangers qui ont montré une tendance plutôt optimiste par rapport aux dernières années.

11 Le gouvernement cherche une base économique plus large et s'éloigne de sa dépendance traditionnelle du tourisme.

12 En Italie, une augmentation dramatique dans les chiffres officiels du chômage

13 a ajouté à la spéculation quant à l'étendue réelle de l'économie noire.

14 En Grèce, d'autres signes d'une reprise économique ont encouragé les investissements étrangers

15 qui se sont envolés pour atteindre de nouveaux niveaux : un signe encourageant dans un pays à l'infrastructure industrielle et à l'équipement vétustes.

NOTES (suite)

consumer spending = Le gouvernement tente de restreindre les dépenses de consommation.

(7) *Somewhat* est un adjectif assez élégant qui signifie : quelque peu. *It's somewhat difficult to explain* = C'est quelque peu difficile à (vous) expliquer. Une variante plus courante serait *rather*.

(8) Attention au faux ami : *fuel* = le carburant (le fioul se dit : *fuel oil*). *To fuel* est presque toujours utilisé dans un sens figuré : ajouter à. *His latest book has fuelled rumours that he is divorced* = Son dernier livre a alimenté les rumeurs de son divorce.

(9) A part le sens botanique, *a plant* est aussi une usine (on trouve aussi le mot *factory*). Dans un sens macroéconomique, *plant* signifie l'infrastructure industrielle d'un pays. *The country has to renew its aging plant to remain competitive* = Le pays est obligé de renouveler son infrastructure industrielle vétuste pour rester compétitif (*aging* ou *ageing* : vieillissant).

16 West Germany, traditionally the locomotive of Europe's economy, showed few signs of euphoria,

17 although the number of jobless tumbled to its lowest level in ten years. (**10**)

18 Growth remained constant at one percent (1 %) annually, but capital investment slipped three points.

19 Across the border, Belgium shows signs of substantial improvements compared to the doldrums of the last few years. (**11**)

20 Job creation has kept pace with the surge in the labour force: some thirty thousand (30,000) new jobs were created

21 over a period of six months, a remarkable performance.

22 Denmark provides an example of stability and steady growth.

23 Unit labour costs lifted only slightly, and wage demands remained well below inflation.

24 Elsewhere, the situation was very much the same. The outlook is not so gloomy as it sounds, however.

NOTES (suite)

(**10**) *To tumble* (dégringoler) est synonyme de *to fall*, mais s'emploie presque toujours au sens figuré : *Prices tumbled after Christmas* = Les prix ont chuté après Noël.

(**11**) *The doldrums* : est, en termes nautiques, la zone des calmes. On l'utilise dans ce contexte journalistique pour exprimer l'idée du marasme. *Britain's economy was in the doldrums at the beginning of the decade* = L'économie britannique était dans le marasme au début de la décennie.

16 La R.F.A., traditionnellement la locomotive de l'économie européenne, a montré peu de signes d'euphorie.
17 bien que le nombre des chômeurs soit tombé à son niveau le plus bas depuis dix ans.
18 La croissance est restée constante à 1 % par an, mais les investissements de capitaux ont chuté de trois points.
19 De l'autre côté de la frontière, la Belgique montre des signes d'amélioration substantielle comparés au creux de ces dernières années.

20 La création d'emplois a gardé le même rythme que l'essor de la main-d'œuvre, quelque trente mille (30 000) nouveaux emplois ont été créés
21 sur une période de six mois, une performance remarquable.
22 Le Danemark offre un exemple de stabilité et de croissance régulières.
23 Le coût unitaire de production ne s'est élevé que légèrement et les demandes d'augmentation des salaires sont restées bien au-dessous de l'inflation.
24 Ailleurs, la situation a été en gros semblable. Pourtant, les perspectives ne sont pas aussi maussades qu'elles le paraissent.

25 Overall, inflation is on the decrease and labour costs appear to be bottoming out. (**12**)

26 Only unemployment spirals inexorably upwards, which leads most observers to wonder whether the solution to the problem

27 is to be found at the pan-European level.

***

EXERCISES **1.** Unemployment peaked at twelve percent of the active population **2.** Two important economic indicators are the gross national product (GNP) and the gross domestic product (GDP). **3.** The economy is sluggish and new investments are desperately needed. **4.** When he received his first pay packet he went on a shopping spree... and spent everything. **5.** The law is an attempt to curb the influence of the trade unions. **6.** — What fuel do you use in that engine? — Diesel oil.

***

Fill in the missing words

1. *Sa société est vraiment dans le marasme.*

His company is really .. ..

2. *L'inflation a enfin atteint son niveau plancher.*

Inflation ... at last ....

3. *L'économie est une science quelque peu compliquée.*

Economics .. . . complicated science.

25 Globalement l'inflation cède du terrain et les coûts de production semblent se stabiliser à un niveau plus bas.
26 Il n'y a que le chômage qui continue sa spirale inexorable vers le haut, ce qui amène la plupart des observateurs à se demander si la solution au problème
27 est à trouver au niveau européen.

NOTES (suite)

(**12**) Nous avons vu *to peak* ; voici le contraire *to bottom out*: atteindre son niveau le plus bas (et donc cesser de tomber) : *The unemployment rate has bottomed out at 3 %* = Le taux de chômage a atteint son niveau le plus bas à 3 %. Remarquez que la postposition est obligatoire.

***

Exercices 1. Le chômage a atteint son niveau le plus élevé, à 12 % de la population active. **2.** Deux indicateurs économiques très importants sont le PNB et le PIB. **3.** L'économie est molle et on a un besoin urgent de nouveaux investissements. **4.** Lorsqu'il a reçu son premier salaire, il est allé faire une razzia dans les magasins... et il a tout dépensé. **5.** La loi tente de restreindre l'influence des syndicats. **6.** — Quel carburant utilisez-vous dans ce moteur ? — Du diesel.

***

4. *La maladie du Président a alimenté la rumeur sur le fait qu'il pourrait démissionner.*

The President's illness ... . that he may resign.

5. *Le chômage s'est envolé pour atteindre son niveau le plus élevé depuis la guerre.*

.... to its highest level ..... the war.

The missing words

1. in the doldrums **2.** has...bottomed out **3.** is a somewhat **4.** has fuelled rumours **5.** Unemployment soared... since

Thirty-seventh lesson

Stress (N 1)

1 — Have you seen the sugar content of this soft drink? — He won't be content with anything less than perfection. (**1**)
2 He finally found a job with a London-based import-export company.
3 The firm imports gold and exports false teeth — a highly cost effective operation!
4 — Have you heard the new record by the Thugs? It's terrible! A real flop. (**2**)
5 Since they changed lead singers, they haven't been able to record a decent album. (**3**)
6 — I've decided to go and spend a month in New York to perfect my English. What do you think?
7 — Why bother? Your English is perfect as it is. Anyway, New York is so expensive. (**4**)

NOTES

(**1**) *A soft drink* : une boisson sans alcool ; le contraire est *an alcoholic drink.* Aux E-U on parle aussi de *hard liquor* pour désigner les boissons fortement alcoolisées (whisky, bourbon...). A propos, si l'on demande *a whisky* en G-B, on se verra servir un scotch ; la même demande au E-U vous obtiendra un bourbon.

(**2**) Nous vous rappelons le faux ami : *terrible* veut dire très mauvais. *A flop* = un four, un navet. *His latest film was a flop* = Son dernier film a été un navet. (Attention, aux E-U, on dirait *His latest film bombed*, ce que les Britanniques prennent pour un compliment, car leur expression pour : faire un tabac est : *It went down a bomb.* Ainsi il n'y a pas que les étrangers qui ont du mal...)

Trente-septième leçon

L'accentuation

1 — Avez-vous vu le contenu en sucre de cette boisson non alcoolisée ? -- Il ne se contentera de rien de moins que la perfection.
2 Il a finalement trouvé un emploi dans une société londonienne d'import-export.
3 La société importe de l'or et exporte des fausses dents — une opération hautement profitable !
4 — Avez-vous entendu le nouveau disque des Thugs ! C'est horrible, un vrai navet.
5 Depuis qu'ils ont changé leurs chanteurs-vedettes, ils n'ont pas pu enregistrer un bon album.
6 — J'ai décidé d'aller passer un mois à New York pour perfectionner mon anglais. Qu'en pensez-vous ?
7 — Pourquoi vous tracasser ? Votre anglais est parfait comme cela. Et de toute façon, New York est si cher.

NOTES (suite)

(3) *An album* a depuis quelques années pris le sens d'un disque 33 tours, mais on parle toujours d'un *photo album*.

(4) *Why bother?* ou plus affirmatif *Don't bother!* signifient : laissez tomber, pourquoi s'en faire ? — *Let me explain — Don't bother, it's too late* (— Laissez-moi vous expliquer. — Ce n'est pas la peine, c'est trop tard). Attention : *Don't bother him, he's busy* = Ne le dérangez pas, il est occupé.

8 When the headmaster left the school, the staff wanted to give him a suitable present.

9 After much discussion, they decided to present him with a computer and some software. (**5**)

10 He took part in the trans-Africa rally... and got lost in the desert! (**N 2**)

11 Things were so bad that even his guide wanted to desert him, but they were both rescued in time.

12 — Since he left college, our son has been working for the mayor's office.

13 — And just what is the mayor's official policy on local education?

14 Following the riots last year, more police were sent into the inner cities (**6**)

15 and the local authorities adopted a new law and order policy based on community interaction.

16 — What an interesting painting! It must be eighteenth century, but I'm not familiar with the artist. (**7**)

17 — Neither am I. I think it's an eyesore, but it is a family heirloom so I have to keep it. (**8**)

18 — When the chief accountant resigned, we had to replace him quickly so we advertised in the Economic Digest.

19 — Really? I've never found their advertisements that effective. We usually rely on word of mouth.

8 Lorsque le directeur quitta l'école, le personnel voulut lui offrir un cadeau convenable.
9 Après de nombreuses discussions, ils décidèrent de lui offrir un ordinateur et des logiciels.
10 Il participa au rallye transafricain... et se perdit dans le désert.
11 Les choses allaient si mal que même son guide voulait l'abandonner, mais ils ont été secourus à temps.
12 — Depuis qu'il a quitté l'université, notre fils travaille pour le bureau du maire.
13 — Et dites-moi exactement ce qu'est la politique officielle du maire pour l'éducation locale ?
14 A la suite des émeutes de l'année dernière, davantage de policiers ont été envoyés dans le centre des zones urbaines.
15 et les autorités locales ont adopté une nouvelle politique de l'ordre basée sur l'interaction communautaire.
16 — Quel tableau intéressant ! Il doit être du 18e siècle mais je ne connais pas l'artiste.
17 — Moi non plus. Je trouve que c'est une abomination, mais c'est un héritage de famille et je dois le garder.
18 — Lorsque le chef comptable a démissionné, nous avons dû le remplacer rapidement, nous avons donc passé une annonce dans l'Economic Digest.
19 — Vraiment ? Je n'ai jamais trouvé leur publicité tellement efficace. Nous nous fions habituellement au bouche à oreille.

NOTES (suite)

(**5**) *Software* : des logiciels ; un logiciel = *a software package*. Le contraire (c-à-d le matériel) se dit *hardware*.

(**6**) *Inner city* est une expression de plus en plus employée en G-B et aux E-U ; elle signifie le centre d'une zone urbaine, sa partie la plus dure et négligée économiquement.

(**7**) *Are you familiar with...?* est une façon un peu précieuse de dire : *Do you know...?* L'expression est plus courante en américain.

(**8**) L'adjectif *sore* est très utile : ça fait mal ! *Ooh, my back's sore after all that gardening* = Mon dos me fait mal après tout ce jardinage. *An eyesore* donc est quelque chose qui fait mal aux yeux par sa laideur.

20 — They came to the realisation that it was necessary to upgrade the company image. (**9**)

21 — Yes, but the problem is that they're too late. It took them five years to realise what a mess they were in. (**10**)

22 — I sent off a load of photographs to a magazine in the hope that they would be published. (**11**)

23 — But they have a permanent staff of twenty photographers, and photographic journalism is a cut-throat profession.

24 A new generation of workers is revolutionising the car industry — robots.

25 — I'm sorry, I had no idea she was married.
— Don't worry, neither does her husband.

26 He doesn't possess the right qualities for a career in advertising. He's not aggressive enough.

NOTES (suite)

(**9**) Autre mot assez galvaudé, *to upgrade* veut dire : améliorer (litt. passer au grade supérieur). On utilise souvent le verbe lorsqu'on parle d'améliorer des systèmes. *The system was upgraded to meet new standards* = Le système a été amélioré pour répondre à de nouvelles normes.

***

EXERCISES 1. The group's last album was terrible, a real flop. **2.** — I'll call him at home. — Don't bother; he left for the weekend. **3.** — Are you familiar with this author? — I've never heard of him, I'm afraid. **4.** My ankle was sore for a week after the fall. **5.** The firm's in a terrible financial mess; they're almost bankrupt. **6.** Come and sit down. I've got loads to tell you.

20 — Ils se sont rendu compte qu'il était nécessaire d'améliorer l'image de la société.
21 — Oui, mais le problème est qu'ils s'en sont rendu compte trop tard. Il leur a fallu cinq ans pour s'apercevoir dans quelle panade ils étaient.
22 — J'ai envoyé un tas de photos à un magazine dans l'espoir quelles seraient publiées.
23 — Mais ils ont une équipe permanente de vingt photographes et le journalisme photographique est une profession périlleuse.
24 Une nouvelle génération de travailleurs est en train de révolutionner l'industrie automobile : les robots.
25 — Je suis désolée, je ne savais pas qu'elle était mariée — Ne vous inquiétez pas, son mari non plus.
26 Il ne possède pas les qualités nécessaires pour une carrière dans la publicité. Il n'est pas assez agressif.

NOTES (suite)

(**10**) *Your room's in a mess. Clear it up!* = Ta chambre est un vrai chantier. Range-là ! *I'm afraid we're in a terrible mess; my wife has discovered the truth* = Nous voilà dans de beaux draps ; ma femme a découvert la vérité.

(**11**) *A load*: une charge. Ici, le mot est employé dans son sens familier de : un tas de. *I've got a load of things to do* = J'ai un tas de choses à faire.

***

Exercices 1. Le dernier album du groupe était mauvais, un vrai four. **2.** — Je vais l'appeler chez lui. — Ne perdez pas votre temps ; il est parti pour le week-end. **3.** — Connaissez-vous cet auteur ? — Je regrette, mais je n'ai jamais entendu parler de lui. **4.** Ma cheville m'a fait mal pendant une semaine après la chute. **5.** La société est dans une position financière désastreuse ; ils sont au bord de la faillite. **6.** Venez vous asseoir. J'ai un tas de choses à vous raconter.

Fill in the missing words

1. *Devrais-je acheter une nouvelle chemise ? — Pourquoi faire ? Celle-ci est parfaite.*

   — Shall I buy a new shirt? — ... .? That one's fine.

2. *Ils participèrent au rallye et se perdirent.*

   They .... in the rally and ... .

3. *Depuis qu'il a quitté l'école, il travaille pour une maison de logiciels.*

   ..... he left school, he ... . for a software firm.

Thirty-eighth lesson

The time machine (1)

1 Let's imagine a person who is transported from the 1920s to today's hi-tech world. (2)

2 Just think of all the new devices, processes and industries that have sprung up in the last half-century;

NOTES

(1) *The Time Machine* (La Machine à remonter le temps) est un des romans les plus célèbres du grand romancier anglais H.G. Wells (1866-1946), qui fut un grand éducateur et qui croyait au progrès de l'homme à travers le progrès scientifique.

(2) *Hi-tech,* contraction de : *high technology,* nous rappelle *hi-fi* (pour *high fidelity,* la haute fidélité). Le phénomène qui consiste à écrire des mots de façon phonétique (ex : *hi* pour *high, lo* pour *low,* etc.) est très répandu (surtout aux EU), et on le retrouve souvent dans les noms de produits, etc.

4. — *Je ne connais pas l'artiste.* — *Moi non plus.*

— I don't know the artist. — . . . .

5. *Il m'a fallu trois jours pour ranger la pagaille.*

It took me a week to . . . .

The missing words

1. Why bother (et non pas *Don't* à cause du point d'interrogation) **2.** took part...got lost **3.** Since...has been working **4.** Neither do I **5.** clear up the mess.

Trente-huitième leçon

La machine à remonter le temps

1 Imaginons une personne qui est transportée des années 20 jusqu'au monde de haute technologie d'aujourd'hui

2 Pensez simplement à tous les nouveaux appareils, procédés et industries qui ont jailli depuis le dernier demi-siècle ;

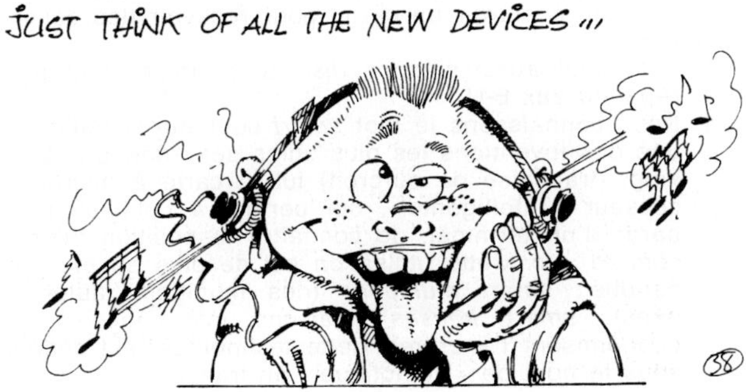

3 from energy-efficient jumbo jets to compact disks, from space shuttles to smart cards — (**3**) (**4**) (**5**)

4 a bewildering array of new and constantly developing products that have changed the way we live and speak.

5 The twilight industries of the industrial heartlands are swiftly being replaced by Silicon Valleys (and Glens) (**6**) (**7**),

6 manufacturing is increasingly making way for service industries,

7 and jobs that once were unthought of are now commonplace. (**8**)

8 Heart transplant surgeons, astronauts, computer programmers, rock stars,

NOTES (suite)

(**3**) *Jumbo* est le diminutif affectueux donné à un éléphant, et qui se retrouve souvent appliqué (voir ci-dessus) à des produits, surtout pour en décrire le format. *The jumbo jet* est donc le plus grand des avions à réaction (jet). On a même entendu un (très horrible) verbe *to jumboize,* qui s'emploie pour décrire le processus qui consiste à élargir un cargo pour recevoir des containers !

(**4**) *Disk* peut aussi s'écrire *disc,* le premier étant plus répandu aux E-U.

(**5**) Nous connaissons le mot *smart* pour dire intelligent ; une des inventions les plus utiles des années quatre-vingt (française de surcroît) fut la carte à microprocesseur « intelligente », qui permet à l'utilisateur, à partir d'un terminal, de connaître la position de son compte, etc. Cette utilisation est de plus en plus répandue : *smart munitions* (des munitions auto-guidées), *smart houses* (maisons informatisées qui économisent l'énergie). Cette technologie est connue sous le nom de « domotique » en français.

3 des avions à réaction géants et économiques en carburant jusqu'aux disques laser, des navettes spatiales jusqu'aux cartes à microprocesseurs —
4 une variété étourdissante de produits nouveaux et toujours en évolution, qui ont changé notre manière même de vivre et de parler.
5 Les industries crépusculaires situées dans les régions industrielles sont rapidement remplacées par des Silicon Valleys (et Glens).
6 La fabrication est de plus en plus remplacée par des industries tertiaires,
7 et des emplois qui autrefois étaient inimaginables sont maintenant chose courante.
8 Des chirurgiens qui pratiquent des transplantations cardiaques, des astronautes, des programmeurs informaticiens, des vedettes du rock,

NOTES (suite)

(**6**) *Twilight* = crépuscule. Les industries lourdes, (sidérurgie, etc.) que l'on appelait alors *smokestack industries* en raison de leurs énormes cheminées, sont en passe de disparaître partout en Europe, au profit du secteur tertiaire (*tertiary sector* ou *service industries*). On appelle maintenant ces dinosaures les *twillight industries.*

(**7**) La très célèbre *Silicon valley,* berceau de la micro-informatique, est en fait la région au sud de San Francisco. Dans les années quatre-vingt, l'industrie de l'informatique (à commencer par les firmes japonaises) a commencé à s'installer en Ecosse, à cause des coûts réduits d'installation et d'une main-d'œuvre formée et disponible. En gaélique, le mot *valley* se dit : *glen* (comme doivent le savoir les amateurs de whisky !), on a donc parlé de *Silicon Glen* pour décrire ce phénomène de transhumance.

(**8**) *In my day, it was unthought of for a woman to go to work* = A mon époque, il était impensable qu'une femme aille travailler. Remarquez qu'il faut garder la postposition *of.* On trouve aussi l'expression *unheard of* avec quasiment le même sens. (*In my day, it was unheard of,* etc.).

9 fast food outlet workers or aerobics teachers are all inhabitants of the global village that our world has become. (**9**) (**10**)

10 English has become the global language, and the last few decades have altered it significantly (**11**)

11 because English is now the language of change and progress.

12 If our particular time traveller were British, he or she would have a lot to learn — and fast! (**N3**)

13 By the end of the second world war, American English had become the vehicle for conveying technological advances

14 in state-of-the-art industries such as avionics, telecommunications and computers. (**12**)

15 In our time traveller's day, a manager (generally a man) would dictate a letter to his secretary (almost always a woman),

16 who would take notes in shorthand, type the letter, and send it by post to the firm's subsidiary in New York.

17 The operation could take up to a week to complete. Today's scenario is somewhat different :

18 the manager (man or woman) could dictate the letter into a dictaphone. A " text specialist " (generally a woman : some things don't change!) (**13**)

9 des employés de la restauration rapide ou des professeurs d'aérobic sont tous des habitants de ce village global qu'est devenu notre monde.
10 L'anglais est devenu la langue globale, et il a été modifié de façon significative au cours des dernières décennies
11 parce que l'anglais est maintenant la langue du changement et du progrès.
12 Si notre voyageur dans le temps était britannique, il ou elle aurait beaucoup à apprendre... et en peu de temps !
13 A la fin de la seconde guerre mondiale, l'anglais américain était devenu le moyen de véhiculer les avances technologiques
14 dans les industries de pointe telles que l'avionique, les télécommunications et l'informatique.
15 A l'époque de notre voyageur, un directeur (d'habitude un homme) dictait une lettre à sa secrétaire (presque toujours une femme),
16 qui la prenait en sténo, la tapait à la machine, et l'envoyait par la poste à la filiale de la société à New York.
17 L'opération nécessitait parfois une semaine. Le scénario d'aujourd'hui est quelque peu différent :
18 le directeur (homme ou femme) pourrait dicter sa lettre à un magnétophone. « Un « spécialiste documentaire » (généralement une femme : certaines choses ne changent pas !)

NOTES (suite)

(**9**) *outlet* (lit. : sortie) s'emploie dans un contexte commercial pour : débouché. Le mot créneau, si difficile à traduire en anglais, est souvent rendu par *outlet.*

(**10**) Voir leçon 29 Note 11.

(**11**) Un rappel : *a decade* = une décennie ; une décade = *ten days.*

(**12**) *State-of-the-art,* un adjectif composé qui signifie : de pointe : *Our state-of-the-art technology is famous worldwide* = Notre maîtrise technologique est célèbre dans le monde entier. On trouve aussi l'expression *leading edge technology* (de *leading edge* = bord d'attaque d'une aile d'avion). Ces expressions sont très à la mode et sont utilisées surtout dans la publicité ou la rédaction promotionnelle.

(**13**) Un petit clin d'œil ; *a text specialist* est une appellation très ronflante pour dire : *a secretary!*

19 would write the letter on a word processor, and send the final result down the telephone line,

20 using either a modem or a fax machine: the whole operation takes no more than ten minutes. (**14**)

21 The underlying need remains the same, but the procedure is radically different.

22 Technology, from computers to superconductivity, has changed the lives of most people in the developed world,

23 and efforts are also being made to apply new discoveries to the developing world. (**15**)

24 However, some people are worried about the dehumanizing effect of automation,

25 and the economic effect of more work being done by fewer people.

26 Only time will tell, but meanwhile we are perfectly justified in taking an admiring glance at progress over the last years.

27 Let's follow our time traveller, who, like a fly on the wall, is following a typical day in the life

28 of a dweller in the late twentieth century...

***

19 écrirait la lettre sur une machine à traitement de texte, et le résultat définitif serait envoyé téléphoniquement,

20 soit par le biais d'un modem, soit par télécopieur : l'opération entière ne dépasse pas dix minutes.

21 Le besoin fondamental reste le même, mais la procédure est radicalement différente.

22 La technologie, qu'il s'agisse des ordinateurs ou de la supraconductivité, a changé la vie de la plupart des habitants du monde développé,

23 et des efforts sont mis en œuvre pour appliquer des nouvelles découvertes au monde en voie de développement, également.

24 Toutefois, certains s'inquiètent de l'effet de déshumanisation provoqué par l'automatisme,

25 et des conséquences économiques du fait que davantage de travail est effectué par moins de gens.

26 Seul le temps pourra nous le dire, mais cependant nous sommes parfaitement en droit de regarder de façon admirative les progrès des dernières années.

27 Suivons notre voyageur temporel, qui, comme une mouche sur le mur, observe une journée typique dans la vie

28 d'un habitant de la fin du 20e siècle...

NOTES (suite)

(14) Ces deux fleurons de l'ère technologique se répandent de plus en plus. Il s'agit de deux moyens d'envoyer des données par le réseau commuté. *Modem,* une contraction de *modulation-demodulation,* est un dispositif qui permet d'envoyer des données numériques d'un ordinateur à un autre par téléphone. *Fax* est encore une contraction bien *hi-tech* de *facsimile machine,* autrement dit, un télécopieur, tout simplement !

(15) Ces deux expressions font malheureusement partie de notre jargon euphémique de fin de siècle. On ne parle plus de pays pauvres, ni de pays sous-développés, mais de *developing countries.* Entre ces derniers et les *developed countries,* nous trouvons les *LDCs : lesser developed countries.*

EXERCISES 1. He's really smart. He finished the crossword in three minutes. **2.** Ten years ago, it was unheard of for a teenager to own a computer. **3.** We have ten sales outlets in the State of Georgia alone. **4.** The smart card contains state-of-the-art microprocessors. **5.** When I've finished writing the report, I'll fax it to you. **6.** Exporting to developing countries can be a risky operation.

***

Fill in the missing words

1. *Des centaines de sociétés ont surgi dans Silicon Valley.*

. . . . of companies . . . . in Silicon Valley.

2. *Parmi les nouveautés on trouve des moteurs céramique économes et des disquettes 3 pouces et demi.*

Recent developments include . . . . - . . . . ceramic engines and 31/2 inch floppy . . . . .

3. *Les industries moribondes furent rapidement remplacées par des sociétés de haute technologie.*

. . . . industries were . . . . replaced by . . - . . . . firms.

4. *Autrefois, ils étaient inimaginables, maintenant ils sont courants.*

They were once . . . ., now they are . . . .

5. *Il y aura moins de travail et moins de gens pour le faire.*

There will be . . . . work and . . . . . people to do it.

Exercices 1. Il est vraiment doué. Il a terminé les mots croisés en trois minutes. **2.** Il y a dix ans, il était impensable qu'un jeune puisse posséder un ordinateur. **3.** Nous avons dix points de vente rien que dans l'Etat de Géorgie. **4.** La carte « intelligente » est dotée de microprocesseurs de pointe. **5.** Quand j'aurai terminé d'écrire le rapport, je vous l'enverrai par télécopie. **6.** Exporter vers les pays en voie de développement peut être une opération risquée.

***

NOTES PERSONNELLES :

***

The missing words

1. Hundreds...sprang up **2.** fuel-efficient...disks/discs **3.** Twilight... swiftly...hi-tech **4.** unthought of...commonplace **5.** less...fewer

Thirty-ninth lesson

Big brother is watching you... (1)

1 Our subject — let's call him Mr Newman — is a Eurobond dealer who works on the 130 th floor of an office building on Wall Street. (2) (3)

2 He is awakened at 6.00 a.m. by his electronic alarm, and claps his hands to turn on the television.

3 The dish antenna on his roof brings him direct satellite pictures of what is happening around the world. (4)

4 After showering, he breakfasts on yoghurt and kiwis, dons his roller skates and walkman and skates in to the office. (5)

5 On arrival, he sits on his ergonomic stool, turns on the VDU of his computer terminal and consults prices in Tokyo and Hong Kong: (6)

6 The global stockmarket never closes! (7)

NOTES

(Ce texte comprend beaucoup d'expressions américaines ; nous verrons les différences entre les deux « langues » à partir de la leçon 50 ; par ailleurs, la leçon 55 est consacrée au langage informatique.)

(1) Le célèbre slogan, tiré du roman de George Orwell « 1984 », qui rappelle que la société surveille ses citoyens...

(2) *A bond* = un lien ; dans le sens commercial, ces liens sont les obligations. *Eurobonds* sont les obligations qui peuvent s'acheter et se vendre ailleurs que dans le pays de la monnaie dans laquelle elles sont émises.

(3) *Wall Street* est la rue principale du quartier d'affaires de New York, donc, par extension, l'« establishment » financier américain. Son homologue britannique est *The City*.

Trente-neuvième leçon

Le grand frère vous surveille...

1 Notre sujet — appelons-le M. Newman — est un courtier en Euro-obligations qui travaille au 130e étage d'un immeuble de bureaux dans Wall Street.

2 Il est réveillé à 6 h par son réveil électronique, et il tape dans ses mains pour allumer la télévision.

3 L'antenne parabolique montée sur le toit lui apporte des images satellites en direct de ce qui se passe dans le monde.

4 Après s'être douché, il déjeune de yaourt et de kiwis, chausse ses patins à roulettes, met son baladeur et patine jusqu'au bureau.

5 En arrivant, il s'assied sur son tabouret ergonomique, allume l'écran de son terminal d'ordinateur et consulte les prix à Tokyo et à Hong-Kong :

6 La bourse mondiale ne ferme jamais !

NOTES (suite)

(4) Un bon exemple de la différence d'approche entre l'anglais et le français, entre une langue latine et une langue saxonne : antenne parabolique décrit bien l'objet... si l'on connaît un peu de latin. Pour les anglophones, ce dispositif ressemble à un plat creux, donc : *dish antenna*. Nota : une antenne = *antenna* (US) *aerial* (GB).

(5) *To don* est un verbe quelque peu littéraire, qui signifie la même chose que *to put on*. Il ne s'emploie pas dans la conversation courante.

(6) **VDU** = *visual display unit* = moniteur vidéo d'un terminal d'ordinateur. Un autre sigle courant dans ce domaine est *CPU* = *central processing unit* = unité centrale.

(7) *The global stockmarket* (ce dernier s'écrit parfois en deux mots) est l'expression qui désigne la possibilité de boursicoter à tout moment du jour et de la nuit, grâce à l'informatique, qui donne toujours accès à une ou plusieurs Bourses ouvertes en différents fuseaux horaires.

7 This morning, he sells futures and options, buying stock in London and selling it in Chicago within seconds. (**8**)

8 He only answers the phone when the video unit shows him that an important customer is on the line.

9 At lunchtime, he walks one block down to the automatic restaurant. There, he buys a steak from a vending machine

10 and cooks it in the microwave oven at his stand-up table. After a dessert of vitamin pills (**9**)

11 he walks across the street to the shopping mall. Here, he buys a videocasette for the evening.

12 He inserts his credit card into the cash register and a green light comes on: his account is in credit, and the sum is debited immediately. (**10**)

13 Mr Newman returns to his office. He checks in his mailbox to see if there are any messages,

14 and then checks the bulletin board for any bargains that may be on offer. (**11**)

15 The afternoon is calm, and at five o'clock, he leaves the office. On his way home, he stops off at his health club (**12**)

NOTES (suite)

(**8**) *Futures* = marchés à terme ; *options* = options. Ces deux outils de spéculation, qui permettent d'acheter et de vendre des produits sans avoir la somme totale d'argent disponible, ont connu un véritable essor pendant les années quatre-vingt — symbole d'une nouvelle façon de gagner de l'argent. A noter aussi que *stock* signifie des titres (rentes, obligations, actions) ; on le trouve souvent en duo avec le mot *shares*

7 Ce matin, il vend des marchés à terme et des options, achetant des valeurs à Londres et les vendant à Chicago en l'espace de quelques secondes.

8 Il ne répond au téléphone que lorsque le moniteur vidéo lui montre qu'il a un client important en ligne.

9 A midi, il descend la rue d'un pâté de maisons jusqu'au restaurant automatique. Là, il achète un steak dans un distributeur automatique

10 et il le fait cuire dans un four à micro-ondes, debout à sa table. Après un dessert composé de pilules de vitamines,

11 il traverse la rue pour aller au centre commercial. Là, il achète une cassette vidéo pour la soirée.

12 Il insère sa carte de crédit dans la caisse enregistreuse et un témoin vert s'allume : son compte est créditeur, et la somme est débitée immédiatement.

13 M. Newman retourne à son bureau. Il vérifie sa boîte aux lettres pour voir s'il y a des messages,

14 puis il vérifie la messagerie pour voir si l'on y propose de bonnes affaires.

15 L'après-midi est calme, et à 17 h il quitte le bureau. Sur le chemin du retour, il s'arrête à son club de sports

NOTES (suite)

(actions) : *He has invested a lot in stock and shares* = Il a beaucoup investi dans son portefeuille.

(**9**) Le four à micro-ondes a donné naissance aussi au verbe *to microware: He took a TV dinner from the freezer and microwaved it* (*a TV dinner*, spécialité américaine, est un repas surgelé sur un plateau, qui permet au consommateur de manger sans se lever et ainsi lui évite de quitter des yeux sa chère télévision...)

(**10**) Ce système de débit bancaire instantané est connu techniquement sous le nom de *EFTPOS = electronic fund transfer at point of sale.*

(**11**) Il s'agit, bien entendu, de *electronic mailbox and bulletin board*: boîte à lettres et tableau d'affichage informatisés.

(**12**) *To stop off* = faire un saut, s'arrêter en cours de route : *Stop off on your way home and have a drink with us* = Fais un saut en rentrant chez toi pour boire un verre avec nous.

16 for a game of squash and a jacuzzi; he then skates the ten blocks back to his apartment building.

17 This evening, Mr Newman is taking his third wife, Judy, to the airport, so he takes his car from the garage,

18 checks the route on the car's mapping unit, and the state of the traffic on the on-board computer, and sets off.

19 He picks his wife up from her office downtown and soon they are speeding out of Manhattan. (**13**)

20 He puts his wife on the plane to Denver and heads back towards New York.

21 Unfortunately, he hasn't checked the traffic reports, and it takes him over three hours to get home.

22 He parks his car and takes the elevator up to his apartment. Before going into the kitchen to fix dinner,

23 he checks the electronic mailbox on his personal computer. There is a message from Judy:

24 " Arrived safely; thanks for the ride. Love. Judy "

25 Our time traveller might just recognize, with a wry smile, that not everything changes! (**14**)

***

16 pour une partie de squash et un bains à remous ; il fait les dix pâtés de maisons en patins pour retourner à son immeuble.

17 Ce soir, M. Newman doit emmener sa troisième femme, Judy, à l'aéroport, donc il prend sa voiture au garàge,

18 vérifie le chemin sur le dispositif de cartographie de la voiture, et l'état de la circulation sur l'ordinateur de bord, et puis il part.

19 il prend sa femme à son bureau dans le centre-ville, et bientôt il quitte Manhattan à grande vitesse.

20 Il met sa femme dans l'avion pour Denver et se dirige à nouveau vers New York.

21 Malheureusement, il n'a pas vérifié les informations concernant la circulation et il lui faut plus de trois heures pour rentrer.

22 Il gare sa voiture et prend l'ascenseur pour aller à son appartement. Avant d'aller à la cuisine pour préparer son dîner,

23 il vérifie la messagerie électronique sur son ordinateur personnel. Il y a un message de Judy :

24 « Suis bien arrivée ; merci de m'avoir accompagnée. Bises. Judy. »

25 Notre homme qui voyage dans le temps pourrait à la rigueur reconnaître, avec un sourire ironique, que tout ne change pas !

NOTES (suite)

(**13**) *Speed*, nous le savons, c'est la vitesse. Le verbe *to speed* a deux sens. Ici, nous le retrouvons dans une utilisation plus littéraire : se diriger rapidement : *The police car sped to the scene of the accident* (eh oui ! Il est irrégulier). L'autre signification, plus prosaïque, est de faire un excès de vitesse. *They fined him $ 60 for speeding* = Il a eu $ 60 dollars d'amende pour excès de vitesse. Dans le jargon de la drogue, *speed* = les amphétamines.

(**14**) *Wry* (pron : raï, comme *rye*, le seigle) veut dire littéralement : tordu. On le retrouve surtout utilisé de façon figurée pour un sourire ou une grimace un peu tordus, donc ironiques. Le sens originel se retrouve dans l'expression (un peu littéraire) *awry* (pron : araï) : de travers. *He came in with his hat awry on his head.*

EXERCISES 1. On Wall Street, the Dow Jones index rose by ten points last night. **2.** The global term for stocks and shares is securities. **3.** I stopped off at the supermarket on my way home. **4.** — He was fined thirty pounds for speeding. — It serves him right! **5.** He gave the answer with a wry smile. **6.** There are strong bonds between our two countries.

***

Fill in the missing words

1. *J'aime savoir ce qui se passe dans le monde.*

I like to know .... in the world.

2. *Saviez-vous qu'il va au bureau en patins ?*

Did you know that he ....?

3. *Toutes les places pour le concert se sont vendues en l'espace de quelques heures.*

The concert was sold out ....

4. *Si vous appuyez sur ce bouton, un témoin rouge s'allume.*

If you press this button a ... .

5. *Venez me cherchez au bureau ; c'est dans le centre-ville.*

.... at my office ; it's ....

Exercices 1. A Wall Street, l'indice Dow Jones a gagné dix points hier soir. **2.** L'expression globale pour les titres et actions est : securities (valeurs). **3.** Je me suis arrêté au supermarché en rentrant. **4.** — Il a eu une amende de 30 livres pour excès de vitesse. — Bien fait pour lui ! **5.** Il donna la réponse avec un sourire ironique. **6.** Il y a des liens solides entre nos deux pays.

NOTES PERSONNELLES :

The missing words

1. what is happening **2.** skates to the office **3.** within hours **4.** red light comes on **5.** Pick me up...downtown

Fortieth lesson

Literature

1 One of the glories of the English language is its vast literature, which spans the centuries
2 and which includes so many influential names that a list would fill up a book twice this length! (**1**)
3 Indeed, some of the greatest names in English literature were not British-born, but adopted the language to write.
4 (It is an old chestnut that many of the best English authors were in fact Irish!) (**2**)
5 Of course, when one speaks of English literature, the first name that springs to mind is that of Shakespeare... (**3**)
6 and many people, British or not, shudder at the idea of reading such a difficult author.
7 In fact, Shakespeare is surprisingly easy to read — and in some ways an extremely modern writer. (**4**)
8 But literature is not just made up of names from the past: the literary tradition is alive and well,

NOTES

(**1**) On ajoute souvent une postposition au verbe *to fill :* la plus courante est *up,* ce qui ajoute une notion de plénitude. Dans notre phrase, on aurait pu dire ...*would fill a book twice this length,* mais la postposition donne la notion d'un état complet. Quand on fait le plein d'une voiture, on dit souvent *Fill it up, please* = Faites le plein, svp. Pour un formulaire, on est plus pervers

Quarantième leçon

La littérature

1 Une des gloires de la langue anglaise est sa vaste littérature, qui traverse les siècles

2 et qui compte tellement de noms influents qu'une liste remplirait un livre deux fois long comme celui-ci !

3 En fait, quelques-uns des plus grands noms de la littérature anglaise n'étaient pas britanniques de naissance mais ont adopté la langue pour écrire.

4 (C'est un fait bien connu que beaucoup des meilleurs auteurs anglais étaient en effet des Irlandais !)

5 Bien sûr, lorsqu'on parle de la littérature anglaise, le premier nom qui vient à l'esprit est celui de Shakespeare...

6 et beaucoup de gens, qu'ils soient Anglais ou non, tremblent à l'idée de lire un auteur aussi difficile.

7 En fait, on est surpris de trouver que Shakespeare est facile à lire et que, par certains côtés, c'est un écrivain extrêmement moderne.

8 Mais la littérature n'est pas composée uniquement de noms du passé : la tradition littéraire se porte bien,

NOTES (suite)

car on peut dire *to fill in a form* aussi bien que *to fill out* ou *to fill up.* A vous de choisir...

(2) *A chestnut* = une châtaigne comestible. Ce mot s'emploie aussi pour signifier : un fait connu. *That's an old chestnut* = On connaît ! En effet, c'est vrai que beaucoup de grands auteurs « anglais » sont en fait Irlandais (Swift, Wilde, Shaw, Beckett...)

(3) *To spring* = jaillir. Notez l'expression *to spring to mind* = venir à l'esprit. *He asked me to think of an Irish author and Shaw sprang to mind* = Il m'a demandé de penser à un auteur irlandais, et Shaw m'est venu à l'esprit.

(4) Nous n'avons pas la place ici de parler de Shakespeare (1564-1616), peut-être le plus grand écrivain de tous les temps ; il suffit de dire qu'en le lisant aujourd'hui on est frappé par la modernité de son langage, et des expressions « bien de nos jours » ont leur origine dans l'œuvre shakespearienne, telles que *Oh boy!* (Ça alors !) *Beat it!* (Du vent !), etc.

9 and authors are writing their works in English all over the world. (**5**)

10 Why do the British have such a long-standing tradition of writers, while at the same time having a reputation

11 for being reserved and reticent to discuss emotions? That is perhaps the reason!

12 An English writer of Hungarian origin described how men from different countries declare their love for a woman:

13 A Frenchman will go down on his knees and say — Darling, I love you, I want to marry you.

14 A Russian, too, will go down on his knees and declare — If you don't marry me, I will blow my brains out! (**6**)

15 Whereas an Englishman, consumed by passion, will say — I say, why don't we...? (**7**)

16 Fortunately, not all English literature is concerned with such matters.

17 Great writing transforms the minds of readers and leads them to a fuller understanding of humanity,

18 although there are some more cynical observers who suggest that literature used to be an art and finance a profession

NOTES (suite)

(**5**) Attention au faux ami : *a work* = une œuvre (littéraire, etc.) Par contre, au pluriel, c'est l'œuvre ou bien les travaux : *Road Works Ahead* = Travaux (sur la voie publique). Un travail se traduit plutôt par *a job ;* J'ai un travail très important à finir ce matin = *I've an important job to finish this morning.*

9 et des auteurs écrivent leurs œuvres en anglais partout dans le monde.

10 Pourquoi les Britanniques ont-ils une si ancienne tradition d'auteurs, en même temps qu'ils ont la réputation

11 d'être réservés et réticents à discuter de leurs émotions ? C'est peut-être ça la raison !

12 Un écrivain anglais d'origine hongroise a décrit comment les hommes dans différents pays déclarent leur amour à une femme :

13 Un Français s'agenouillera et dira — Chérie, je t'aime, je veux t'épouser.

14 Le Russe aussi s'agenouillera et déclarera — Si tu ne m'épouses pas, je me fais sauter la cervelle !

15 Alors qu'un Anglais, dévoré par sa passion, dira — Dites-moi, et si nous... ?

16 Heureusement, la littérature anglaise n'est pas concernée uniquement par de telles questions.

17 La grande littérature transforme les esprits des gens et les mène à une compréhension plus complète de l'humanité,

18 bien qu'il y ait des observateurs plus cyniques qui suggèrent que la littérature était autrefois un art et la finance une profession,

NOTES (suite)

(6) *To blow one's brains out* est une expression familière pour : se faire sauter la cervelle.

(7) Remarquez la prononciation de ce mot fort utile *whereas* (tandis que) : ouair-AZ.

19 whereas today the opposite is very often true: paperback rights for a popular novelist (**8**)

20 sell for millions of dollars, and book stands at airports and stations are crammed with pulp fiction. (**9**)

21 However, we would hate you to become like a professor of English who was very erudite (**10**)

22 but of whom his students used to say — He knows everything about literature... except how to enjoy it. (**N4**)

23 One of the great pleasures of mastering a language is to be able to read writers in the original.

24 In the next few lessons we will present you with some examples of the work of two twentieth-century authors,

25 and we hope you will not only appreciate the extracts but enjoy reading them, too.

***

EXERCISES 1. Fill in this form and take it to the cashier. **2.** Let me finish this job and then I'll help you with your homework. **3.** The hardback edition is too expensive; I'll wait for the paperback version to be published. **4.** Paper is made from wood pulp. **5.** He is a professor at Cambridge and his son is a primary school teacher.

19 alors qu'aujourd'hui le contraire est très souvent vrai : les droits de livre de poche pour un romancier en vogue
20 se vendent des millions de dollars, et les kiosques dans les aéroports et les gares regorgent d'œuvres de fiction à quatre sous.
21 Toutefois, nous ne voudrions à aucun prix que vous deveniez comme ce professeur d'anglais qui était fort érudit,
22 mais dont ses étudiants disaient — Il sait tout de la littérature... sauf comment l'aimer.
23 Un des plus grands plaisirs dans la maîtrise d'une langue est de pouvoir lire les auteurs en version originale.
24 Dans les deux ou trois leçons à venir, nous vous présenterons des exemples de l'œuvre de deux écrivains du 20e siècle,
25 et nous espérons que non seulement vous apprécierez les extraits, mais aussi que vous prendrez plaisir à les lire.

NOTES (suite)

(8) Pour les livres en anglais, on distingue entre *a hardback :* à couverture rigide, (généralement la première édition) et *a paperback :* un livre de poche, à couverture souple.

(9) *Pulp* = la pâte à papier. *A pulp novel* ou plus généralement *pulp fiction :* les romans sans qualité littéraire, les romans « de hall de gare ».

(10) Attention, encore des faux amis : *a teacher :* un professeur ; *a professor :* un professeur d'université. (Un instituteur : *a primary school teacher.*)

***

Exercices 1. Remplissez ce formulaire et apportez-le au caissier. **2.** Laisse-moi finir ce travail et je t'aiderai avec tes devoirs. **3.** L'édition cartonnée est trop chère ; j'attendrai le livre de poche. **4.** Le papier est fabriqué à partir de pâte à papier. **5.** Il est professeur à l'université de Cambridge et son fils est instituteur.

Fill in the missing words

1. *La tradition littéraire anglaise remonte à plusieurs siècles.*

   English literary tradition ....

2. *Quel est le premier nom qui vous vient à l'esprit ?*

   What is the first name that ....?

3. *Je tremble à l'idée d'aller chez le dentiste.*

   I .... of ..... to the dentist.

Forty-first lesson

1984 (1) (N 5)

1 It was a bright cold day in April, and the clocks were striking thirteen. (**2**)

2 Winston Smith, his chin nuzzled into his breast in an effort to escape the vile wind, (**3**) (**4**)

3 slipped quickly through the glass doors of Victory Mansions, though not quickly enough

4 to prevent a swirl of gritty dust from entering along with him.

NOTES

(**1**) Il s'agit d'un des romans les plus célèbres de ce siècle ; George Orwell (1903-1950) est un des plus grands écrivains politiques anglais de ce siècle. A titre d'anecdote, il écrivit le livre en 1948, avec le titre provisoire *The Last Man in Europe*. Son éditeur, le trouvant trop ronflant, lui suggéra d'intervertir les deux derniers chiffres de l'année en cours. « 1984 » était né. Beaucoup des idées et des expressions du livre se retrouvent dans le journalisme d'aujourd'hui. A juste titre.

4. *Les Américains ont une longue tradition de libre entreprise.*

The Americans have a ....-....... .... of free enterprise.

5. *Il ne sait pas comment s'amuser.*

He doesn't know ... .

The missing words

1. spans several centuries **2.** springs to mind **3.** shudder at the thought...going **4.** long-standing tradition **5.** how to enjoy himself

---

Quarante et unième leçon

1984

1 C'était une journée claire et froide d'avril et les horloges sonnaient treize heures.

2 Winston Smith, le menton enfoncé sur la poitrine pour essayer d'échapper au vent affreux,

3 passa rapidement par les portes en verre de Victory Mansions, mais pas assez rapidement

4 pour empêcher un tourbillon de poussière sablonneuse d'entrer avec lui.

NOTES (suite)

(2) Les premiers mots du livre créent déjà une ambiance étrange, qui fait penser au Continent. En Angleterre ou n'utilise (toujours) pas l'horloge à vingt-quatre heures ; ici on aurait dit que *...the clocks were striking one*. L'utilisation du système métrique (voir phrases 7 et 20) ajoute à cette ambiance.

(3) Le fait de reprendre le prénom (ô combien célèbre dans l'Angleterre de l'après-guerre) de Winston et de l'accoler au nom anglais le plus banal qui soit (Smith) n'est pas le fait du hasard...

(4) De nos jours, on a tendance à dire *chest* plutôt que *breast* (poitrine) pour un homme. Sinon, *a breast* a plus le sens d'un sein.

5 The hallway smelt of boiled cabbage and old rag mats. At one end of it a coloured poster,

6 too large for indoor display, had been tacked to the wall. (**5**)

7 It depicted simply an enormous face, more than one metre wide: the face of a man about forty-five,

8 with a heavy black moustache and handsome features. Winston made for the stairs. (**6**)

9 It was no use trying the lift. Even at the best of times it was seldom working,

10 and at present the electric current was cut off during daylight hours.

11 It was part of the economy drive in preparation for Hate Week. (**7**)

12 The flat was seven flights up, and Winston, who was thirty-nine and had a varicose ulcer above his right ankle,

13 went slowly, resting several times on the way.

14 On each landing, opposite the lift-shaft, the poster with the enormous face gazed from the wall.

15 It was one of those pictures which are so contrived that the eyes follow you about when you move.

16 BIG BROTHER IS WATCHING YOU, the caption beneath it ran.

17 Outside, even through the shut window-pane, the world looked cold. This, Winston thought with a sort of vague distaste,

5 L'entrée sentait le chou cuit et les vieux tapis en chiffon. A un bout du couloir, une affiche en couleurs,

6 trop grande pour être apposée à l'intérieur, avait été clouée au mur.

7 Elle montrait tout simplement un visage énorme, de plus d'un mètre de large : le visage d'un homme d'environ 45 ans,

8 avec une moustache noire et épaisse, et des traits attirants. Winston se dirigea vers l'escalier.

9 C'était inutile d'essayer l'ascenseur. Même quand tout allait bien, il marchait rarement,

10 et maintenant, l'électricité était coupée pendant qu'il faisait jour.

11 Cela faisait partie d'un effort d'économie pour préparer la Semaine de la Haine.

12 L'appartement était au 7e étage, et Winston, qui avait 39 ans et souffrait d'un ulcère variqueux au-dessus de la cheville droite,

13 grimpa lentement, se reposant plusieurs fois en cours de route.

14 Sur chaque palier, en face de la cage d'ascenseur, l'affiche avec le visage énorme surveillait tout depuis le mur.

15 C'était une de ces images qui sont conçues de telle façon que les yeux vous suivent quand vous vous déplacez.

16 La légende au-dessous proclamait : LE GRAND FRERE VOUS REGARDE.

17 Dehors, même à travers le carreau fermé, le monde semblait froid. Ceci, pensa Winston avec une sorte de vague dégoût,

NOTES (suite)

(**5**) *To display* = exposer ou étaler (marchandise, etc.). *A display window* = une vitrine d'exposition. Nous avons déjà vu (Lesson 39 Note 6) *visual display unit* = écran de visualisation.

(**6**) *To make for* : se diriger vers (on dit aussi *to head for*). *He got up from his chair and made for the door* = Il se leva de sa chaise et se dirigea vers la porte.

(**7**) A part une promenade en voiture, *a drive* signifie un effort particulier dans un certain sens : *an economy drive* = une campagne d'économies ; *an export drive* = une promotion des exportations. *He lacks drive* = Il manque d'entrain.

18 was London. He tried to squeeze out some childhood memory that should tell him whether London had always been like this.

19 The Ministry of Truth was startlingly different from any other object in sight.

20 It was an enormous pyramidal structure of glittering white concrete, soaring up 300 metres into the air.

21 From where Winston stood it was just possible to read, picked out on its white face in elegant lettering, (**8**)

22 the three slogans of the party:

23 WAR IS PEACE, FREEDOM IS SLAVERY, IGNORANCE IS STRENGTH. (**9**)

***

EXERCISES 1. — The plane leaves at one o'clock. — In the morning or the afternoon? **2.** At Christmas we take the children to see the window displays in the department stores. **3.** The government is launching a drive to reduce energy consumption.**4.** She picked out the colour she wanted from the catalogue. **5.** British doctors have developed a new method of screening women for breast cancer. **6.** Can you give me a lift? I'm making for London.

***

Fill in the missing words

1. *Les gardes l'ont empêché d'entrer dans l'immeuble.*

   The gards .... the building.

2. *C'est inutile d'essayer d'allumer les lumières. Il n'y a pas d'électricité.*

   It's .. .. the lights. There's no electricity.

3. *Il y avait neuf étages à grimper pour atteindre l'appartement.*

   The flat was ....

18 c'était Londres. Il essaya de déterrer quelque souvenir d'enfance qui lui dirait si Londres avait toujours été comme ça.
19 Le Ministère de la Vérité était remarquablement différent de tout autre objet qu'on pouvait voir.
20 C'était une énorme structure pyramidale en béton blanc et brillant, qui s'élevait jusqu'à 300 mètres.
21 D'où se tenait Winston, on arrivait juste à lire, réchampis en lettres élégantes,
22 les trois slogans du parti :
23 LA GUERRE, C'EST LA PAIX. LA LIBERTE, C'EST L'ESCLAVAGE, L'IGNORANCE, C'EST LA FORCE.

NOTES (suite)

(**8**) *To pick out*: faire le tri ; *She picked out the best bananas from the bunch* = Elle a sélectionné les meilleures bananes dans le régime. Ici, le verbe a le sens plus artistique de réchampir. *Green cloth picked out with red* = Un tissu vert réchampi en rouge. Aujourd'hui, c'est le premier sens qui est le plus courant.

(**9**) Relisez bien les slogans ; Orwell était un fin observateur du discours politique...

***

Exercices 1. — L'avion part à 1 h. — Du matin ou de l'après-midi ? **2.** A Noël, nous emmenons les enfants voir les vitrines des grands magasins. **4.** Le gouvernement lance une campagne pour réduire la consommation d'énergie. **5.** Les médecins britanniques ont développé un nouveau test de dépistage pour le cancer du sein. **6.** Pouvez-vous m'emmener en voiture ? Je vais à Londres.

***

4. *C'était conçu de telle sorte que les yeux vous suivaient.*

It was .. .. the eyes followed you.

4. *Je veux savoir si L a toujours été comme ça.*

I want to know .... London ... . like this

The missing words

1. prevented him from entering **2.** no use trying **3.** nine flights up **4.** so designed that **5.** whether...has always been

Forty-second lesson

REVISION AND NOTES

1. Nous avons insisté pendant toute notre étude sur l'importance qu'il y a à bien placer l'accent tonique *(stress)* ; toutefois, il y a un certain nombre de mots dans lesquels le *stress* varie selon qu'ils sont utilisés comme verbe ou nom, ou comme nom ou adjectif. Bien que déroutant, ce phénomène est très vite maîtrisé, car ces mots ne sont pas nombreux (nous traitons la plupart des cas dans la leçon 37). Regardons d'abord les paires nom/verbe, où l'accent est sur la première syllable si le mot est un nom et sur la seconde si c'est un verbe :

*an ex***PORT** but *to* **EX***port*
*an im***PORT** but *to* **IM***port*
*an pre***SENT** but *to* **PRE***sent*
*a re***CORD** but *to* **RE***cord*
*a de***SERT** but *to* **DE***sert*

D'autres paires de mots à prononciation variable sont

the **CON***tent* but *He is con***TENT** (nom/adjectif)
a **PER***fect day* but *to per***FECT** (adjectif/verbe)

Autre catégorie : où l'accent change lorsqu'on ajoute une syllable à un mot pour changer sa fonction grammaticale :

to **AD***vertize* but *an ad***VER***tisement*
to **PHO***tograph* but **a phoTO***grapher*
to **RE***alize* but *a reali***ZA***tion*

Enfin, il y a des mots qui ont une même racine mais dont l'accent est différent :

*po***LICE/PO***licy*
FAM*ily/fam***ILiar**

Il va de soi qu'une faute d'accent tonique implique aussi une faute grammaticale (le locuteur entend un nom au lieu d'un verbe, etc.). Regardez à nouveau nos exemples et repassez deux ou trois fois l'enregistrement de la leçon 37 afin de bien entendre ces différences.

2. Voici de nouveau notre fameux *to get*, mais ici le verbe n'a pas de sens propre, il remplit une fonction grammaticale bien précise : celle de mettre un verbe à la forme réfléchie (ou réciproque). Nous connaissons, c'est vrai, *to lose* et sa forme réfléchie *to lose oneself*; mais cette forme est encore une fois un petit peu « latine » (donc, lourde). La forme plus informelle consiste à prendre le participe passé du verbe et à ajouter *to get* devant. Par exemple :

She lost her keys mais *She got lost in New York*
D'autres exemples :

She married her childhood sweetheart
Elle a épousé son amour d'enfance
She got married last Easter
Elle s'est mariée à Pâques l'année dernière

ou bien :

They stopped the car by the side of the road
Ils ont arrêté la voiture au bord de la route
They got stopped by the police
Ils se sont fait arrêter par la police

Encore une fois, il ne s'agit pas de règles proprement dites mais plutôt de pratique. Faites donc attention lorsque vous rencontrez le verbe *to get*, car très souvent ce n'est pas le sens propre (avoir, obtenir, etc...) qui est important, mais la fonction grammaticale.

3. Nous avons déjà vu les problèmes qui peuvent surgir du fait que les noms anglais n'ont pas de genre. Ainsi, en français, la phrase : « L'hôtel cherche un nouveau cuisinier ; il devra être très qualifié » est sans équivoque, alors qu'en anglais la phrase : « The hotel manager is looking for a new cook; he (or she) must be well qualified » doit préciser s'il s'agit d'un homme ou d'une femme.
La même précision se retrouve dans les petites annonces, d'autant plus que toute discrimination y est interdite entre les hommes et les femmes pour la plupart des postes. Les législations anglaise et américaine obligent les employeurs à prendre en considération également les minorités ethniques ou les handicapés (à qualification égale) pour un même poste. Ainsi trouve-t-on l'expression *We are an equal opportunities employer* au bas des petites annonces (Nous ne faisons aucune discrimination d'aucune sorte). Voir aussi la Leçon 64 note 1.

4. *To enjoy* fait partie de ces mots « typiquement anglais » pour lesquels il n'y a pas de traduction exacte (pourtant, la racine du mot est bien française : joie, jouir). Le sens du verbe est plus fort que : aimer, il comprend la notion de prendre plaisir à faire quelque chose. Regardez ces quelques exemples :

I really enjoyed my meal
J'ai vraiment apprécié mon repas
*Did you enjoy the film?*Avez-vous aimé le film ?
I hope you enjoyed yourselves
J'espère que vous vous êtes bien amusés
How can you enjoy a good wine if you smoke?
Comment peut-on savourer un bon vin si on fume ?

Vous voyez que l'on est obligé d'apprécier la situation avant de trouver un équivalent français. Mais avec la pratique, on s'y fera...

5. Nous entrons ici dans le domaine de la littérature, donc dans le style propre de l'écrivain. Le choix des mots — et l'étendue du vocabulaire — sont des choses extrêmement personnelles, et il serait inutile d'essayer d'expliquer chaque mot et chaque nuance. Deux règles s'imposent donc : premièrement, lisez plutôt pour le plaisir (pensez que, lorsque vous lisez un grand écrivain dans votre langue maternelle, il y a bien des mots qui vous échappent) ; deuxièmement, ayez un bon dictionnaire (anglais-anglais) car beaucoup de nuances ne peuvent vraiment « sortir » en traduction ; prenez l'habitude de chercher un mot uniquement quand le manque de compréhension vous empêche d'apprécier le sens du texte.

NOTES PERSONNELLES :

Forty-third lesson

Newspeak (N1)

1 (In this second extract from George Orwell's 1984, we see how language can change the way people think.) (**1**)

2 — You think, I dare say, that our chief job is inventing words. But not a bit of it! (**2**)

3 We're destroying words — scores of them, hundreds of them, every day. We're cutting the language down to the bone.

4 The eleventh edition (of Newspeak) won't contain a single word that will become obsolete before the year 2050. (...)

5 It's a beautiful thing, the destruction of words. Of course the great wastage is in the verbs and adjectives,

6 but there are hundreds of nouns that can be got rid of as well. It isn't only the synonyms; there are also the antonyms. (**3**)

7 After all, what good is a word that is simply the opposite of some other word? A word contains its opposite in itself.

8 Take **good** for instance. If you have a word for **good,** what need is there for a word like **bad?**

NOTES

Orwell était avant tout un écrivain, et il s'est passionné pour la langue ; il écrivit de nombreux articles sur la langue et la politique. *Newspeak* est son invention la plus géniale et la plus terrifiante : l'Etat invente une langue qui ne permet pas aux citoyens d'exprimer une dissidence quelconque.

Quarante-troisième leçon

La novlangue

1 (Dans ce deuxième extrait de « 1984 » de George Orwell, nous voyons comment la langue peut changer la façon de penser des gens.)

2 — Vous pensez sans doute que notre travail principal consiste à inventer des mots. Il n'en est rien.

3 Nous détruisons les mots — des vingtaines, des centaines, tous les jours. Nous réduisons la langue à l'essentiel.

4 La 11ᵉ édition (de *Novlangue*) ne contiendra aucun mot qui deviendra obsolète avant l'an 2050 (...).

5 C'est une chose merveilleuse que de détruire les mots. Bien sûr, la plus grande déperdition se situe au niveau des verbes et adjectifs,

6 mais il y a des centaines de noms dont on peut se débarrasser aussi. Ce ne sont pas seulement des synonymes ; il y a aussi les antonymes.

7 Après tout, à quoi sert un mot qui n'est que le contraire d'un autre mot ? Un mot contient en lui-même son antonyme.

8 Prenez *bon* par exemple. Si vous avez un mot pour *bon,* pourquoi avez-vous besoin d'un mot comme *mauvais ?*

(1) Ici le relatif a été escamoté ; la phrase complète serait... *the way in which people think.* Rappelez-vous que lorsque le relatif sépare un sujet et un objet, on **peut** le supprimer ; c'est une question de style.

(2) Une expression toute faite : *Not a bit of it!* = Il n'en est rien ; Pas du tout ! Attention, elle est utilisée pour contredire une première hypothèse. *You thought he was English? Not a bit of it! He's German.* Nous pouvons utiliser *Not a bit* dans un contexte de politesse. — *Do you mind if I smoke? — Not a bit.* (Cela vous gêne si je fume ? — Pas du tout.) Ne pas confondre les deux expressions.

(3) *To get rid of* est une expression fort utile ; comme nous l'avons dit dans notre leçon 35, l'utilisation de *get* la rend plus polyvalente que d'autres synonymes latins. *I don't want to see you wearing that cap. Get rid of it* = Je ne veux pas te voir avec cette casquette. Débarrasse-t-en. Remarquez comme on tourne la phrase : « dont on peut se débarrasser » : *that can be got rid of.* Vous trouverez d'autres exemples dans nos exercices.

9 **Ungood** will do just as well — better because it's an exact opposite, which the other is not.
10 Or again, if you want a stronger version for **good,** what use is there in having a whole string (**4**)
11 of vague useless words like **excellent** and **splendid** and all the rest of them? **Plusgood** covers the meaning; (**5**)
12 or **doubleplusgood** if you want something stronger still. (...) In the end, the whole notion of goodness and badness
13 will be covered by only six words — one word in reality. Don't you see the beauty of that, Winston? (..)
14 You don't grasp the beauty of the destruction of words. Do you know that Newspeak is the only language in the world
15 whose vocabulary gets smaller every year? (**6**)
16 Don't you see that the whole aim of Newspeak is to narrow the range of thought?
17 In the end, we shall make thoughtcrime literally impossible, because there will be no words in which to express it.

NOTES (suite)

(**4**) *What use is there...?* ou *What use is it...?* = A quoi sert-il ? L'expression est plus élégante que *It's useless...* car on introduit une notion d'introspection. *What use is there asking him? You know he'll say no* = A quoi sert-il de lui demander ? Tu sais bien qu'il dira non.

9 *Nonbon* fera aussi bien l'affaire — même mieux, parce c'est exactement le contraire, ce qui n'est pas le cas de l'autre.
10 Ou alors, si vous voulez une version plus forte de *bon,* à quoi sert-il d'avoir toute une brochette
11 de mots vagues et inutiles comme *excellent* et *splendide* et tout le reste ? *Plusbon* couvre ce sens ;
12 ou *doubleplusbon* si vous voulez quelque chose de plus fort encore. (...) Finalement, toute l'idée du bien et du mal
13 sera couverte par six mots seulement — en réalité un seul mot. Vous voyez la beauté de la chose, Winston ? (...)
14 Vous ne saisissez pas la beauté de la destruction des mots. Savez-vous que la *Novlangue* est la seule langue au monde
15 dont le vocabulaire se rétrécit tous les ans ?
16 Ne voyez-vous pas que le but même de la *Novlangue* est de réduire l'étendue de la pensée ?
17 A la fin, nous aurons réussi à rendre impossible le crime-pensée, car il n'y aura pas de mots pour l'exprimer.

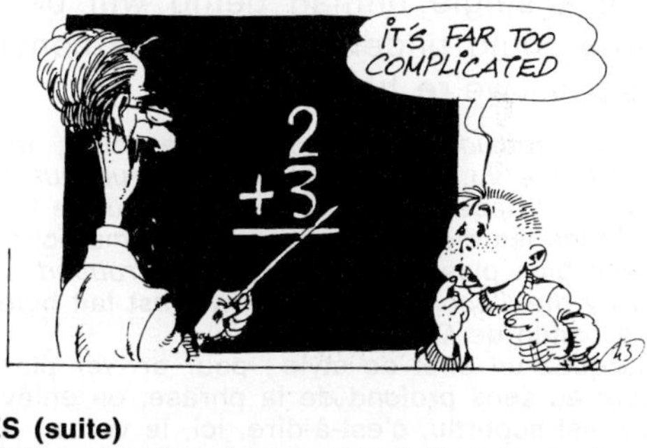

NOTES (suite)

(5) Faites attention à la prononciation de *useless* : IOUSS-less. Remarquez en passant la logique implacable de cette nouvelle langue d'Orwell.

(6) Vous avez peut-être appris que le relatif possessif *whose* ne s'emploie que pour des personnes (*The lady whose bag was stolen,* etc. = La femme dont le sac a été volé, etc.). Cette règle est assez souple, surtout lorsque la chose dont on parle peut être considérée comme « animée » (une société, une équipe...), et là nous trouverons couramment notre *whose.*

18 Every concept that can ever be needed will be expressed by exactly one word

19 with its meanings rigidly defined and all its subsidiary meanings rubbed out or forgotten. (...) (**7**)

20 Every year fewer and fewer words, and the range of consciousness always a bit smaller. (**8**)

21 Even now, of course, there's no reason for thoughtcrime. It's merely a question of discipline, reality-control. (**9**)

22 But in the end there won't be any need even for that. The Revolution will be complete when the language is perfect.

23 (...) Has it ever occurred to you, Winston, that by the year 2050, at the very latest, (**10**)

24 not a single human being will be alive who could understand such a conversation as we're having now?

(**7**) L'adjectif *subsidiary* veut dire accessoire ; le nom, nous l'avons vu, veut dire filiale. *To rub out* (littéralement) = effacer avec une gomme. Nous le trouvons aussi dans les dialogues de certains films noirs, avec un sens bien plus sinistre : *Lefty was rubbed out last night by the Capone mob* = Lefty s'est fait buter hier par la bande de Capone.

(**8**) Remarquez un effet de style : pour arriver plus rapidement au sens profond de la phrase, on enlève tout ce qui est superflu, c'est-à-dire, ici, le verbe ! Au lieu donc de dire *Every year there are fewer and fewer words,* on enlève *there are.* Cet effet littéraire n'est pas nouveau (déjà au 16e siècle le dramaturge John Webster l'employait souvent), il reste néanmoins littéraire. Remarquez en passant que *fewer* se dit pour « moins de choses » qu'on peut compter, et *less* pour « moins de choses » qu'on ne peut pas énumérer (cf. *much* and *many*). C'est un point important, parce que beaucoup d'anglophones ne respectent pas la différence ! (Voir Lesson 38, phrase 25.)

18 Tout concept dont on peut avoir besoin sera exprimé par juste un mot
19 dont les sens seront strictement définis et dont tous les sens complémentaires seront effacés ou oubliés (...)
20 Tous les ans il y aura de moins en moins de mots et l'étendue de la conscience sera toujours plus réduite.
21 Même maintenant, bien entendu, il n'y a pas de raison pour que le crime-pensée existe. C'est une simple question de discipline, de maîtrise de la réalité.
22 Mais à la longue il n'y aura plus même besoin de ça. La Révolution sera complète quand la langue sera parfaite.
23 (...) Est-ce qu'il vous est venu à l'esprit, Winston, que d'ici l'année 2050, au plus tard,
24 il n'y aura aucun être humain vivant qui sera en mesure de comprendre une conversation telle que la nôtre maintenant ?

NOTES (suite)

(9) Le mot *control* a deux sens (comme son homologue français) : celui de la maîtrise, la direction : *Who controls the firm?* = Qui dirige la société ? *The firemen managed to get the blaze under control* = Les pompiers ont pu maîtriser l'incendie. Ici, donc, Orwell parle de maîtriser, d'influencer la réalité. L'autre sens est celui de vérification : *The Japanese invented the concept of quality control* = Les Japonais ont inventé le concept de contrôle de qualité. Une confusion peut se produire car le premier sens est le plus répandu, et le Français prend souvent « maîtrise » pour « vérification ». *The controls* = les commandes (voiture, machine).

(10) *To occur* est synonyme de *to take place* (se produire, se passer). *A complete change has occurred in the country's economic policy* = Un changement total s'est produit dans la politique économique du pays. Lorsqu'on utilise le verbe avec un pronom, on a l'idée de « venir à l'esprit ». *Resign? That would never occur to him!* = Démissionner ? Cela ne lui viendrait jamais à l'esprit ! — *Let's have another drink.* — *Has it occurred to you that you are driving tonight?* = Reprenons un verre. — Vous vous êtes rendu compte que vous conduisez ce soir ? *An occurrence* = un événement.

EXERCISES 1. — How can I get rid of this cold? — Take an aspirin and go to bed. **2.** What good is money if you don't have time to spend it? **3.** I could only grasp the basics of physics ; it's far too complicated. **4.** It's the only country whose per capita income has risen over the last year. **5.** We sell a wide range of products at highly competitive prices. **6.** Rub out the figures in the left-hand column and write down these new ones.

***

Fill in the missing words

1. *La bande d'Al Capone dirigeait la pègre à Chicago dans les années 30.*

Al Capone's gang .... vice in Chicago in the 1930s.

2. *Je regrette mais il ne m'est pas venu à l'esprit de l'inviter.*

I'm ...... it never .... to invite him.

3. *Il y a tant de vestiges du passé dont il faut se débarrasser.*

There are so many relics of the past to be ... .

4. *Il y a moins de voitures et moins de pollution depuis la nouvelle loi.*

There are .... and .... since the new law.

5. *Mozart est un compositeur dont la musique est aimée partout.*

Mozart is a composer ..... music is universally loved.

Exercices 1. — Comment puis-je me débarrasser de ce rhume ? — Prenez une aspirine et allez vous coucher. **2.** A quoi sert l'argent si on n'a pas le temps de le dépenser ? **3.** Je n'ai pu saisir que les rudiments de la physique ; c'est beaucoup trop compliqué. **4.** C'est le seul pays dont le revenu par habitant a augmenté depuis un an. **5.** Nous vendons une large gamme de produits à des prix très compétitifs. **6.** Effacez les chiffres dans la colonne de gauche et ajoutez ces nouveaux chiffres.

NOTES PERSONNELLES :

The missing words

1. controlled **2.** afraid...occured to me **3.** got rid of **4.** fewer cars less pollution **5.** whose

Forty-fourth lesson

An Englishman in New York (1)

1 Look at Henderson Dores walking up Park Avenue in New York City. " I'm late, " he is thinking; and he is, late for work.

2 He is carrying his sabres in a thin bag over his right shoulder and trying to appear calm and at ease, (**2**)

3 but that permanently worried expression on his square open face gives him away rather.

4 The crowds of Americans — neat, well-dressed — stride past him purposefully, unheeding, confident. (**3**) (**4**)

NOTES

Notre extrait est tiré du roman « Stars and Bars » d'un jeune écrivain anglais, William Boyd, né en 1952. C'est l'histoire d'un Anglais, Henderson Dores, qui vient vaincre sa timidité aux Etats-Unis et qui se trouve embarqué dans une série d'aventures rocambolesques. Remarquez le style dépouillé, qui décrit en quelques lignes l'apparence physique et les préoccupations spirituelles du protagoniste. L'utilisation du temps présent des verbes est assez peu courante dans les romans en anglais, où l'on trouve plutôt le prétérit.

(**1**) Pour être tout à fait exact, il faudrait dire *New York City*, parce que *New York* est le nom de l'Etat (d'ailleurs, lorsqu'on envoie une lettre à un habitant de cette ville, on l'adresse à, par exemple, *222 Riverside Drive NYC, NY* — comprenez *New York City, New York*) Il est évident que dans le langage courant, cette distinction ne se fait que rarement (d'ailleurs, beau-

Quarante-quatrième leçon

Un Anglais à New York

1 Regardez bien Henderson Dores, qui descend Park Avenue à New York. — Je suis en retard, pense-t-il ; et, en effet, il l'est, en retard pour le travail.
2 Il porte ses sabres dans un sac mince qu'il porte sur son épaule droite, et il essaie de donner l'impression d'être calme et à l'aise,
3 mais cette expression constamment inquiète sur son visage carré et ouvert le trahit quelque peu.
4 Les foules d'Américains — proprets et bien habillés — le croisent d'un pas décidé, insouciants, confiants.

NOTES (suite)

coup de New-Yorkais parlent de leur ville comme *The Big Apple*, parce que tout le monde peut croquer dedans). Une autre distinction du même genre est la différence entre *Washington DC, capitale des Etats-Unis, et l'Etat de Washington, dans le nord-ouest du pays*. Le *DC* signifie *District of Columbia*, un district fédéral qui est de la même étendue que la ville. Les capitales des Etats ne sont presque jamais les villes les plus grandes. (Par exemple, la capitale de New York State n'est pas New York City mais Albany ; celle de la Californie n'est pas Los Angeles mais Sacramento.)

(2) Attention à la prononciation du mot *calm* (kahm) ; le *l* disparaît. La plupart des mots se terminant en *-alm* présentent le même phénomène, notamment *palm* (paume de la main, palme).

(3) *To stride* = marcher à grands pas ; *a stride* = un grand pas, peut s'employer au sens figuré : *Medecine has made great strides over the last few years* = La médecine a avancé à grands pas ces dernières années. Le verbe se conjugue comme *to ride*.

(4) *Purpose* a toujours un sens de : but, raison d'être. *This all-purpose tool makes life much easier* = Cet outil polyvalent (à plusieurs utilisations) rend la vie plus facile. *What is the purpose of your call?* = Quel est le but de votre appel ? *Purposefully* = déterminé, avec une idée en tête. *He strode purposefully into the office* = Il entra dans le bureau à grands pas déterminés. (Attention : *on purpose* = exprès : *I didn't break it on purpose* = Je ne l'ai pas cassé exprès.)

5 Henderson walks on. He is nearly forty years old — birthday coming up fast — and just under six feet tall.

6 His frame is sturdy and his face is kind and agreeably attractive. To his constant surprise, people are inclined to like him on first acquaintance. (**5**) (**6**)

7 He is polite, quite smartly dressed and, apart from that slight frown buckling his forehead (**7**)

8 he seems as composed and as unconcerned as, well, as you or me. But Henderson has a complaint, a grudge, a grumble of a deep and insidious kind. (**8**)

9 He doesn't like himself any more; isn't happy with the personality he's been provided with, thank you very much.

10 Something about him isn't up to scratch, won't do. He'll keep the flesh, but he'd like to do a deal on the spirit, if nobody minds. (**9**)

NOTES (suite)

(**5**) *Frame* = cadre d'un tableau, ou armature ; ici le sens est : la carrure du personnage. L'expression française : dans le cadre de, est extrêmement difficile (et parfois inutile) à traduire ; toutefois, on trouve l'expression : *within the framework of*, mais ce n'est pas un passe-partout.

(**6**) *An acquaintance* = une connaissance (personne). *He's not really a friend, more of an acquaintance* = Il n'est pas vraiment un ami, plutôt une connaissance. *We made his acquaintance on holiday* = Nous fîmes sa connaissance en vacances.

5 Henderson continue à marcher. Il a presque quarante ans, son anniversaire approche rapidement, et il mesure un peu moins de six pieds de haut.
6 Sa carrure est solide et son visage est gentil et agréablement attirant. A sa surprise continuelle, les gens sont enclins à l'aimer dès la première rencontre.
7 Il est poli, assez bien habillé, et, à part ce regard soucieux qui plisse son front,
8 Il semble aussi composé et insouciant que, eh bien, que vous et moi. Mais Henderson a une plainte, une rancune, un grondement de nature profonde et insidieuse.
9 Il ne s'aime plus ; il n'est pas content de la personnalité qu'on lui a donnée, si vous voulez bien.
10 Il y a quelque chose en lui qui n'est pas à la hauteur, qui n'est pas satisfaisant. Il gardera bien la chair, mais il négociera pour l'esprit, si on n'y voit pas d'inconvénient.

NOTES (suite)

(7) *To frown* = froncer les sourcils. *He always has a frown on his face* = Il a toujours une expression préoccupée. *To frown on* est employé au figuré pour signifier : considérer quelque chose comme mauvais : *Smoking in public is frowned upon* = Il est mal vu de fumer en public. Dans cette phrase, le verbe *to buckle* est employé également au sens figuré ; en effet, il s'applique généralement à un froissement de métal : *The bonnet buckled under the force of the impact* = Le capot fut enfoncé par la force de l'impact. Son emploi ici renforce l'idée de préoccupation.

(8) *To bear/hold a grudge against someone* = en vouloir à quelqu'un. *He's held a grudge against me ever since I got promoted instead of him* = Il m'en veut depuis que j'ai été promu à sa place. *She doesn't bear grudges* = Elle n'est pas rancunière. Remarquez les différentes nuances exprimées par ces trois noms, qui traduisent bien l'état d'esprit de Dores.

(9) Le luxe du romancier est bien de se mettre dans la tête de ses personnages tout en restant détaché ; le *thank you very much* et *if nobody minds* (phrase 10) sont d'autant plus ironiques que ce sont les phrases que nous imaginons comme les réactions intimes de Henderson.

11 He wants to change — he wants to be different from what he is. And that, really, is why he is here. (**10**)

12 He runs a hand through his thick fair hair, short but cut long, as it were, in the English way. (**11**)

13 To the practised observer, indeed, everything about him proclaims his Englishness. His haircut — already noted —

14 his pale-lashed eyes, the bloom on his unshaven cheekbones, his blue suit with its double vents in the jacket,

15 the dull worn signet ring on the third finger of his left hand, his navy blue ankle-length socks (only butlers and chauffeurs wear black), (**12**)

16 and his shiny, well-creased, toe-capped Oxford shoes. (**13**)

17 This knowledge — that he is so distinguishable — would distress him because, in fact, his grand and only dream is to fit in;

18 to merge and blend with the identity of these earnest, enviable people on their way to work.

NOTES (suite)

(**10**) Quelle préposition suit *different*? C'est une question d'usage, mais disons que *from* est considéré comme correct en anglais GB et EU ; on trouve aussi *different to* en anglais GB et *different than* en anglais EU. Pour être sûr, préférez *from*.

(**11**) *As it were* s'emploie comme « pour ainsi dire ». *We live together; he's my husband, as it were* = Nous vivons ensemble ; c'est mon mari, pour ainsi dire. Le *were* est ici un subjonctif utilisé comme un conditionnel, que nous retrouvons dans l'expression : *If I were you...* = Si j'étais à votre place...

11 Il veut changer — il veut être différent de ce qu'il est. Et voilà, en fait, pourquoi il est ici.
12 Il passe une main dans sa chevelure blonde et épaisse ; des cheveux courts mais coupés long, pour ainsi dire, à l'anglaise.
13 Pour l'observateur entraîné, en fait, tout en lui proclame qu'il est Anglais. Sa coupe de cheveux, déjà commentée,
14 ses yeux bordés de cils pâles, le duvet sur ses joues non rasées, son complet bleu avec veste à double fente,
15 La chevalière à l'or mat et usé, au troisième doigt de la main gauche, ses mi-bas bleu marine (seuls les majordomes et les chauffeurs en portent des noirs),
16 et ses chaussures Oxford luisantes et plissées, à bouts rapportés.
17 Savoir cela — qu'il est si reconnaissable — le perturberait, parce qu'en effet son seul et unique rêve est d'appartenir,
18 de se fondre et de se mélanger à l'identité de ces gens sérieux et enviables qui vont travailler.

NOTES (suite)

(**12**) *A driver* = un conducteur/chauffeur ; *a chauffeur* = un chauffeur de maître. *Lorry driver* (EU : *truck driver*) = un chauffeur de poids lourds ; *a taxi driver* = un chauffeur de taxi.

(**13**) Un bon exemple de la souplesse de l'anglais ; *a toe-cap* = une couverture de pointe de pied ; *to toe-cap* = installer ou faire mettre ledit article. C'est ainsi que des mots se fabriquent tous les jours sans pour autant qu'il y ait de savants débats. (Un autre exemple, plus macabre, des verbes fabriqués à partir de noms est le verb *to knee-cap* = punir un traître en lui tirant dans la rotule [*knee-cap*]. On n'arrête pas le progrès...)

19 Just another Manhattanite, he tells himself, as he transfers his sabres to his left shoulder, just like everybody else here.
20 He frowns again slightly and slows down. This is his problem:
21 he loves America, but will America love him back? Up ahead, the lunatic is waiting. (**14**)

***

EXERCISES 1. Put the book back when you've finished; I'll need it later. **2.** She did her best to appear indifferent, but no one was fooled. **3.** He strode out of the room and slammed the door after him. **4.** My father frowns on my taste in clothes; he likes people who are smartly dressed. **5.** Your last report was not up to scratch; you'll have to do better. **6.** Many immigrants do not attempt to fit into the host society, which poses a number of problems.

***

Fill in the missing words

1. *Je l'aime, mais m'aimera-t-elle en retour ?*

I love her but will she ....?

2. *Quel est le but de sa visite ?*

....?

3. *La vie est trop courte pour être rancunier.*

Life is too short .. ..

19 Rien qu'un autre habitant de Manhattan, se dit-il, en faisant passer ses sabres sur l'épaule gauche, comme tout le monde ici.

20 Il fronce légèrement les sourcils et ralentit. C'est ça son problème :

21 il adore l'Amérique, mais l'Amérique l'aimera-t-elle en retour ? Plus loin sur le trottoir, le fou l'attend.

NOTES (suite)

(**14**) Mettre *back* après toute une série de verbes donne la notion de réciprocité : regardez plutôt dans les exercices... (vous pouvez aussi lire le roman et voir ce qu'il advient de notre ami Dores quand il rencontre le fou !).

***

Exercices 1. Remettez le livre à sa place quand vous en aurez terminé ; j'en aurai besoin tout à l'heure. **2.** Elle faisait de son mieux pour avoir l'air indifférent, mais personne n'était dupe. **3.** Il quitta la pièce à grands pas et claqua la porte derrière lui. **4.** Mon père regarde d'un mauvais œil mes goûts vestimentaires ; il aime les gens qui sont habillés comme il faut. **5.** Votre dernier rapport n'était pas à la hauteur ; vous devrez faire mieux. **6.** Beaucoup d'immigrés ne font pas d'efforts pour s'intégrer à la société qui les reçoit, ce qui pose bon nombre de problèmes.

***

4. *Sa deuxième femme est très différente de la première.*

... second wife .. .. the first one.

5. *Si j'étais vous, j'irais vivre à New York.*

.. . ., I would .. .. in New York.

The missing words

1. love me back **2.** What is the purpose of his/her call **3.** to hold/ bear grudges **4.** His...is very different from (voir Note 10) **5.** If I were you...go and live

Forty-fifth Lesson

Which or that? (N2)

1 Words that connect two ideas together are called relatives (by the way, your relatives are your aunts, cousins, etc.) (**1**)

2 Two such words that people confuse quite often are **which** and **that.** Look at these examples:

3 The invention that won the prize was a tilt-rotor aero-engine; and (**2**)

4 The invention, which won the prize, was developed by the American company Howlett.

5 One's first reaction may be: What is the difference? But look again at the two sentences and pick out the vital information.

6 In the first example, we *define* the invention (it is the invention that won the prize),

7 whereas in the second example, the fact that the invention won the prize is additional information;

NOTES

(**1**) Eh oui ! *a relative* est aussi — et avant tout — un parent (le mot anglais *parent* ne s'emploie que pour père et mère). On peut aussi parler de *relations,* car le verbe *to be related to* veut dire : être apparenté à. *They have the same surname but they are not related* = Ils ont le même nom de famille mais ils ne sont pas apparentés. *My name's Shakespeare... no relation!* = Je m'appelle Shakespeare... rien à voir avec l'autre !

Quarante-cinquième Leçon

« Which » ou « that » ?

1 On appelle relatifs les mots qui relient deux idées, (à propos, vos parents *[relatives]* sont vos tantes, cousins, etc.).

2 Deux de ces mots que les gens ont tendance à confondre sont *which* et *that*. Regardez ces exemples :

3 L'invention qui *(that)* remporta le prix était un moteur d'avions à bascule ; et

4 L'invention, qui *(which)* gagna le prix, fut mise au point par la société américaine Howlet.

5 Une première réaction pourrait être : Quelle est la différence ? Mais regardez les deux phrases à nouveau et repérez les informations de première importance.

6 Dans le premier exemple, nous *définissons* l'invention (c'est l'invention qui gagna le prix),

7 tandis que, dans le second exemple, le fait que l'invention ait gagné le prix est une information complémentaire ;

NOTES (suite)

(2) *A motor* est généralement plus petit que *an engine,* bien que tous les deux se traduisent par : moteur (pour montrer à quel point les anglophones ne sont pas cartésiens, on parle de *the engine* d'une voiture, qui se dit parfois *motor car!*). Ici, il est question d'un moteur qui est à mi-chemin entre le moteur d'un avion et celui d'un hélicoptère : l'engin s'appelle en français « un convertible ». *To tilt* = basculer.

8 so much so that we put the words between commas: you can remove that information without changing the meaning. (**3**)

9 Let's look at some more examples that may make this problem easier to understand.

10 The car that overtook me was doing over 100 miles per hour.

11 The car, which overtook me, was driven by the most beautiful woman I have ever seen.

12 It is obvious that, in the second sentence, the fact that the car overtook him was less important than the beautiful driver!

13 In other words, if you remove the words *which overtook me* from the second sentence, the meaning will not change.

14 But you cannot remove the words *that overtook me* without losing vital information: the words " define " the car.

15 Look one last time and see how we use commas to isolate the words that do not define (we call this a clause). (**4**)

16 But enough theory — Lesson Forty-Nine will give you more information; let's look at some more examples of these clauses.

17 Play a little game with our sentences: take out the words following **which** or **that,** and see if the meaning changes.

18 The thing that worries me is the fuel consumption; twenty miles per gallon is too high. (**5**)

(**3**) *So much so,* nous vous le rappelons, veut dire « tant et si bien ».

8 tant et si bien que nous séparons les mots avec des virgules : vous pouvez éliminer cette information sans changer le sens de la phrase.

9 Regardons d'autres exemples qui pourront rendre ce problème plus facile à comprendre.

10 La voiture qui *(that)* m'a doublé dépassait les 160 km/h.

11 La voiture, qui *(which)* m'a doublé, était conduite par la femme la plus belle que j'aie jamais vue.

12 Il est évident que, dans la seconde phrase, le fait que la voiture l'a doublé était moins important que la belle conductrice !

13 En d'autres termes, si vous enlevez les mots *which overtook me* de la seconde phrase, le sens ne changera pas.

14 Mais vous ne pouvez pas enlever les mots *that overtook me* sans perdre des informations vitales : les mots « définissent » la voiture.

15 Regardez une dernière fois pour voir comment nous utilisons les virgules pour isoler les mots qui ne définissent pas (nous appelons ceux-ci une proposition).

16 Mais assez de théorie — la leçon 49 vous donnera davantage de renseignements ; regardons d'autres exemples de ces propositions.

17 Jouez à un petit jeu avec nos phrases : enlevez les mots qui suivent *which* ou *that* et regardez si le sens change.

18 La chose qui m'inquiète c'est la consommation de carburant ; treize litres au cent, c'est trop élevé.

(4) *A clause* est un article dans un contrat ; en grammaire, c'est un membre de phrase ou une proposition. Les propositions que nous appelons *defining* et *non-defining clauses* (que nous appelons en français « déterminatives » et « non déterminatives ») peuvent aussi se dire *restrictive* et *non-restrictive clauses* (voir leçon 49 N2).

(5) La consommation en carburant des voitures en G-B et aux E-U se mesure au nombre de *miles* parcourus avec un *gallon* d'essence. Malheureusement (vous vous en seriez doutés), le gallon anglais (dit *imperial gallon*) est différent de son homonyme américain, qui, lui, n'a rien d'impérial ! Le premier équivaut à 4,5 litres, alors que le deuxième n'en fait que 3,7. Cependant, dans les deux pays, on achète de plus en plus l'essence par litre (même si nous continuons à parler en gallons...).

19 The fuel consumption of the car is very high, which worries me.

20 The houses, which belonged to the municipal authorities, were badly in need of repair.

21 The houses that belonged to the authorities were dilapidated; all the others were in a good state of repair. (**6**)

22 Here is the project that he has been working on for the last seven months.

23 The project, which he has been working on for seven months, will be discussed by the research committee tomorrow.

24 One last point — if the relative appears in a defining clause, we can leave it out if we want. (**7**)

25 The house I looked at last month is now worth another twenty thousand pounds.

26 You cannot do this if the words are between commas: The house, which I bought last year, is now worth £ 800,000.

***

EXERCISES 1. Are you any relation to the author of the same name? **2.** The engine tilts backwards to force the aircraft upwards. **3.** Take special care if you are overtaking on slippery roads. **4.** The thing that really worries me is the maintenance: it costs a fortune to repair. **5.** The house was in an excellent state of repair; we were able to move in straight away. **6.** How many miles do you get to the gallon with that new sports car?

19 La consommation de la voiture est très importante, ce qui m'inquiète.
20 Les maisons, qui appartenaient à la municipalité, avaient un besoin urgent de réparations.
21 Les maisons qui appartenaient aux autorités étaient lépreuses ; toutes les autres étaient en bon état.
22 Voici le projet sur lequel il travaille depuis les sept derniers mois.
23 Le projet, sur lequel il travaille depuis sept mois, sera examiné demain par le comité de recherche.
24 Une dernière chose — si le relatif est présent dans une proposition restrictive, nous pouvons si nous le désirons l'éliminer.
25 La maison (que) j'ai vue le mois dernier vaut maintenant £ 20.000 de plus.
26 Vous ne pouvez pas faire cela si les mots sont séparés par des virgules : La maison, que j'ai achetée l'année dernière, vaut maintenant £ 800.000.

NOTES (suite)

(**6**) *To repair* = réparer. *To be in a good/bad state of repair* = être en bon/mauvais état. *I didn't pay much for the car, but it was in a terrible state of repair* = Je n'ai pas payé cher la voiture, mais elle était en très mauvais état. En moins recherché, on dirait *to be in good/bad condition.* Remarquez que cette première expression ne peut pas s'employer pour les personnes.

(**7**) *To leave out* = omettre. Son équivalent latin est *to omit. You can use this recipe if you're slimming: just leave out the sugar and the butter* = Vous pouvez utiliser cette recette si vous êtes au régime : omettez seulement le sucre et le beurre. *Why didn't you invite him? You know he hates to be left out* = Pourquoi ne l'avez-vous pas invité ? Vous savez bien qu'il a horreur qu'on le laisse en dehors.

***

Exercices

1 Est-ce que vous êtes un parent de l'auteur du même nom ? **2.** Le moteur bascule en arrière pour propulser l'avion vers le haut. **3.** Faites tout particulièrement attention si vous doublez sur les routes glissantes. **4.** La chose qui m'inquiète le plus, c'est l'entretien : ça coûte une fortune à réparer. **5.** La maison était en excellent état ; nous avons pu emménager tout de suite. **6.** Vous faites combien au cent avec cette nouvelle voiture de sport ?

Fill in the missing words

1. *Le navire, qui était enregistré en Espagne, coula au large des côtes françaises.*

   The ship, ... was registered in Spain, sank off the French coast.

2. *Le navire qui emmena mon grand-père aux E-U était le Titanic !*

   The ship . . . . took my grandfather to America was the Titanic!

3. *La maison que j'ai achetée l'année dernière a doublé de prix.*

   The house . . . . I bought last year has doubled in price.

Forty-sixth lesson

God save the Queen! (N3)

1 A crowd had gathered outside Buckingham Palace, waiting for the Queen to appear on the balcony. (**1**)

2 When she finally came out, the crowd shouted — God save the Queen!

3 Perplexed, a young German student took his grammar book from his pocket, opened it and said aloud:

4 — That's wrong! — You don't like the Queen?, came the ominous reply. (**2**)

NOTES

(**1**) *Buckingham Palace* est la résidence officielle du souverain anglais à Londres. Par rapport à d'autres palais royaux, cette demeure du 18e siècle, achetée aux ducs de Buckingham, est assez modeste. D'autres

4. *Il faisait très chaud, tant et si bien que j'ai été très malade.*

The weather was very hot, ... that I was very sick.

5. *Elle a horreur qu'on l'oublie.*

She ....

The missing words

1 which. **2.** that. **3.** that (ou rien du tout, voir en phrase 24). **4.** so much so. **5.** hates to be left out.

Quarante-sixième leçon

Dieu garde la Reine

(Il est évident que les nuances de registre ne peuvent se traduire de façon précise ; nous nous en excusons par avance !)

1 Une foule s'était rassemblée devant Buckingham Palace, attendant que la Reine apparaisse au balcon.
2 Quand enfin elle sortit, la foule clama — Dieu garde la Reine !
3 Intrigué, un jeune étudiant allemand sortit son livre de grammaire de sa poche, l'ouvrit et dit à haute voix :
4 — C'est faux ! — Vous n'aimez pas la Reine ?, lui demanda-t-on d'un air menaçant.

NOTES (suite)

« adresses » identifiées à des fonctions politiques sont le *10 Downing Street* (résidence du Premier Ministre), le *11 Downing Street* (résidence du ministre des Finances). Aux E-U, bien sûr, on connaît *The White House* (résidence du Président).

(2) *Ominous* (de *omen*, pron : Ohmenn = augure), signifie plutôt quelque chose de mauvais augure, de sinistre. *The sky looks ominous* = Le ciel est menaçant. Par contre, on parle de *good* aussi bien que de *bad omens.*

5 — No, it's not that. Look, you say: the life-guard saves the drowning swimmer, right? (**3**)

6 — Yes, replied the crowd. — So why do you say: God save the queen?

7 — Listen, son, the twenty thousand people here can't be wrong. Don't try and be too clever.

8 — If I were you, I wouldn't worry about it, an old man rejoined. — Ah! There you go again!, cried the German.

9 — You say: when I was in London, but: if I were you. Help! I'm going crazy. Can someone help me? (**4**)

10 If anyone here is a grammar teacher, I insist that he tells me the answer.

11 — That should be " insist that he tell ", actually, said an elegantly dressed gentleman. (**5**)

12 — That's the last straw! Explain why. — Subjunctive, old fellow, came the answer. (**6**)

13 Yes, the subjunctive. Don't see it around much any more. It sounds too posh. Other languages have it, though. (**7**)

NOTES (suite)

(**3**) Remarquez l'utilisation du participe : *a drowning man* = un homme en train de se noyer ; *a barking dog* = un chien en train d'aboyer. Le participe donne le sens d'une action qui est en train de se réaliser.

(**4**) *Crazy* est un mot semi-argotique qui veut dire : fou. *You can't talk to him ; he's crazy* = Vous ne pouvez lui parler ; il est fou. On l'emploie couramment dans le sens de : fou de quelque chose (ou de quelqu'un). *I'm crazy about you* = Je suis fou de toi. *A craze :* une manie, une mode. *Pink hair seems to be the latest*

5 — Non, il ne s'agit pas de ça. Regardez, vous dites bien : Le maître nageur sauve le baigneur en train de se noyer, n'est-ce pas ?
6 — Oui, répondit la foule. — Donc, pourquoi dites-vous : Dieu garde (sauve) la Reine ?
7 — Ecoutez, fiston, les 20.000 personnes ici n'ont pas tort. N'essayez pas d'être trop malin.
8 — Si j'étais à votre place, je ne m'en inquiéterais pas, ajouta un vieil homme. — Ah ! Voilà que vous recommencez ! cria l'Allemand.
9 Vous dites : Quand j'étais à Londres, mais : Si j'étais à votre place. Au secours ! Je deviens fou. Quelqu'un peut-il m'aider ?
10 S'il y a ici un professeur de grammaire, j'insiste pour qu'il me donne la réponse.
11 — Cela devrait être : « insiste qu'il me donne », en fait, dit un homme élégamment vêtu.
12 — Ça c'est le comble ! Expliquez pourquoi. — Le subjonctif, mon vieux, fut la réponse.
13 Oui, le subjonctif. On ne le voit plus beaucoup. Ça fait trop snob. D'autres langues le possèdent, néanmoins.

NOTES (suite)

craze among the young = Les cheveux roses semblent être la dernière mode parmi les jeunes.

(5) Le fameux *actually* n'est très souvent qu'une interjection (comme : En fait...) — *What are you doing at the moment? — Actually, I'm looking for a job* = ... En fait, je cherche du travail. Le mot sert à saisir la conversation sans vraiment répondre à une question. Bien entendu, à votre niveau, vous ne le confondez plus avec notre : actuellement (*now*) ; mais on ne se rend pas toujours compte que *actually* est souvent un tic de langage.

(6) L'expression entière est : *The last straw that breaks the camel's back* (on empile de la paille sur le dos d'un chameau, mais c'est le dernier brin qui lui brise l'échine). C'est notre « goutte d'eau qui fait déborder le vase ». On dit généralement : *That's the last straw!*

(7) Remarquez le style un peu télescopique : *Don't see* au lieu de *You don't see,* etc. C'est un tic de langage que l'on identifie avec la grande bourgeoisie anglaise. Ne pas l'imiter, à moins que...

14 You see, English **does** like to simplify matters, and the subjunctive is a tricky beast. (**8**)

15 First it's got the same form as the infinitive, without the **to,** of course. Do you follow me? — Yes.

16 — That means that you only really notice the subjunctive in the third person. No **s**, you see.

17 You also find it with verbs like: to demand, to ask, or to request. (**9**)

18 So when a person says " I insist that... " or " He demanded that... "

19 we put a subjunctive after it. I insist that he tell me, or, The judge insisted that the witness answer the question.

20 Are you still with me? Before our diligent student could answer, another voice butted in: (**10**)

21 — Don't listen to that old fuddy-duddy! A crowd of curious onlookers had gathered to listen to the impromptu lesson. (**11**)

NOTES (suite)

(**8**) Le *does* renforce le verbe. *I do like your new hat* = J'aime vraiment votre nouveau chapeau.

(**9**) Il y a des nuances entre ces verbes : *to demand,* c'est carrément « exiger » : *I demand an answer* (j'exige une réponse) ; *to ask* = demander ; alors que *to request* veut dire solliciter, demander poliment ; on le retrouve dans les contextes plutôt formels : *You are requested not to smoke* = Prière de ne pas fumer. *He did it at my request* = Il le fit à ma demande. A la radio ou la télévision, *a request show* est une émission à la demande des auditeurs. Un arrêt de bus facultatif = *a request stop.*

14 Voyez-vous, l'anglais aime vraiment simplifier les choses, et le subjonctif est une bête difficile.

15 D'abord, il a la même forme que l'infinitif, sans le *to*, bien entendu. Me suivez-vous ? — Oui.

16 — Cela veut dire que l'on ne s'en rend vraiment compte qu'à la troisième personne. Pas de s, voyez-vous ?

17 Vous le trouvez aussi avec les verbes comme : exiger, demander, ou quémander.

18 Alors, lorsqu'une personne dit : J'insiste pour que..., ou : Il exigea que...,

19 nous mettons le subjonctif après. J'ai insisté pour qu'il me dise ; ou, le juge insista pour que le témoin répondît à la question.

20 Vous me suivez toujours ? Avant que notre étudiant sérieux puisse répondre, une autre voix interrompit :

21 — N'écoutez pas cette espèce de vieil empaillé !. Une foule de spectateurs curieux s'était rassemblée pour écouter la leçon spontanée.

NOTES (suite)

(**10**) *To butt in :* interrompre, intervenir sans y avoir été invité. *Don't butt into our conversation* = Ne te mêle pas de notre conversation. (Remarquez que nous lions le *in* et le *to* en un seul mot.)

(**11**) *A fuddy-duddy :* argotique pour un vieil empaillé, quelqu'un qui est vieux jeu. *Don't listen to that old fuddy-duddy.*

22 A young man in jeans and a sweat shirt was waving a finger at the older man. (**12**)

23 — What this bloke says is all well and good in theory, but no one talks like that nowadays. (**13**)

24 We find ways around the subjunctive. Here, take the examples that old fossil gave you.

25 " I insist that he tells me " is perfectly OK, and " The judge insisted that the witness should answer the question "

26 sounds much less pompous than the other sentence. — I object, you ruffian, said the older man, I insist that...

27 — ...he apologize, retorted the German student. The crowd applauded.

***

EXERCISES 1. — I'm crazy about him! she cried. There was an ominous silence. **2.** The major problem facing the country at the present time is the falling dollar. **3.** Actually, I really don't know what to tell you. **4.** Do you have any last requests? **5.** Excuse me for butting in, but did you say your name was Bridgewater? **6.** It's all well and good in theory, but we don't have enough money.

22 Un jeune en jeans et sweat-shirt agitait le doigt en direction de l'homme plus âgé.

23 — Ce que ce type veut dire est très bien en théorie, mais personne ne parle comme ça de nos jours.

24 Nous trouvons les moyens de contourner le subjonctif. Tenez, prenez les exemples que ce vieux fossile vient de vous donner.

25 « J'insiste pour qu'il me dise » (sans subjonctif) est parfaitement acceptable, et le juge insista pour que le témoin réponde à la question (sans subjonctif)

26 a l'air beaucoup moins pompeux que l'autre phrase. — Je proteste, espèce de voyou, dit l'homme plus âgé, j'insiste pour que...

27 — ... qu'il s'excuse, rétorqua l'étudiant allemand. La foule applaudit.

NOTES (suite)

(**12**) Remarquez que, comme *a pair of trousers, a pair of jeans* prend toujours un *s* ; *Why do you always wear those old jeans?* = Pourquoi portes-tu toujours ce vieux jeans ? (Il est intéressant de noter en passant que le mot est d'origine française, car ces pantalons étaient fabriqués en toile de Gênes. En anglais, on appelle cette toile *denim,* qui vient de la serge de Nîmes... Qui imite qui dans cette histoire ?)

(**13**) *A bloke* = argot britannique pour un type. En américain, on dit *a guy*. (Le mot existe aussi en anglais G-B.)

***

Exercices 1. — Je suis folle de lui ! cria-t-elle. Il y eut un silence lourd. **2.** Le problème principal qui menace le pays est la chute du dollar. **3.** En fait, je ne sais vraiment pas quoi vous dire. **4.** Avez-vous des dernières demandes ? **5.** Excusez-moi de vous interrompre, mais avez-vous dit que vous vous appeliez B ? **6.** Tout est très bien en théorie, mais nous n'avons pas assez d'argent.

Fill in the missing words

1. *C'en est trop ! J'en ai assez de vos bêtises.*

. . . .'. . . . .! I've had enough of your nonsense.

2. *Elle veut vraiment changer de travail. Pouvez-vous l'aider ?*

She . . . . to change jobs. Can you help her?

3. *Si j'étais à votre place, je ne m'en inquiéterais pas.*

. . . ., ...'. . . . .

Forty-seventh lesson

A rose is a rose is a rose... (N4)

1 We've got a lot of nice things to show you in the next few lessons.

2 — Stop!! How dare you be so sloppy? Use your vocabulary, for heaven's sake. (**1**) (**2**)

3 English is such a rich language — even a simple noise can be described in a host of ways. Look...

4 The generator was humming quietly in the corner of the room. (**3**)

NOTES

(**1**) *To dare:* oser. C'est un verbe curieux en ce sens qu'il a deux formes — une régulière et une modale (comme *can, must*). En fait, *dare* n'est pas très usité dans la langue courante, ainsi les subtiles nuances perdent de leur poids ! Toutefois, notez ces expressions idiomatiques : — *I'm going to borrow Dad's car. — Don't you*

4. *Un certain nombre de gens s'étaient rassemblés devant l'usine.*

A number of people ... . the factory.

5. *Dieu garde la Reine ! cria la foule.*

... .! ....

The missing words

1. That's the last straw **2.** really does want **3.** If I were you, I wouldn't worry about it. **4.** had gathered outside **5.** God save the Queen! shouted the crowd

---

Quarante-septième leçon

Une rose n'est qu'une rose n'est qu'une rose...

1 Nous avons beaucoup de chouettes trucs à vous montrer dans les quelques leçons qui viennent.

2 — Arrêtez ! ! Comment pouvez-vous vous laisser aller comme ça ? Utilisez votre vocabulaire, pour l'amour du ciel.

3 L'anglais est une langue tellement riche — même un simple bruit peut être décrit d'une multitude de façons. Regardez...

4 Le groupe électrogène ronronnait doucement dans le coin de la pièce.

NOTES (suite)

dare! = Je te l'interdis ! *How dare you talk like that to me!* = De quel droit me parlez-vous comme ça ? *I dare say you must be tired after the drive* = Je suppose que vous êtes fatigué après le voyage en voiture. Ces expressions sont invariables.

(**2**) *Sloppy* = négligé, *He used to be very meticulous, but now he's so sloppy he forgets everything* = Il était très méticuleux, mais maintenant il se laisse tellement aller qu'il oublie tout. Attention ! *a sloppy film* = un film larmoyant (surtout en anglais GB).

(**3**) *To hum* (ici) a le sens de ronronner ; il est aussi utilisé pour fredonner : *He was humming a little tune* = Il fredonnait un petit air.

5 In the background you could hear the steady ticking of the huge grandfather clock. (**4**)

6 A log fire crackled and hissed in the grate: it was too quiet! Holmes was on his guard. (**5**)

7 Suddenly, there was a ping from the alarm in the kitchen.

8 Outside, footsteps clattered over the roof of the adjacent house. (**6**)

9 Somewhere in the distance, a door banged shut. There was a rattle of gunfire
10 followed by a scream of pain. A heavy weight thudded into the bushes with a noise of snapping branches. (**7**)

11 — Victory to the just! There was the pop of a cork and the fizz of champagne. (**8**)

12 — To crime! said Dr Watson, we'll prove it doesn't pay!

NOTES (suite)

(**4**) *To tick* = faire tic-tac ; si l'horloge fait ce bruit, c'est qu'elle marche ; d'où l'expression *What makes him tick ?* = Qu'est-ce qui l'inspire, qu'est-ce qui le fait marcher ?

(**5**) *To hiss* est une onomatopée remarquable : dites-le à haute voix pour vous en rendre compte ! Il peut s'employer pour tout son sifflant. D'ailleurs, quand on siffle une pièce de théâtre, etc., on dit *The audience hissed. The grate* (qui se prononce comme l'adjectif *great*) = la grille du foyer.

(**6**) *To clatter:* faire du vacarme ; se dit très couramment pour le bruit sec et dur des pas. *The horse hooves clattered on the cobbles* = Les sabots du cheval claquaient sur les pavés. Vous voyez comme en anglais on a des mots très précis qui nécessitent souvent une périphrase en français ? Il est donc doublement important d'apprendre le mot dans un contexte spécifique.

5 Dans le fond, on entendait le tic-tac régulier de l'énorme horloge de parquet.
6 Un feu de bûches craquetait et sifflait dans la grille du foyer ; c'était trop silencieux ! Holmes était sur ses gardes.
7 Tout d'un coup, il y eut le déclic de l'alarme dans la cuisine.
8 Dehors, des bruits de pas résonnèrent sur le toit d'une maison voisine.
9 Quelque part, dans le lointain, une porte claqua. Des coups de feu crépitèrent,
10 suivis d'un hurlement de douleur. Une masse lourde tomba avec un bruit sourd dans les buissons, dans un craquement de branches.
11 — Victoire aux justes ! Le bouchon de champagne sauta et le vin pétilla dans les verres.
12 — Au crime ! dit le Dr Watson, nous prouverons qu'il ne paie pas !

NOTES (suite)

(7) *To thud:* faire un bruit sourd. Si vous faites tomber un plat en métal, *it will clatter;* si vous faites tomber un sac en toile plein de vêtements, *it will thud. The body thudded to the ground* = Le corps tomba à terre avec un bruit sourd.

(8) Encore deux onomatopées : *to pop* = faire un bruit sec, tel un bouchon de champagne. *To fizz* = pétiller (dites ces deux mots à haute voix). Une publicité célébrissime aux EU pour un produit effervescent contre les maux d'estomac décrit bien le son des deux cachets qui tombent dans l'eau et se mettent à pétiller : *Plop, plop, fizz, fizz... oh what a relief it is!* A haute voix, s'il vous plaît !

13 Moonlight shimmered on the surface of the lake, while above his head, the stars twinkled in the velvet sky. (**9**)

14 A torch snapped on behind him and he was dazzled by the powerful beam of light.

15 He caught a glimpse of a tall dark figure disappearing into the night. (**10**)

16 In the distance, he could see the comforting glow of the city lights.

17 He turned around, staring out to sea. A light winked in the darkness — a boat was coming into the harbour. (**11**)

18 He shone his own torch onto his watch. Four o'clock. The gold watch strap glittered.

19 Pearls of dew glistened on the grass as dawn began to rise.

20 A triumphant gleam came into his eyes. — He's going to try and escape by sea. I'll catch him at the port. (**12**)

NOTES (suite)

(**9**) Deux verbes avec un sens très précis : *to shimmer* = miroiter ; se dit de l'effet de lumière sur l'eau, ou encore de l'effet de chaleur intense. *The road shimmered in the desert sun. To twinkle* = scintiller, se dit d'une lumière qui brille par intermittence. Si la lumière est plus intense, on dit *to sparkle,* etc. Retenez le contexte.

***

EXERCISES 1. All that glitters is not gold. **2.** How dare you use such language? **3.** The room was silent except for the steady ticking of the clock. **4.** The cat jumped out from behind the armchair, hissing in anger. **5.** His gun clattered to the ground. **6.** He snapped on the torch : the vase gleamed in the powerful light.

13 Le clair de lune luisait sur la surface du lac, et au-dessus de sa tête, les étoiles étincelaient dans un ciel de velours.

14 Soudain, une lampe électrique s'alluma derrière lui, et il fut ébloui par le puissant rayon de lumière.

15 Il entrevit une grande silhouette noire qui disparut dans la nuit.

16 Au loin, il pouvait voir la lueur réconfortante des lumières de la ville.

17 Il se retourna, et regarda vers le large. Une lumière clignota dans le noir — un bateau arrivait dans le port.

18 Il éclaira sa montre de sa propre lampe. 4 heures. Le bracelet en or brilla.

19 Des perles de rosée étincelèrent sur l'herbe à l'approche de l'aube.

20 Une lueur de triomphe apparut dans ses yeux. — Il va essayer de fuir par la mer. Je le rattraperai au port.

NOTES (suite)

(**10**) *To catch a glimpse of* = entrevoir. *People came from all over the State to catch a glimpse of the President* = Les gens sont venus de partout dans l'Etat pour entr'apercevoir le Président.

(**11**) *To wink* = clignoter (d'ailleurs, en japonais, les clignotants d'une voiture se disent win-kah !). Néanmoins on l'utilise pour « faire un clin d'œil » ? *That man winked at me* = Cet homme m'a fait un clin d'œil.

(**12**) *To gleam:* se dit de quelque chose qui brille comme si on l'avait frotté. *His teeth were gleaming white* = Ses dents étaient d'un blanc étincelant. C'est aussi la lueur qui naît dans l'œil (de satisfaction, de méchanceté, etc.) *His eyes gleamed with anger* = Ses yeux brillaient de colère.

***

Exercices 1. Tout ce qui brille n'est pas d'or. **2.** Comment osez-vous utiliser un tel langage ? **3.** La pièce était silencieuse excepté pour le tic-tac régulier de l'horloge. **4.** Le chat sauta de derrière le fauteuil, sifflant de colère. **5.** Son pistolet tomba à terre avec un bruit sec. **6.** Il alluma la lampe brusquement : le vase luisait dans la lumière puissante.

Fill in the missing words

1. *J'ai essayé de l'entrevoir, mais la foule était trop grande.*

   I tried .. .. him but the crowd was too big.

2. *Je suppose que vous devez avoir faim après cette longue promenade.*

   . ... after that long walk.

3. *Quel est cet air que tu fredonnes ?*

   What is that .... you ... . ?

Forty-eighth lesson

The English and the Americans

1 A Frenchman decided to adopt British citizenship. After the ceremony, which was very moving,

2 the clerk asked him if he was proud of his new nationality. The ex-Frenchman replied: (**1**)

3 — Of course I am. You see, he said in a confidential tone, now I can say that **we** won the Battle of Waterloo. (**2**)

NOTES

(**1**) *A clerk* (du français, clerc) est un mot fort utile, qui signifie : employé de bureau, commis, etc. *A bank clerk:* employé(e) de banque. A noter la différence de prononciation entre l'anglais GB (klahk) et l'anglais EU (klerk). Ecoutez l'enregistrement du texte et des exercices.

4. *Ses yeux brillaient de plaisir.*

Her eyes .... pleasure.

5. *La lune luisait sur le lac et les étoiles étincelaient au-dessus.*

The moon .... on the lake and the stars .... overhead.

The missing words

1. to catch a glimpse of **2.** I dare say you must be hungry **3.** tune... are humming **4.** gleamed with **5.** shimmered... twinkled

Quarante-huitième leçon

Les Anglais et les Américains

1 Un Français décida de prendre la citoyenneté britannique. Après la cérémonie, qui fut très émouvante,

2 l'employé lui demanda s'il était fier de sa nouvelle nationalité. L'ex-Français lui répondit :

3 Bien sûr que oui. Voyez-vous, dit-il d'un ton confidentiel, maintenant je peux dire que c'est **nous** qui avons gagné la bataille de Waterloo.

NOTES (suite)

(2) Remarquez encore une fois comment on appuie sur un mot pour donner une accentuation à la phrase, là où le français serait obligé d'employer des mots supplémentaires, tels : mais, bien, etc. *You're the person who made the mistake, not me* = C'est bien vous, et non pas moi, qui vous êtes trompé.

4 A couple of Polish emigrés to the United States had been waiting for ten years to be granted American nationality. (**3**)

5 One day, the husband came running into the kitchen, waving a letter and shouting — We're Americans! We're Americans!

6 His wife turned, took off her apron and said — How wonderful! Now **you** can wash the dishes!

7 When asked if his fellow countrymen were chauvinistic, an American economist replied:

8 — Yes and no. An American is someone who wears English suits, Italian shoes and French silk ties.

9 He drinks Brazilian coffee, eats Swiss cheese with Austrian bread, and drives a German car.

10 Then he takes a Japanese ballpoint pen and Chinese notepaper to write to his congressman, (**N5**)

11 demanding that he do something about foreign companies taking away our foreign markets. (**4**)

NOTES (suite)

(**3**) *To grant* = accorder, concéder. *India was granted independence in 1947* = L'Inde s'est vu accorder l'indépendance en 1947. *A grant* = une subvention, une bourse (en économie : un don). *The government is cutting student grants this year* = Le gouvernement réduit les bourses universitaires cette année.

4 Un couple d'immigrés polonais aux E-U attendait depuis dix ans de recevoir la nationalité américaine.
5 Un jour, le mari entra en courant dans la cuisine, en agitant une lettre et en criant — Nous sommes Americains ! Nous sommes Américains !
6 Sa femme se retourna, enleva son tablier et dit — Que c'est merveilleux ! Maintenant, c'est **toi** qui feras la vaisselle !

7 Quand on lui demanda si ses compatriotes étaient chauvins, un économiste américain répondit :
8 — Oui et non. Un Américain est quelqu'un qui porte des complets anglais, des chaussures italiennes et des cravates en soie françaises.
9 Il boit du café brésilien, mange du fromage suisse avec du pain autrichien, et conduit une voiture allemande.
10 Puis il prend un stylo à bille japonais et du papier à lettres chinois pour écrire à son député,
11 en exigeant qu'il fasse quelque chose à propos des sociétés étrangères qui nous raflent nos marchés à l'étranger.

NOTES (suite)

(**4**) Voir la leçon 46 sur le subjonctif. *I demand that he do something about this problem.*

12 Americans have a reputation for being wealthy and generous tourists (though not always willingly...).

13 An American tourist stopped in a tiny French village for lunch at the local inn.

14 He ordered an omelette, which was delicious. But when the bill came, he got the shock of his life.

15 — Tell me, he asked the owner of the restaurant, are eggs scarce in this part of the world? (**5**)

16 — No, replied the owner, but American tourists are! (**6**)

17 One problem that faces the British when they visit the USA is what to call « the smallest room in the house ». (**7**)

18 The Americans shudder at the word toilet; they call it *the bathroom,* which for English people

19 is where one goes to wash one's hands or to take a bath. The problem is well illustrated by the following true story.

20 In a very chic Manhattan restaurant, an Englishman visiting the USA for the very first time asked the head waiter:

NOTES (suite)

(**5**) *Scarce* est presque synonyme de *rare,* mais il comporte en outre une idée de pénurie. *Because of the heavy rains, corn is scarce this year* = A cause des grandes pluies, le maïs est rare cette année. (Remarquez la prononciation : skairss.) L'adverbe *scarcely* signifie « à peine ». *He was so upset he could scarcely speak* = Il était tellement bouleversé qu'il pouvait à peine parler.

12 Les Américains ont la réputation d'être des touristes riches et généreux (pas toujours volontairement, cependant...).

13 Un touriste américain s'arrêta dans un minuscule village français pour déjeuner à l'auberge du coin.

14 Il commanda une omelette, qui était délicieuse. Mais lorsque l'addition arriva, il reçut le choc de sa vie.

15 — Dites-moi, demanda-t-il au propriétaire du restaurant, les œufs sont-ils rares dans ce coin du monde ?

16 — Les œufs, non, répondit le propriétaire, mais les touristes Américains, si !

17 Un problème auquel se trouvent confrontés les Britanniques lorsqu'ils se rendent aux E-U est comment appeler « le petit coin ».

18 Les Américains ont horreur du mot *toilet ;* ils l'appellent *the bathroom* (salle de bains), ce qui, pour les Anglais,

19 signifie l'endroit où on va se laver les mains ou prendre un bain. Le problème est bien mis en évidence par l'histoire authentique suivante :

20 Dans un restaurant très chic de Manhattan, un Anglais qui visitait les E-U pour la toute première fois demanda au maître d'hôtel :

NOTES (suite)

(6) Regardez bien la traduction de cette phrase et appréciez-en la tournure idiomatique.

(7) Il est vrai que c'est un problème socio-linguistique. Il suffit de dire qu'on peut demander *the toilet(s)* partout en GB (bien que l'appellation « officielle » soit *« public conveniences »*). Aux EU, chez un particulier, on demanderait *the bathroom* (cf. notre texte), et en public *the restroom.* Pour ce qui est des surnoms — nombreux — vous verrez vous-mêmes !

21 — Excuse me, my man, where are the toilets? The waiter was outraged and replied in a haughty tone:
22 — Go up the stairs, turn right and walk to the back of the room. On your left you will see a door marked « Gentlemen ».
23 But pay no attention. You can go in all the same. (**8**)

24 Not all Americans are proud of their founder Christopher Columbus, although there is a national holiday named after him. (**9**)
25 When he set off, he did not know where he was going; when he arrived, he did not know where he was; (**10**)
26 and when he returned, he could not tell anybody where he had been! Some heritage! (**11**)

NOTES (suite)

(**8**) *All the same* = tout de même. *He said I couldn't go, but I went all the same* = Il m'a dit que je ne pouvais pas y aller, mais j'y suis allé tout de même.

***

EXERCISES 1. If you need a receipt you'll have to ask the desk clerk. **2.** Of course it's a nice restaurant: *you* don't have to pay the bill! **3.** Because of the economic crisis, money is scarce at the moment. **4.** Pay no attention to the sign. Turn left all the same. **5.** Pack your bags tonight because I want to set off very early in the morning. **6.** Some picnic ! We sat in the car and ate a hamburger!

21 — Pardonnez-moi, mon brave, mais où sont les toilettes ? Le serveur, scandalisé, répondit d'un ton hautain :
22 — Montez les escaliers, tournez à droite et allez au fond de la salle. A votre gauche vous verrez une porte marquée « Gentlemen ».
23 Mais n'en tenez pas compte. Vous pouvez entrer quand même.

24 Tous les Américains ne sont pas fiers de leur découvreur Christophe Colomb, bien qu'il y ait une fête nationale qui porte son nom.
25 Lorsqu'il partit, il ne savait pas où il allait ; quand il arriva, il ne savait pas où il était ;
26 et quand il revint, il ne put raconter à personne où il avait été. Quel héritage !

NOTES (suite)

(**9**) *Columbus Day* (le 8 octobre), en mémoire de l'arrivée de Christophe Colomb aux Bahamas en 1492, est un jour férié aux EU.

(**10**) *To set off* = to leave.

(**11**) L'utilisation de *Some... !* dans une exclamation est assez sardonique, et correspond à notre français : Tu parles ! *Some vacation! It rained for two weeks!* = Des vacances ? Tu parles ! Il a plu pendant deux semaines ! (La tournure est plutôt américaine ; d'ailleurs, les Américains parlent de *vacation* alors que les Anglais, eux, parlent de *holiday*.)

***

Exercices 1. Si vous avez besoin d'un reçu, vous devrez voir l'employé de guichet. **2.** Bien sûr que c'est un restaurant sympathique : ce n'est pas toi qui dois payer l'addition ! **3.** A cause de la crise économique, l'argent se fait rare en ce moment. **4.** Ne faites pas attention au panneau. Tournez à gauche quand même. **5.** Faites vos valises ce soir car je veux partir de très bonne heure demain matin. **6.** Tu parles d'un pique-nique ! On est restés dans la voiture et on a mangé un hamburger.

Fill in the missing words

1. *J'étais tellement en colère que je pouvais à peine répondre à la question.*

   . ... the question.

2. *Il entra en courant dans la cuisine, en brandissant une lettre.*

   .. .. a letter.

3. *Sa mère est Brésilienne et son père est Autrichien.*

   His mother is .... and his father is ....

Forty-ninth lesson

REVISION AND NOTES

1. L'évolution de la langue anglaise depuis des siècles, et le fait qu'elle soit parlée par plus de 350 millions de personnes, ont fait que l'on a pu se débarrasser des irrégularités et lourdeurs (signes diacritiques, temps de verbes archaïques...) qui encombrent d'autres langues ; ainsi l'anglais est-il devenu la langue universelle non officielle.
Ceci est un des points de vue possibles ; un autre est que l'anglais est en effet une langue « simple », mais que cette simplicité peut être négative et peut estomper les nuances entre idées, etc. Orwell était plutôt de cet avis. Pis, il voyait dans l'évolution de la langue anglaise (surtout dans le milieu politique ou officiel) l'effacement des idées contraires au pouvoir en place. Il a écrit par ailleurs « Si la pensée

4. *Les Américains ont la réputation d'être des grands voyageurs.*

The Americans .... great travellers.

5. *Quand l'addition est arrivée, ils ont eu le choc de leur vie.*

When the bill came, they ... ...

The missing words

1. I was so angry I could scarcely answer **2.** He came running into the kitchen waving **3.** Brazilian... Austrian (attention aux majuscules) **4.** have a reputation for being **5.** got the shock of their lives (pluriel parce qu'ils sont deux !)

---

corrompt la langue, la langue, elle, peut corrompre la pensée. » Dans ce sens, le langage (ou plutôt la langue) qu'il a imaginé pour *1984* était d'une logique implacable (voir le texte de la Leçon 43).
Mais cette logique de simplicité n'est vraiment pas loin de la réalité : entre 1926 et 1930, l'écrivain et linguiste anglais Charles Kay Ogden a développé une variante de l'anglais, qu'il a baptisée le *Basic English*. Cette nouvelle langue, dont le vocabulaire et la grammaire sont dérivés de l'anglais, ne contenait que 850 mots de vocabulaire (600 noms, 150 adjectifs et 100 mots « opérants » comme *can, to, if,* etc.). *Basic English* se voulait la « deuxième langue » internationale et, en tant que telle, reçut le soutien de Winston Churchill **et** de Franklin Roosevelt en 1943. Heureusement, ose-t-on dire, que ce « parent pauvre » n'a suscité que peu d'intérêt et que, même si l'on pense parfois qu'il y a beaucoup trop de mots en anglais, nous ne prendrons pas le chemin d'un *1984* dans un avenir prévisible !

2. L'idée de base des propositions relatives est simple et, malgré les termes un peu rébarbatifs que sont « déterminative » et « non déterminative », elle est facile à mettre en œuvre. Toutefois, il y a une confusion (dont souffrent, d'ailleurs, les anglophones autochtones eux-mêmes) quant au relatif à employer. Nous allons (pour une fois chez Assimil !) être « grammairiens » afin de rendre la situation plus claire. Nous vous signalons que vous verrez des variantes, aussi bien dans la littérature que dans la presse, mais que nos règles ont l'avantage de la limpidité.
D'abord, prenons les propositions déterminatives : ce sont celles qui précisent l'antécédent *(who, that)* en y ajoutant un élément indispensable au sens de la phrase. Elles ne se séparent pas de l'antécédent par une virgule.
Lorsque **l'antécédent est une personne,** nous utilisons *who:*

The woman who won the rally was driving a French car

La femme qui gagna le rallye conduisait une voiture française

Vous le voyez, nous ne pouvons pas enlever la proposition sans perdre le sens de la phrase.
Lorsque **l'antécédent est neutre,** nous utilisons ***that:***

The computers that process the accounts have broken down

Les ordinateurs qui traitent la comptabilité sont en panne

Voilà qui est clair, n'est-ce pas ? Juste une remarque, qui a trait à la phrase 24 de la Leçon 45 : lorsque ce relatif sépare le sujet et l'objet de la phrase, on peut l'enlever (c.-à-d., si l'exemple était : *The computers that they use to process the accounts, etc., nous pourrions aussi l'écrire : The computers they use,* etc. Ceci est plus une tournure parlée qu'écrite).
Examinons maintenant les propositions non déterminatives, c'est-à-dire les propositions qui apportent une information complémentaire, et qui sont placées ordinairement entre deux virgules. On peut omettre la proposition sans que cela change le sens de la phrase.

Lorsque **l'antécédent est une personne,** nous utilisons *who:*

The astronaut, who is 45, has spent over a year in space

L'astronaute, qui a 45 ans, a passé plus d'un an dans l'espace

Vous voyez que vous pouvez enlever la proposition sans perdre le sens de la phrase. (D'ailleurs, lorsqu'on utilise la tournure en question dans la presse, nous ne trouverons que : *The astronaut, 45, has spent...)*

Lorsque **l'antécédent est neutre,** nous utilisons ***which:***

The factory, which was built last year, has closed down

L'usine, qui fut construite l'année dernière, a fermé

Donc, en résumé, le problème se situe au niveau des antécédents neutres. Alors, une règle :

DÉTERMINATIVE = *THAT*
NON DÉTERMINATIVE = *WHICH*

Avec ceci en tête, nous pouvons examiner un dernier point très important : *which* (et jamais *that*) peut aussi représenter une proposition complète QUI DOIT ETRE SÉPARÉE PAR UNE VIRGULE :

He told me that he was a pilot, which is not true

Il m'a dit qu'il était pilote, ce qui n'est pas vrai

Pourquoi avons-nous insisté sur la virgule ? Regardez bien le risque d'ambiguïté : *He went to see a film which I didn't approve of.* Alors, vous avez désapprouvé le film ou le fait qu'il est allé le voir ? ! Voyons :

He went to see a film, which I didn't approve of

Il est allé voir un film, ce que je n'ai pas apprécié.

Donc, si nous réservons *which* pour les propositions non déterminatives, et si nous faisons attention à nos virgules, les propositions relatives n'auront plus de mystère pour nous.

3. Un dernier point de grammaire, plus à titre d'information qu'autre chose : nous allons parler du subjonctif. Comme nous l'avons dit plus haut (et comme l'illustre la Leçon 46), la langue a évolué, et le subjonctif a été subtilement remplacé par d'autres tournures, tout aussi correctes mais qui ne plaisent pas toujours aux puristes et aux gardiens de la pureté linguistique (un métier précaire dans le monde anglophone !).
La forme du subjonctif présent est la même que l'infinitif sans *to (be, go),* etc., et on ne le distingue donc que dans la troisième personne du singulier : *Long live the king!*
Le subjonctif est employé dans les expressions consacrées, telles que *God save the queen,* ou *Be that as it may...* (Ceci étant...) ou *If I were you...*
Il est normalement employé après les verbes comme *to command, to insist, to order,* etc., mais comme nous l'avons vu, il est souvent remplacé par *should* + l'infinitif sans *to* (ce qui, vous l'avouerez, est assez vicieux, car le subjonctif a exactement la même forme !) Ainsi :
I insist that he come = I insist that he should come
The accountant recommended that the company buy... = should buy...
Ou bien, nous trouvons des tournures pour éviter le problème complètement : *The accountant recommended the company to buy a new machine.*
Donc, à part les expressions consacrées, nous trouvons peu le subjonctif (et parfois quand nous le rencontrons, nous ne le reconnaissons pas !), et les Anglais trouvent inconsciemment le moyen de le remplacer (dans un style formel, les Américains ont moins tendance à éviter ce mode ; voir Leçon 56).

4. Le titre *A rose is a rose is a rose,* est une citation célèbre de l'écrivain de nationalité américaine Gertrude Stein (qui habita longtemps à Paris), et qui a prononcé la phrase en réponse à quelqu'un qui lui avait dit que la rose était plus belle que les autres fleurs. On pourrait le traduire par : Une rose n'est qu'une rose. Le but de cette leçon en particulier est de vous faire prendre conscience de l'étendue du vocabulaire anglais et, par conséquent, de la tentation de « se débrouiller » avec des mots passe-partout qui se ressemblent tous.

En effet *to get, a lot,* et *nice* sont très usités car ils évitent de choisir un mot plus approprié, et surtout *nice,* l'adjectif ubiquiste qui veut tout dire et ne rien dire. Plutôt que de dire : *He's a nice man,* précisons : *charming, delightful, entertaining, witty, generous... et caetera !* A vos débuts dans votre apprentissage, les mots simples vous ont été très utiles, mais il est temps d'évoluer.

Dans cette quarante-septième leçon, nous voyons des mots très précis pour décrire les bruits et les lumières. Il y en a tant d'autres, qui font de l'anglais une langue sensuelle plutôt qu'intellectuelle (et pourtant...) ! Nous vous recommandons vivement de développer votre vocabulaire en lisant et en notant ces nouveaux mots, *mais toujours dans leur contexte.*

5. Les systèmes parlementaires anglais et américains sont semblables (par exemple, ils sont tous les deux bicaméraux), mais étant donné qu'il s'agit d'une monarchie et d'une république, les modalités politiques sont quelque peu différentes.

En Grande-Bretagne, le parlement (*Parliament:* attention à la prononciation, PAHlement) est composé de deux Chambres : *The House of Commons* et *the House of Lords.* La première compte 650 députés *(Members of Parliament* ou *MPs)* élus au suffrage universel tous les cinq ans. La Chambre des Lords est composée d'environ 1 200 pairs *(peers),* qui sont soit *hereditary peers* (le titre de noblesse passe de génération en génération) soit *life peers* (ils sont nommés par le monarque, et leur titre meurt avec eux). Les pairs ne sont donc pas élus par le peuple. Le chef du gouvernement est le Premier ministre *(Prime Minister) ;* il n'y a pas de limite au nombre de mandats pour un Premier ministre. La Grande-Bretagne n'a pas de constitution écrite.

Aux Etats-Unis, le parlement s'appelle *Congress;* il est composé de *the House of Representatives* et *the Senate.* Le premier comporte jusqu'à 435 députés *(representatives* appelés plus couramment *congressmen),* les sièges étant alloués sur la base de la population de chaque Etat. Les représentants sont élus pour deux ans au suffrage universel. Les 100 membres (deux par Etat) du Sénat — *senators* — sont élus pour six ans, le mandat d'un tiers de cette chambre arrive à terme tous les deux ans. Le chef d'Etat est *the President* (appelé parfois *the Chief*

Fiftieth lesson

America the beautiful!

1 — This land is your land, this land is my land, from California to the New York islands... (**1**)

2 So sang Woody Guthrie, and many millions of people both American and non-American

3 echo his sentiments about this most fascinating of countries. (**2**)

4 Its influence is felt throughout the world, but America is a land of such diversity,

5 of so many contrasts, that it is impossible to think of the United States as a unique entity. (**3**)

NOTES

(**1**) C'est la première ligne d'une chanson célèbre écrite par un chanteur populaire non moins célèbre, Woody Guthrie (1912-1967), dont certaines chansons sont devenues des classiques. Celle-ci, qui s'appelle *This Land is Your Land* et qui fut adoptée par le mouvement des droits civiques pendant les années soixante, est peut-être la plus connue, et chante la beauté des Etats-Unis.

Executive), élu pour quatre ans, avec une limite de deux mandats. La Constitution des Etats-Unis fut ratifiée en 1787, mais elle peut être modifiée par amendement *(Amendment)*. Voir aussi la Leçon 59.
A partir de demain, nous partirons à la découverte des Etats-Unis et de leur langue. Nous adopterons l'orthographe américaine, en signalant avec un astérisque les mots qui s'écrivent différemment en anglais GB et en anglais EU. Reportez-vous à l'appendice *Spelling* en fin de livre pour connaître quelques règles de base.

Cinquantième leçon

La belle Amérique

1 Cette terre est la vôtre, cette terre est la mienne, de la Californie aux îles de New York...
2 Ainsi chanta Woody Guthrie, et des millions de gens, Américains ou non,
3 font écho à ces sentiments concernant le plus passionnant des pays.
4 Son influence est ressentie partout dans le monde, mais l'Amérique est un pays d'une telle diversité,
5 de tant de contrastes, qu'il est impossible de considérer les Etats-Unis comme une entité unique.

NOTES (suite)

(2) Cette tournure un peu littéraire pourrait s'écrire plus simplement *...this most fascinating country*, mais on y perdrait la nuance superlative. *Shaw, that most intellectual of authors, wrote passionately about social reform* = Shaw, le plus intellectuel des auteurs, écrivit avec passion sur la réforme sociale.

(3) N'oubliez pas que *to think of* est aussi synonyme de *to consider*: *He was born in Poland but he thinks of himself as an American* = Il est né en Pologne, mais il se considère comme Américain.

6 From the golden beaches of California, through the sun-baked deserts of Arizona, (**4**)

7 across the vast, flat plains of the Midwest to the covered bridges of Vermont (**5**)

8 and the eclectic atmosphere and towering skyscrapers of New York:

9 a journey across America is a journey through a bewildering array

10 of scenery and cultures that leaves the traveler* with a host of conflicting impressions and opinions.

11 This lesson is not intended to be a travelogue, so let's stop for a moment (**6**)

12 at a place where so many people caught their first — and sometimes last — glimpse (**7**)

13 of the land that opened its gates to the « tired and poor »: Ellis Island in New York Sound. (**8**)

14 Popularly known as the Isle of Tears, Ellis Island was the processing center* for newly arrived immigrants from the Old World. (**9**)

NOTES (suite)

(**4**) *To bake,* nous le savons, veut dire : cuire au four ; mais on l'utilise souvent de façon imagée : *Turn on the air conditioning ; it's baking!* = Mettez la climatisation en marche ; il fait une chaleur épouvantable ! *Sun-baked* = doré(e) au soleil.

(**5**) *The Middle West* ou *the Midwest,* le centre des Etats-Unis, est parfois appelé *the breadbasket of America* (le « grenier » des EU) à cause de sa production agricole. Le mot est aussi utilisé pour décrire un style de vie plus traditionaliste et conservateur que celui des deux côtes.

6 Des plages dorées de la Californie, en passant par les déserts desséchés par le soleil de l'Arizona,
7 à travers les plaines vastes et plates du centre jusqu'aux ponts couverts du Vermont
8 et l'ambiance éclectique et les gratte-ciel énormes de New York :
9 un voyage à travers les EU est un voyage à travers un ensemble époustouflant
10 de paysages et de cultures, qui laisse le voyageur avec une multitude d'impressions et d'opinions contradictoires.
11 Cette leçon n'est pas censée être un documentaire de voyages, donc arrêtons-nous un instant
12 dans un endroit où tant de gens ont vu pour la première — et parfois dernière — fois
13 la terre qui a ouvert ses portes aux « fatigués et pauvres » : Ellis Island, dans le détroit de New York.
14 Connu populairement sous le nom de l'Ile des Larmes, Ellis Island était le centre d'accueil des immigrants nouvellement arrivés de l'Ancien Monde.

NOTES (suite)

(6) Un néologisme qui a fait souche, *a travelogue,* est une conférence illustrée ou une émission télé- ou radiodiffusée sur des voyages, des pays étrangers, etc.

(7) *A glimpse* = un aperçu fugace ; *He caught a glimpse of the plane before it disappeared into the clouds* = Il a entrevu l'avion avant que celui-ci ne disparaisse dans les nuages.

(8) Cette invitation célèbre des Etats-Unis aux peuples du Vieux Continent (*« Give me your tired, your poor, your huddled masses learning to be free »* = Donnez-moi vos gens fatigués, vos gens pauvres, vos foules de gens entassés qui rêvent de liberté...) est en effet extraite du poème d'Emma Lazarus qui est inscrit sur le socle de la Statue de la Liberté.

(9) A partir de cette leçon, nous signalerons par un astérisque les mots dont l'orthographe diffère entre l'anglais GB et l'anglais EU ; reportez-vous à l'appendice sur ce sujet à la fin du livre. Pour un premier aperçu, voir la Leçon 52.

15 From 1892 to 1943, would-be « new Americans » had to pass through the center*

16 where the fateful decision would be made: could they or could they not enter the country and start a new life? (**10**)

17 Age, infirmity, a criminal record — any of these was enough to send hopeful immigrants back to where they came from. (**11**)

18 Others, more fortunate, were allowed to enter, but often with a new name

19 because the immigration officials were unable to read or to pronounce the exotic foreign names.

20 All this went on under the gaze of the symbol of the United States: the statue of Liberty Guiding the World.

21 Today's traveler* jets into New York's JFK airport without even noticing the island; (**12**)

22 but it is worth taking the time to visit the Isle of Tears, and to imagine yourself arriving there one hundred years ago

23 in the hope of starting afresh in the New World. (**13**)

24 It is a good way to begin to understand the making of the United States of America.

NOTES (suite)

(**10**) Encore une petite différence entre GB et EU ; le premier dirait *to take a decision* alors que l'américain dit *to make a decision*. Par contre, quand on parle des décideurs, les deux utilisent le mot *decision-makers* (parfois écrit en un seul mot).

15 De 1892 à 1943 les futurs « nouveaux Américains » devaient passer par le centre
16 où allait être prise la décision fatidique : pouvaient-ils, oui ou non, entrer dans le pays et commencer une nouvelle vie ?
17 L'âge, l'infirmité ou un casier judiciaire — il ne fallait qu'un seul de ces éléments pour que l'immigrant plein d'espoir fût renvoyé à son point de départ.
18 D'autres personnes, plus chanceuses, purent entrer, mais souvent sous un nouveau nom,
19 car les responsables de l'immigration ne pouvaient ni lire ni prononcer les noms étrangers aux consonances exotiques.
20 Tout ceci se passait sous le regard du symbole des EU : la statue de la Liberté guidant le monde.
21 Le voyageur d'aujourd'hui, qui arrive par avion à l'aéroport de Kennedy, ne remarque même pas l'île ;
22 mais cela vaut la peine de visiter l'Ile des Larmes, et de s'imaginer en train d'y arriver il y a cent ans
23 avec l'espoir de recommencer sa vie dans le Nouveau Monde.
24 C'est un bon moyen pour commencer à comprendre comment se sont faits les Etats-Unis d'Amérique.

NOTES (suite)

(11) Une différence d'ordre social entre les pays anglo-saxons et les pays latins ; dans ces derniers, on parle d'un casier judiciaire vierge, alors qu'en GB ou aux EU, on a un casier judiciaire (l'équivalent le plus proche est *criminal record*) uniquement si on a commis un délit.

(12) Remarquez cette utilisation de *jet* comme verbe ; c'est peu orthodoxe mais tout à fait compréhensible.

(13) *To start afresh* ou *to start anew* sont des expressions assez littéraires pour : recommencer quelque chose à nouveau. *She got divorced and moved back to New York to start her life afresh* = Elle a divorcé et elle est retournée à N.Y. pour recommencer sa vie. On les utilise surtout pour exprimer l'idée de « recommencer » une vie, une carrière, etc. Plus couramment, on dirait *to start again.*

EXERCISES 1. I echo your sentiments entirely, but what can we do to help? **2.** Faithful Muslims must make a pilgrimage to Mecca, that holiest of places. **3.** The most striking feature of Yosemite Park is its towering redwood trees. **4.** I just managed to catch a glimpse of him before he ran into the building. **5.** Would-be rock stars flock to New York in the hope of making a fortune. **6.** The police computer showed that he had a criminal record as long as your arm.

***

Fill in the missing words
(Remember your American spelling)

1. *Le tableau de bord était un ensemble déroutant de cadrans et de boutons.*

The dashboard was . . . . of dials and buttons.

2. *Les voyageurs arrivèrent dans le centre de la ville en bus.*

The . . . . arrived in the . . . . . . of the city by bus.

3. *Il est passé devant moi sans m'apercevoir.*

He walked past . . . .

4. *Tout cela s'est passé derrière mon dos.*

. . . . behind my back

5. *Ça vaut la peine de prendre le temps de visiter le musée.*

. . ' . . . . to visit the museum.

Exercices 1. Je suis entièrement d'accord avec vos sentiments, mais que pouvons-nous faire (pour aider) ? **2.** Les musulmans fidèles doivent faire un pèlerinage à La Mecque, le plus saint des lieux. **3.** Le trait le plus frappant du parc de Yosemite, ce sont les séquoias géants. **4.** J'ai juste pu l'entrevoir avant qu'il n'entre dans le bâtiment en courant. **5.** Les vedettes « en herbe » du rock se précipitent à N-Y dans l'espoir d'y faire fortune. **6.** L'ordinateur de la police a montré qu'il avait un casier judiciaire long comme le bras.

The missing words

1. a bewildering array **2.** travelers... center **3.** without even noticing me **4.** All this went on **5.** It's worth taking the time

Fifty-first lesson

Does the American language exist? (N1)

1 A famous writer once said that Britain and America were divided by the same language, (**1**)
2 and even today, hundreds of books and articles pour onto the market (**2**)
3 affirming or denying the existence of a true American language.
4 Some say that the differences between British and American English are merely lexical,
5 while others insist that in a hundred years time, Britons and Americans will need an interpreter to understand each other.
6 So what is the truth behind the great debate? Frankly, it is difficult to be definitive.
7 Of course, there are many differences in word usage, and a British visitor
8 may often have more difficulty understanding his American « cousins » than non-native speakers would. (**3**)

NOTES

(**1**) Cette « citation » est en fait due à Oscar Wilde, mais de nombreux écrivains ont répété la même chose. Il suffit de dire que personne n'est d'accord !

Cinquante et unième leçon

La langue américaine existe-t-elle ?

1 Un écrivain célèbre a dit un jour que la Grande-Bretagne et l'Amérique étaient divisées par la même langue ;
2 et même aujourd'hui, des centaines de livres et articles inondent le marché,
3 affirmant ou niant l'existence d'une vraie langue américaine.
4 Certains disent que les différences entre l'anglais britannique et américain ne sont que lexicales,
5 alors que d'autres affirment que d'ici cent ans, les Britanniques et les Américains auront besoin d'un interprète pour se comprendre.
6 Alors quelle est la part de vérité dans ce grand débat ? Franchement, il est difficile d'être définitif.
7 Bien entendu, il y a beaucoup de différences dans l'usage des mots, et un visiteur britannique
8 peut souvent avoir plus de difficulté à comprendre ses « cousins » américains que des étrangers dont l'anglais n'est pas la langue maternelle.

NOTES (suite)

(2) *To pour* = verser (un liquide, etc.) Nous connaissons déjà l'utilisation figurée de *It's pouring! (with rain)* = Il pleut à verse. Nous utilisons aussi le verbe pour décrire les mouvements de foule. *In summer, people pour to beaches of the West Coast* = En été, les gens se précipitent vers les plages de la côte ouest. (On dit aussi, nous l'avons vu, *to flock.*) Dans notre phrase, nous utilisons le verbe dans le sens d'« inonder le marché ».

(3) *A native speaker* = une personne de langue maternelle ; le mot indique quelque chose ou quelqu'un d'origine. Ainsi : *He returned to his native New York* = Il retourna à New York, dont il était originaire.
Le mot *cousin* (qui n'a pas de forme féminine, rendant très délicate la tâche du traducteur d'un film qui a eu beaucoup de succès aux EU : *Cousin, Cousine...*) peut s'appliquer à une personne d'une race ou d'un peuple qui a des liens ethniques ou culturels avec un autre.

9 He walks along a sidewalk to his hotel, where he takes an elevator to his room. (**4**)

10 If the plumbing is out of order, he asks reception to fix the faucet. (**5**)

11 When he gets hungry, he will go to a restaurant, where a maitre d' will show him to his table — (**6**)

12 or perhaps he will prefer a simpler establishment like a diner or a fast food joint. (**7**)

13 All of these « new » words may appear confusing at first,

14 but one soon gets used to them — and they scarcely constitute a separate language.

15 There are other differences, in grammar and spelling, which we will see in the following lessons. (**8**)

16 Perhaps the major difficulty, for a person who has learned British English,

NOTES (suite)

(**4**) Voici quelques mots qui sont différents en anglais US. Trottoir : *the sidewalk* se dit *the pavement en GB ; elevator/lift* pour ascenseur, et *faucet/tap* pour robinet. Dorénavant, nous ne commenterons pas ces différences (sauf exception), mais nous vous les signalerons par un astérisque, et vous invitons à vous reporter à la section ***Vocabulary*** à la fin de cet ouvrage.

(**5**) *To fix* s'emploie dans les deux « langues » pour : réparer (voir notre phrase) ; par contre, son emploi est plus large en américain, où il signifie aussi « préparer » (*You sit down and I'll fix you something to eat* = Asseyez-vous et je vous préparerai quelque chose à manger) ou bien « arranger » (*You won't have to pay the fine. I fixed things with the police* = Vous n'aurez pas à payer l'amende. J'ai arrangé les choses avec la police). Bref, *to fix* est un verbe qui arrange tout...

9 Il déambule le long du trottoir jusqu'à son hôtel, où il prend l'ascenseur pour monter à sa chambre.
10 Si la plomberie ne marche pas, il demande à la réception de réparer le robinet.
11 Quand il aura faim, il ira au restaurant, où un maître d'hôtel lui indiquera sa table —
12 ou peut-être préférera-t-il un établissement plus modeste comme un bistrot ou un « restau sur le pouce ».
13 Tous ces mots « nouveaux » pourraient paraître désarçonnants au début,
14 mais on s'y habitue rapidement, et ils ne constituent guère une langue à part.
15 Il y a d'autres différences, dans la grammaire et dans l'orthographe, que nous verrons dans les leçons suivantes.
16 Peut-être que la difficulté majeure, pour une personne qui a appris l'anglais britannique,

NOTES (suite)

(6) Eh oui, l'influence de la langue française est forte ! Un maître d'hôtel se dit... *a maître d'* (MAYtreh di). Le terme britannique est *the head waiter.*

(7) *A diner* est un restaurant simple avec un long comptoir où on peut manger à n'importe quelle heure. *A joint* (litt. une articulation) est un terme péjoratif pour un endroit (restaurant, boîte de nuit) assez louche. Cette utilisation tend maintenant à s'estomper devant un autre sens du mot *joint* (c.-à-d., une cigarette de marijuana). A noter que pour les Anglais, *the Sunday joint* n'a rien de répréhensible, le *joint* en question étant un rôti.

(8) *Grammar and spelling* serait la traduction la plus proche de notre mot orthographe. En effet, il n'y a pas un mot unique en anglais qui exprime l'ensemble des conventions qui régissent la graphie des mots. (Rappelez-vous la Leçon 35 : le mot *spell* ressemble beaucoup à notre « épeler », qui, au 15e siècle s'écrivait « espelt ». Le participe passé du verbe anglais est *spelt.* Cousin, cousine ?)

17 is the pronunciation, but it is hardly fair to talk about a different language.
18 Let's say instead that the Americans have an approach to their language that is more dynamic and creative,
19 that is less respectful of conventions than the British speaker.
20 We shall try and give you some useful and, where possible, amusing examples, in later lessons.
21 An American was driving through New York with a British friend when it started to rain.
22 — I can hardly see through the windshield, said the American. — You mean the windscreen, said the Englishman. (**9**)
23 After all, we did invent the language. The American looked at his passenger and replied firmly: (**10**)
24 — I mean windshield. After all, we did invent the automobile!

NOTES (suite)

(**9**) *A windscreen* (GB) = *a windshield* (EU) = un pare-brise. Il est évident que lorsqu'une chose est développée différemment dans deux différents pays, les mots pour la désigner se ressembleront, peut-être, mais ne seront pas obligatoirement les mêmes. L'automobile est un exemple très net (voir Leçon 57) de ce phénomène, mais il existe dans beaucoup d'autres domaines. (A propos, *a screen* = un écran ; *a shield* = un bouclier.)

17 est la prononciation, mais il n'est vraiment pas juste de parler d'une langue différente.
18 Disons plutôt que les Américains ont une approche envers leur langue qui est plus dynamique et créative,
19 qui est moins respectueuse des conventions que le locuteur britannique.
20 Nous essayerons de vous fournir des exemples utiles, et, là où cela est possible, amusants, dans les leçons à venir.
21 Un Américain traversait NY en voiture avec un ami anglais, lorsqu'il se mit à pleuvoir.
22 — Je vois à peine à travers le pare-brise (*windshield,* mot américain), dit l'Américain. — Tu veux dire le pare-brise (*windscreen,* mot anglais) dit l'Anglais.
23 Après tout, c'est nous qui avons inventé la langue. L'Américain regarda son passager et répondit fermement :
24 — Je veux dire « *windshield* ». Après tout, c'est nous qui avons inventé l'automobile !

NOTES (suite)

(10) Le *did* sert à donner de l'emphase : Après tout, c'est bel et bien nous qui avons, etc. Ecoutez bien l'enregistrement.

EXERCISES **1.** At five o'clock sharp, the workers came pouring out of the factory on their bicycles. **2.** In twenty years time there will be no such thing as the type of factory we know today. **3.** I'm so thirsty; I'll fix us both a drink. **4.** It takes a few weeks but you soon get used to living in a big city like Los Angeles. **5.** You can wash up. After all, I did cook the dinner. **6.** The air conditioning is out of order. Will you please send someone to fix it?

***

Fill in the missing words

1. *En Amérique, nous disons « — » pour ascenseur et « — » pour trottoir.*

In America, we say . . . . for lift and . . . . for pavement.

2. *Dis-moi quand tu auras faim et je te préparerai un sandwich.*

Tell me . . . . and I'll . . . . . . a sandwich.

3. *Ce n'est guère juste de parler d'une langue à part.*

. . . . a separate language.

4. *Je traversais les abords de la ville en voiture quand il s'est mis à pleuvoir.*

. . . . the outskirts when it . . . .

5. *Dans deux semaines il retourne à Londres, où il est né.*

. . . . he's returning to . . . . London.

Exercices 1. A cinq heures pile, une foule d'ouvriers sortit de l'usine à bicyclette. **2.** D'ici vingt ans, des usines telles que nous les connaissons maintenant n'existeront plus. **3.** J'ai tellement soif ; je vais nous chercher quelque chose à boire. **4.** Il faut quelques semaines, mais on s'habitue vite à vivre dans une grande ville comme LA. **5.** Vous pouvez faire la vaisselle. Après tout, c'est bien moi qui ai préparé le repas. **6.** L'air conditionné est en panne. Voulez-vous bien m'envoyer quelqu'un pour le réparer ?

NOTES PERSONNELLES :

The missing words

1. elevator...sidewalk **2.** when you get hungry...fix you **3.** It is hardly fair to talk about **4.** I was driving through...started to rain **5.** In two weeks time...his native.

Fifty-second lesson

Some differences in spelling (1)

1 English became the official language of the United States almost by accident!

2 In the aftermath of the War of Independence and the creation of the new country, there were several contenders for the title. (2)

3 French (thanks to Lafayette), Dutch and a native Indian language were seriously considered

4 but English was the most practical solution, even though it was the language of the former colonial power. (3)

5 In 1828, the lexicographer Noah Webster published his *American Dictionary of the English Language,* (4)

NOTES

(1) Nous vous rappelons qu'il s'agit uniquement de la graphie des mots et non pas de la grammaire (voir Leçon 53 Note 8). Les principales différences d'orthographe entre les deux anglais sont répertoriées dans la section ***Spelling*** à la fin de ce livre.

(2) *An aftermath* est un mot qui a ses origines dans l'agriculture : il s'agit d'un regain de foin. Mais ce sens est assez ésotérique et nous l'utilisons plus volontiers de deux façons : premièrement pour décrire les conséquences — surtout néfastes — d'un événement : *The aftermath of the accident was terrible : twenty people died of their injuries* = Les suites de l'accident furent terribles : vingt personnes moururent de leurs blessures, la seconde utilisation est assez spécifique (il s'agit d'une période d'après-guerre) : *In the aftermath of the Second World War, millions of people were left homeless* = Immédiatement après la seconde guerre mondiale, il y eut des millions de sans-abri. Le mot peut être remplacé dans le premier cas par *conse-*

Cinquante-deuxième leçon

Quelques différences d'orthographe

1 L'anglais est devenu la langue officielle des EU presque par hasard !

2 A la suite de la Guerre d'Indépendance et lors de la création du nouveau pays, plusieurs prétendants se sont disputé le titre.

3 Le français (grâce à Lafayette), le néerlandais et une langue indienne indigène étaient tous sérieusement considérés

4 mais l'anglais était la solution la plus pratique, bien qu'il fût la langue de l'ancienne puissance coloniale.

5 En 1828, le lexicographe Noah Webster publia son *Dictionnaire américain de la langue anglaise,*

NOTES (suite)

quences et dans le second par, tout simplement, *just after.*

(**3**) *former,* nous vous le rappelons, veut dire « ancien ». *He is a former head of State* = C'est un ancien chef d'Etat. *Ancient,* c'est vraiment ancien ! *Ancient Greece* = La Grèce antique.

(**4**) A la fois patriotique et persévérant, Noah Webster (1758-1843) décida que son nouveau pays se devait d'avoir une langue nationale pour unifier la nation. Il mit plus de vingt ans pour « sortir » son dictionnaire, qui, de nos jours, est le dictionnaire de référence pour la langue américaine (comme l'est *The Oxford English Dictionary* pour l'anglais britannique). Remarquez que le mot *dictionary* ne prend qu'un seul *n* en anglais.

6 which contained a number of innovations; most especially, he attempted to bring American spelling closer to pronunciation.

7 (English people should be the first to admit that their spelling is totally chaotic!) (**5**)

8 Many logical changes were proposed, and a good number of them still exist today.

9 For example, in Britain you pay by *cheque* and in the US by *check.*

10 If you are a tourist, of course, this will probably be a *travelers'* check (not a *travellers'* check).

11 The British go to the *theatre* while the Americans prefer the *theater,*

12 which is often located in the *centre,* or rather, the *center* of the town. (**6**)

13 A computer expert in Los Angeles will write a *program* whereas his counterpart in London will write a *programme.* (**7**)

14 These differences can be seen but not heard, and, if you compare the sound to the spelling,

15 you will have to admit that the American innovations are more logical than the original forms.

16 Unfortunately (or fortunately, depending on your point of view), not all Webster's reforms took root:

NOTES (suite)

(**5**) Faites attention à la prononciation de cet adjectif et du nom associé *chaos* = (KAY-oss) ; *chaotic* (kay-O-tik). Ecoutez bien les exercices !

6 qui comportait un bon nombre d'innovations ; plus particulièrement, il essayait de rapprocher l'orthographe américaine de la prononciation.
7 (Les Anglais devraient être les premiers à admettre que leur orthographe est complètement chaotique !)
8 Beaucoup de changements logiques furent proposés, et un bon nombre subsistent encore aujourd'hui.
9 Par exemple, en GB vous payez par *cheque* (chèque) et aux EU par *check*.
10 Si vous êtes touriste, bien entendu, ceci sera un chèque de voyage. (*traveler* en américain, *traveller* en anglais).
11 Les Britanniques vont au théâtre *(theatre)* alors que les Américains préfèrent le *theater,*
12 qui est souvent situé dans le centre-ville (*center* en américain, *centre* en anglais).
13 Un informaticien de Los Angeles écrira un programme *(program)* alors que son homologue de Londres écrira un *programme* (comme en français).
14 Nous pouvons voir ces différences, mais pas les entendre ; et si vous comparez le son à l'orthographe,
15 vous devrez admettre que les innovations américaines sont plus logiques que les formes originelles.
16 Malheureusement (ou heureusement selon votre point de vue) toutes les réformes de Webster n'ont pas fait souche.

NOTES (suite)

(6) D'ailleurs, aux EU on a tendance à parler de *downtown. They have a brownstone in downtown Manhattan* = Ils ont une maison particulière dans le centre de Manhattan.

(7) Un domaine où le français s'est efforcé, avec plus ou moins de succès, d'éviter trop d'anglicismes est l'informatique. Le mot lui-même (et ses dérivés) n'a pas de vraie traduction, et on parle de *data processing* ou tout simplement de *computers.* Pour l'informaticien, on parle tantôt de *computer expert,* tantôt de *data processing specialist,* etc., en choisissant le terme qui correspond exactement à l'activité. Nous nous étendrons plus longuement sur le vocabulaire informatique dans la Leçon 55.

17 *laugh* is still written the same in both countries, and not « *larf* » as Noah suggested.

18 But the approach had a lasting impact, and some words have an « unofficial » spelling that apes pronunciation: (**8**)

19 many American shops will post a sign saying that they are open from nine *thru* five (instead of *through*)

20 and the ubiquitous *U* is widely used in names of corporations to replace: you. (**9**)

21 In California, you have to be eighteen to buy liquor; (**10**)

22 a bar owner had placed a car license plate over the door to remind potential patrons of the law. The number on the plate? (**11**)

23 RU 18.

NOTES (suite)

(**8**) Nous connaissons le mot *monkey* pour un singe. Les espèces simiennes les plus grandes (et normalement sans queue) s'appellent *apes*. (Tout le monde a entendu parler de *Tarzan of the Apes*.) Comme en français, lorsque quelque chose (ou quelqu'un) imite autre chose, on en fait un verbe : *to ape. What a brilliant mimic! He aped the President perfectly!* = Quel imitateur prodigieux ! Il a singé le Président à la perfec-

***

EXERCISES 1. The place was in chaos when I arrived. — With their three children, the house is always chaotic. **2.** Many people emigrated from Ireland to the US in the past and a good number still do. **3.** I don't know exactly what he does, but he's a computer specialist of sorts. **4.** We're open nine through five all week. **5.** In Britain we buy alcohol in an off-licence and in the States you buy liquor in a liquor store. **6.** He is a contender for the world heavyweight boxing title.

17 *Laugh* (rire) est toujours écrit de la même façon dans les deux pays, et non pas *larf*, comme l'avait suggéré Noah.

18 Mais l'approche a eu un impact durable, et certains mots ont une orthographe « non officielle » qui singe la prononciation :

19 beaucoup de boutiques américaines afficheront qu'elles sont ouvertes de 9 à 17 heures (avec le mot *thru* au lieu de *through*)

20 et le *U* ubiquiste est largement utilisé dans les noms des sociétés pour remplacer *you*.

21 En Californie, il faut avoir 18 ans pour acheter de l'alcool ;

22 un propriétaire de bar avait placé une plaque minéralogique au-dessus de la porte pour rappeler cette loi aux clients potentiels. Le numéro sur la plaque ?

23 RU 18 (avez-vous 18 ans).

NOTES (suite)

tion ! Il y a aussi un verbe *to monkey around,* qui équivaut à notre « faire le singe, l'idiot ». A éviter.

(**9**) *U-Need-Us, U-Drive* seraient deux exemples fictifs, le premier pour une entreprise de dépannage et le second pour les voitures de location. Le phénomène est très courant.

(**10**) S'agissant d'un pays fédéral, chaque Etat en Amérique a ses propres lois en sus des lois fédérales, ce qui peut poser des problèmes pour des avocats désirant déménager d'un Etat à un autre. Ainsi, dans certains Etats il faut avoir 21 ans pour pouvoir acheter de l'alcool (*alcohol* en GB, où on l'achète dans un *off-licence,* et *liquor* aux EU, où on va au *liquor store*).

(**11**) En GB, la plaque minéralogique d'une voiture est *the number plate* et aux EU *the license plate*. Remarquez la différence d'orthographe entre *license* ici et dans notre exemple à la fin de la Note 10.

***

Exercices 1. L'endroit était dans le chaos quand je suis arrivé. — Avec leurs trois enfants, c'est toujours chaotique chez eux. **2.** Beaucoup de gens ont émigré de l'Irlande vers les EU dans le passé, et bon nombre le font encore. **3.** Je ne sais pas ce qu'il fait exactement, mais il est une sorte d'informaticien. **4.** Nous sommes ouverts de 9 h à 17 h tous les jours. **5.** En GB nous achetons notre alcool dans un endroit appelé *« off-licence »* et aux EU vous l'achetez dans un *« liquor store »*. **6.** C'est un challenger pour le titre de

Fill in the missing words

1. *Après la première guerre, des millions de gens moururent de la grippe.*

.. .. the Great War, millions died of 'flu.

2. *Comment les Américains orthographient-ils les mots (français) licence, centre et rire ?*

How do the Americans spell .... and ..... ?

3. *Le Burkina Faso, anciennement la Haute Volta, est en Afrique occidentale.*

Burkina Faso, ... Upper Volta, is in West Africa.

Fifty-third lesson

California, here I come

1 Despite what we told you in Lesson 51, the differences between English in Britain and the US

2 are most noticeable in simple everyday conversation.

3 Let's listen to Mr Willard's secretary, who is preparing a business trip to San Francisco for her boss.

4 We will point out major differences in usage in the accompanying notes.

5 (Voice on phone) — Good morning, Union Airlines, Maria speaking. May I help you? (**1**)

4. *On m'a volé mes chèques de voyage dans ma chambre d'hôtel.*

I had my ....'. .... from my hotel room.

5. *Je n'achète jamais de programme quand je vais au théâtre.*

. ...
champion du monde de boxe des poids lourds.

The missing words

1. In the aftermath of **2.** licence, center...laugh **3.** formerly **4.** traveler's checks stolen **5.** I never buy a program when I go to the theater

---

Cinquante-troisième leçon

Californie, me voici

1 Malgré ce que nous vous avons dit à la Leçon 51, les différences entre l'anglais en GB et aux EU
2 sont le plus remarquées dans les conversations simples de tous les jours.
3 Ecoutons la secrétaire de M. Willard, qui prépare un voyage d'affaires à San Francisco pour son patron :
4 Nous vous indiquerons les principales différences d'usage dans les Notes en annexe.
5 (au téléphone) — Bonjour, La Compagnie aérienne Union, Maria au téléphone. Puis-je vous aider ?

NOTES

(**1**) Le contraste entre la grammaire très formelle et le parler quotidien assez familier peut être déroutant. L'utilisation du prénom est très fréquente, même dans les contextes commerciaux (dans beaucoup de sociétés américaines implantées en France, le tutoiement est de rigueur, une façon de reproduire cette familiarité un petit peu trompeuse, car les hiérarchies demeurent).

6 — Hi. I'd like to make a reservation, round trip New York to San Francisco, for Thursday around noon. (**2**) (**3**)

7 — Sure. Will that be first class, business or economy? (**4**)

8 — Business class, non-smoking, please. No, sorry, make that smoking: he gave up giving up!

9 — No problem. What name, please? — Willard, Peter J. (**5**)

10 — Thank you. OK. Mr Willard is confirmed on Union flight Z 607 out of JFK at eleven-twenty on May second, (**6**)

11 arriving at San Francisco International at twelve-ten.

12 — Thank you. Will you charge our account, Willard International Inc.? — Sure. Thank you for choosing Union. (**7**) (**8**)

13 — Did you make the reservations yet, Marcia? — Uh huh. Let's check your schedule, Mr Willard. (**9**) (**10**)

NOTES (suite)

(**2**) Voir la remarque ci-dessus. Le *Hi!* (Salut !) est largement répandu (même si on ne connaît pas son interlocuteur) et remplace volontiers le plus réservé *Good morning* ou *Good afternoon*.

(**3**) Un billet aller-retour se dit *round trip ticket* en anglais EU et *return ticket* en anglais GB.

(**4**) En anglais GB on dirait plutôt *Would you like...?* pour l'américain *Will that be...?*

(**5**) L'utilisation de l'initiale du deuxième prénom est très courante chez les hommes aux EU.

(**6**) Notez la prononciation de la lettre *z* : en anglais GB on la prononce « zed » et en anglais EU « zi ».
Il faut comprendre que les transports aériens sont monnaie courante pour la majorité de la population américaine (qui, distances obligent, a l'habitude d'une mobilité plus grande). Ainsi, les aéroports ont des surnoms largement utilisés, et à New York on parle

6 — Bonjour, je voudrais faire une réservation pour un aller-retour New York/San Francisco pour jeudi, aux alentours de midi.
7 — Bien entendu. Quelle classe voulez-vous, 1re, affaires ou économique ?
8 — Classe affaires, non fumeurs, s'il vous plaît. Non, attendez, changez pour fumeurs : il s'est arrêté d'arrêter !
9 — Pas de problème. C'est à quel nom, s'il vous plaît ? — Willard Peter J.
10 — Merci. Bien. M. Willard est confirmé sur le vol Union Z 607 au départ de l'aéroport de Kennedy à 11 h 20 le 2 mai,
11 arrivant à San Francisco International à 12 h 10.
12 — Merci. Voulez-vous nous facturer sur notre compte, Willard International ? — Bien entendu. Merci d'avoir choisi la compagnie Union.
13 — Avez-vous déjà fait les réservations, Marcia ? — Oui. Regardons votre planning, M. Willard.

NOTES (suite)

de *JFK* pour *John Fitzgerald Kennedy International Airport,* et à Los Angeles de *LAX* pour l'aéroport de cette ville. (Un peu comme on dit le Métro pour le Métropolitain...)

(**7**) *Please charge my account* = Mettez-le sur mon compte. *A charge card* = une carte de paiement (et non une carte de crédit !). Lorsque vous achetez aux EU, vous entendrez souvent *Is this cash or charge?* (comprenez : Vous payez en liquide ou avec une carte ?) Notez également le mot — plus familier — *plastic* pour les cartes de paiement : *Sorry, we don't take plastic* = désolés, nous ne prenons pas les cartes de crédit. Le paiement par chèque personnel, en revanche, est beaucoup moins courant qu'en Europe.

(**8**) Alors que l'anglais GB n'a vraiment pas d'équivalent courant pour notre : Je vous en prie, en réponse à un remerciement, l'anglais EU utilise *Sure* (avec une intonation descendante). — *Thanks for your help.* — *Sure.*

(**9**) L'anglais GB dirait plutôt *Have you made the reservations yet?* (ce qui, pour une fois, est plus correct grammaticalement).

(**10**) Différence de prononciation pour ce mot *schedule* (planning, horaire). En anglais EU c'est (SHEdioul) alors qu'en anglais GB on dit (SKEdioul).

14 Arrive San Francisco at twelve-ten. I've reserved a hire car. You're checked into the Continental Hotel at Geary and Broadway, room 1712. (**11**)

15 Your first meeting's at three with the realtor, then you're seeing your attorney at four-twenty. (**12**)

16 You have an appointment with the City Manager at five and a reception at the Chamber of Commerce after that. (**13**)

17 If you're hungry after all that, I've reserved a table at Moe's for seven.

18 — What would I do without you, Marcia? — Probably miss the plane, Mr Willard.

19 OK so far? Right, let's go to the next lesson and see what happens to Mr Willard in Babylon-by-the-Bay, (**14**)

20 otherwise known as San Francisco!

NOTES (suite)

(**11**) Quand on annonce les noms des rues aux EU, on omet très souvent la mention de *street, avenue,* etc. (sauf lorsqu'il y a une rue et une avenue qui portent le même nom). La plupart des villes américaines étant construites sur une « grille » de rues horizontales et transversales, on donne plus volontiers l'intersection *(cross street)* la plus proche.

(**12**) *Real estate* (anglais GB) = l'immobilier ; en anglais EU on dit plutôt *realty*. Ainsi, un agent immobilier aux EU se dit *a realtor* et en GB *an estate agent*. De la même façon, on parle de *an attorney* pour un avocat américain et de *a lawyer* pour son homologue anglais (bien que ce dernier mot s'applique aussi outre-Atlantique).

(**13**) *A city manager* est un concept américain : il s'agit d'un responsable employé par un conseil municipal pour gérer l'administration de la municipalité. Il n'y a pas d'équivalent britannique. Dans le journalisme américain, *the city editor* est le rédacteur de la chronique

14 Arrivée à San Francisco à 12 h 10. Je vous ai retenu une voiture de location. Vous avez une réservation à l'hôtel Continental dans la rue Geary, au carrefour de Broadway. La chambre n° 1712.
15 Votre première réunion est à 15 h avec l'agent immobilier, puis vous voyez votre avocat à 16 h 20.
16 Vous avez rendez-vous avec le directeur de la Ville à 17 h et il y a une réception à la Chambre de commerce après ça.
17 Si vous avez faim après tout ça, je vous ai réservé une table chez Moe pour 19 h.
18 — Que ferais-je sans vous, Marcia ? — Vous manqueriez probablement votre avion, M. Willard.

19 Tout va bien jusqu'à présent ? Eh bien, passons à la leçon suivante pour voir ce qui arrive à M. Willard à Babylone-sur-Mer,
20 autrement connue sous le nom de San Francisco !

NOTES (suite)
du jour, mais en GB c'est le rédacteur de la rubrique financière (voir *The City*).

(**14**) Il ne s'agit pas seulement d'aéroports (voir Note 6) ; les villes américaines ont aussi leurs surnoms. Nous connaissons *The Big Apple* (New York, voir Leçon 44 note 1) ; Chicago est connue comme *The Second City* (c.-à-d., 2e après New York) ou bien *the Windy City* (et pour cause !). San Franciso a beaucoup de surnoms (dont « Babylone-à-coté-de-la-baie », à cause de sa réputation licencieuse), mais de grâce, ne l'appelez jamais *Frisco!*

EXERCISES 1. — May I help you? — Hi, I'd like some information about flights to LA. **2.** You're confirmed on flight Z 230 out of LAX leaving January 4 at three p.m. **3.** — Will that be cash or charge? — Please charge it to my account. **4.** Did you see Spielberg's latest movie yet? **5.** The hotel's located downtown at ninth and Broadway. **6.** —What would I do without you? — I really hate to think.

***

Fill in the missing words

1. *Voulez-vous un aller simple ou un aller-retour ?*

.... one way or .... ?

2. *John est avocat et son frère est agent immobilier.*

John's .. .. and his brother is . ...

3. *Vous avez une réservation à l'hôtel Continental.*

...'.. .... the Continental Hotel.

Fifty-fourth lesson

Time out (1)

1 — Phew! I'm beat! Two solid days of meetings. I'm going to take a break. What is there to see? (**2**)

2 — Are you kidding? This is San Francisco. Babylon-by-the-Bay! You can do anything you want.

NOTES

(**1**) *OK, time out!* = Ça y est, on marque une pause ! *time out* est en fait une pause dans un match de basketball, etc., mais on l'utilise couramment pour exprimer l'idée d'un bref repos. Un hebdomadaire londonien s'est approprié l'expression comme titre : il est spécialisé dans les programmes de cinémas, théâtres, etc.

Exercices 1. — Puis-je vous aider ? — Bonjour, j'aimerais avoir des renseignements sur les vols pour Los Angeles. **2.** Vous avez une réservation confirmée sur le vol Z 230 au départ de l'aéroport international de LA, le 4 janvier à 15 heures. **3.** Vous payez en espèces ou avec une carte ? — Veuillez le mettre sur mon compte, s'il vous plaît. **4.** Avez-vous déjà vu le dernier film de Spielberg ? **5.** L'hôtel est dans le centre-ville, à l'intersection de la 9e et de Broadway. **6.** —Que ferais-je sans vous ? — Je n'ose pas y penser.

***

4. *Vous voyez le responsable municipal à 17 heures.*

. . .' . . . .

5. *Ça va jusqu'ici ? Passons aux exercices suivants.*

. . . . ? . . .' . . . . . the next set of exercises.

The missing words

1. Will that be...round trip **2.** an attorney...a realtor **3.** You're checked into **4.** You're seeing the city manager at five p.m. **5.** OK so far? Let's go to

Cinquante-quatrième leçon

La pause

1 — Pfff ! Je suis vanné ! Deux jours pleins de réunions. Je vais me reposer. Qu'y a-t-il à voir ?
2 — Tu plaisantes ? Tu es à San Francisco. Babylone-sur-Mer ! Tu peux faire ce que tu veux.

NOTES (suite)

(**2**) *I'm beat* (litt. Je suis battu). Le sens le plus répandu de cette expression est : je suis mort de fatigue. *Let's call it a day. I'm beat* = Arrêtons-nous là pour aujourd'hui. Je suis mort.

3 — Suggest something peaceful, Jack. I'm a country boy from back East. I'm not used to decadent California. (**3**)

4 — OK. Why don't you go over to Berkeley? That's quiet enough these days. Do you have a car? (**4**) (**5**)

5 — Yes, but I'd prefer not to drive. Is there any public transportation? (**6**)

6 — Sure. Take BART from the Montgomery Street station and you'll be in Berkeley in twenty minutes.

7 You can walk around, check out the campus, look at the book stores, you know, just hang out. (**7**)

NOTES (suite)

(**3**) Vous remarquerez que l'anglais, et surtout l'américain, utilisent les adverbes comme *up, down, back* etc. avec les verbes de mouvement pour donner plus de précision par rapport au locuteur (pensez à notre : monter à Paris/descendre à Marseille, etc.) Remarquez aussi les exemples dans les phrases 4 et 9 *(over),* 8 et 11 *(down),* 13 *(up).* On ne les traduit pas. *I'm from back East* = Je suis de la côte Est.

(**4**) La ville de Berkeley, qui se situe en face de la ville de San Francisco de l'autre côté de la Baie, fut célèbre pendant la fin des années soixante pour son mouvement estudiantin contestataire. Berkeley est toujours célèbre à cause de son université prestigieuse, mais les habitants se sont calmés depuis quelques années (bien que la ville garde une réputation d'avant-garde).

(**5**) Une différence entre l'anglais GB et l'anglais EU qui illustre la plus grande pureté grammaticale de ce dernier : pour la question : Avez-vous une voiture ?, un Anglais dirait *Have you got a car?* (où le got est superflu puisque le vrai verbe est to have). Un Américain construira sa phrase suivant les règles de grammaire : *Do you have a car?* Une distinction subtile mais toutefois (presque) systématique.

(**6**) Où l'anglais GB dit *transport,* l'anglais EU dit *transportation : The problem with many American cities is the lack of public transportation.* (Comme toujours, la distinction n'est que partiellement systématique.)

3 — Suggère-moi quelque chose de paisible, Jack. Je suis un péquenot de la côte Est. Je n'ai pas l'habitude de la décadente Californie.
4 — D'accord. Pourquoi ne vas-tu pas jusqu'à Berkeley ? C'est assez paisible de nos jours. As-tu une voiture ?
5 — Oui, mais je préférerais ne pas conduire. Y a-t-il des transports en commun ?
6 — Bien sûr. Prends donc le BART à la station de Montgomery Street et tu seras à Berkeley en vingt minutes.
7 Tu peux te balader, voir le campus, fouiner dans les librairies, prendre du bon temps.

NOTES (suite)

(7) Deux expressions très américaines (et assez familières) : *to check out* (litt. quitter son hôtel) : *Guests must check out before 11 a.m.* = Les clients doivent quitter la chambre avant 11 heures) est utilisée pour « voir ce qui se passe, regarder pour soi-même ». *If you don't believe me, check it out for yourself* = Si tu ne me crois pas, va voir toi-même. (*A check-out:* la caisse dans un supermarché.)
To hang out: flâner, passer le temps. *When I'm on vacation, I don't do anything. I just hang out, read, you know?* = Quand je suis en vacances, je ne fais rien. Je traîne, je lis, tu vois ce que je veux dire ? *A hang-out:* un lieu qu'on fréquente habituellement. *That bar on fifty-seventh street was one of Pete's favorite* hang-outs* = Ce bar dans la 57ᵉ rue était un des endroits préférés de Pete à une époque.
Comme toujours avec les expressions plus ou moins « argotiques », nous vous les présentons car elles sont très courantes, mais nous vous déconseillons de les utiliser avant d'avoir une très bonne maîtrise de l'anglais « standard ».

8 — What about something closer to home?
— Well, since you're a tourist, why not ride a cable car down to Fisherman's Wharf? (**8**)

9 Or visit Chinatown? Or drive over the Golden Gate Bridge into Marin County or... (**9**)

10 — Whoah! Maybe I'll just stay in the hotel, watch a movie and rest up for a while. The West Coast's so hectic! (**10**)

11 — You've never been down to LA, have you? We could take a long weekend and go stay with my cousin. (**11**) (**12**)

12 She lives real close to the beach. You can lay out and sun yourself, (**13**)

NOTES (suite)

(**8**) *The cable car* est un moyen de transport en commun (voir Note 6 ci-dessus) unique à San Francisco : il s'agit d'un funiculaire tracté par câble, qui monte et qui descend les collines époustouflantes de la ville. Rappelez-vous que l'anglais EU dit *to ride the subway, cable car,* etc., alors que l'anglais GB dit *to take* lorsqu'il s'agit de se déplacer en Métro ; sinon les deux utilisent *to take* avec l'idée de monter à bord *(Take BART at Powell St.); a cable car* est aussi le mot utilisé pour une cabine de téléphérique. Remarquez en passant le mot *wharf* (embarcadère), qui se prononce OUORF.

(**9**) La Grande-Bretagne et l'Irlande sont divisées en régions administratives, que l'on appelle *counties* (sing : *county*). Il y en a une soixantaine en Grande-Bretagne et 26 en Irlande. D'ailleurs, lorsqu'on écrit à quelqu'un, on met toujours le nom du *county* sur l'enveloppe (un peu comme si, en France, on mettait le nom du département). Aux EU, les cinquante Etats sont eux aussi divisés en *counties,* mais le nombre peut varier de 254 pour le Texas à 5 pour l'Etat de Rhode Island. Le *county* est beaucoup plus une unité administrative aux EU qu'en GB.

(**10**) Encore une nuance américaine (à part le mot *movie* pour *film,* que nous avons déjà vu) : *to rest up* (se reposer) où l'anglais GB dirait soit *to take a rest,* soit *to rest* tout court.

8 — Tu n'as rien plus près de la maison ? — Eh bien, puisque tu es un touriste, pourquoi ne pas prendre le funiculaire pour descendre jusqu'à Fisherman's Wharf ?
9 Ou visiter le quartier chinois ? Ou traverser le pont Golden Gate pour aller à Marin County, ou bien...
10 — Holà ! Peut-être resterai-je simplement à l'hôtel, pour regarder un film et me reposer un peu. La côte Ouest est tellement frénétique !
11 — Tu n'es jamais descendu jusqu'à Los Angeles, n'est-ce pas ? Nous pourrions « faire le pont » et aller rendre visite à ma cousine.
12 Elle habite tout près de la plage. Tu pourras prendre le soleil,

NOTES (suite)

(**11**) *A long weekend* est l'équivalent le plus proche de notre fameux « pont » de trois (ou « aqueduc » de quatre !) jours de vacances. Cependant, ce n'est pas une pratique très courante outre-Atlantique. Les congés payés sont un concept encore plus curieux, car l'Américain moyen prend deux semaines de vacances par an (contre environ quatre semaines en GB). Un mot en passant sur la ville de Los Angeles, (voir Leçon 53 Note 14) que l'on peut appeler *LA* (pron : EL AY) sans vergogne.

(**12**) Encore un trait américain : lorsqu'on a deux verbes l'un après l'autre (ex. *Let's go and stay with my cousin*), l'anglais EU aurait tendance à omettre la conjonction, ce qui nous donne *Let's go stay with my cousin*. Pas très élégant, mais très courant.

(**13**) Bien que l'on ait dit que l'américain est plus pur grammaticalement que son homologue anglais, nous devons préciser qu'il s'agit de la langue écrite (qui reste peut-être plus conservatrice — pure — à cause des écarts de la langue parlée). Un trait courant (qui est une faute de grammaire) est l'utilisation d'un adjectif à la place d'un adverbe. Ainsi, dans cette phrase, nous entendons *real close to the beach* là où on devrait mettre *really close* (anglais GB standard). Un autre exemple, lui aussi très courant, est la confusion entre *good* and *well*. Beaucoup d'Américains (et donc beaucoup de personnages dans les feuilletons télévisés, les romans, etc. qui répandent la langue américaine) utilisent l'adjectif à la place de l'adverbe : *She sings good* au lieu de *She sings well*. Le cumul est parfois de rigueur : *She sings real good* au lieu de *She sings really well*. Inutile de préciser que nous ne faisons que signaler ce phénomène de la langue courante ; nous vous domandons de ne jamais l'imiter.

13 or maybe go up to an amusement park. Disneyland is fantastic. Hey, Peter, wake up!

14 — It's true that there's a real difference between the East and the West Coast.

15 My grandmother's from San Francisco, and when I was a kid, I used to take the Red-Eye Special from New York to go visit her. (**14**)

16 One time, I woke up in the plane, in pitch darkness over Nebraska or somewhere (**15**)

17 and I said to my mom, — What's down there? Know what she said? — Nothing! (**16**)

18 So, we hope that « slice of life » gave you some idea of the basic difference between conversational English and American.

19 In the next few lessons, we'll look at some more features of the United States, and how they have influenced language.

20 It's true that there is a certain antipathy between the inhabitants of the two coasts.

21 The older, longer-established East considers California as brash, upstart and eccentric,

22 while the inhabitants of the Golden State look at the East Coasters as old-fashioned and fuddy-duddy.

13 ou peut-être aller à un parc d'attractions. Disneyland est fantastique. Hé, Peter ! Réveille-toi !

14 — C'est vrai qu'il y a une réelle différence entre la côte Est et la côte Ouest.

15 Ma grand-mère est de San Francisco, et quand j'étais gosse je prenais l'avion de nuit de New York pour aller lui rendre visite.

16 Une fois, je me suis réveillé dans l'avion ; il faisait nuit noire et nous étions au-dessus du Nebraska ou de quelque part.

17 J'ai demandé à ma mère, — Qu'est-ce qu'il y a au-dessous ? Tu sais ce qu'elle m'a répondu ? — Rien.

18 Alors, nous espérons que cette « tranche de vie » vous a donné quelque idée des différences de base entre l'anglais et l'américain.

19 Dans les prochaines leçons, nous observerons d'autres caractéristiques des Etats-Unis et comment ils ont influencé la langue.

20 Il est vrai qu'il existe une certaine antipathie entre les habitants des deux côtes.

21 L'Est, plus ancien et enraciné, considère la Californie comme étant effrontée, parvenue et excentrique ;

22 alors que les habitants de l'Etat Doré (la Californie) considèrent les « orientaux » comme dépassés et vieux jeu.

NOTES (suite)

(**14**) Un exemple de la verve de la langue américaine que nous ne cessons d'évoquer. Cet avion qui reliait les deux Côtes de nuit (parfois huit heures de vol) était très prisé car moins cher que les vols de jour. Par contre, on dormait à peine (et très mal) et on arrivait les yeux rouges. Le nom officieux de ce type de vol est *the Red-Eye Special* (ou *Express*) !

(**15**) Les amateurs de *baseball* (voir Leçon 60) sauront que *the pitcher* est le lanceur de balle. Parmi les autres sens de *pitch,* nous trouvons celui de la poix (une matière visqueuse à base de résine), qui est généralement noire. Et c'est ainsi que lorsqu'on parle d'une nuit noire, on dit *It was pitch black* (ou *...as black as pitch*).

(**16**) « Maman » en anglais EU s'écrit *mom* et en anglais GB *mum*. Par contre, l'utilisation par les adultes de ce petit nom est plus répandue aux EU qu'en GB.

23 One favorite* way of putting across the message is through bumper stickers.

24 (Seen in Los Angeles) « New Yorkers, welcome to California. Now go home! »;

25 to which the retort may be the message contained on a bumper sticker seen in upstate New York: (**17**)

26 « Speed limit 55 mph. For Californians: 70 mph — you can't get out of our State quickly enough for us! »

***

EXERCISES 1. I just want to hang out by the pool. I'm beat after two solid days of meetings. **2.** We moved out to California from New England, but after two years in LA we moved back East because life had become too hectic. **3.** If you're in New York, do check out the Guggenheim Museum: it's real interesting. **4.** When I was a kid I used to go visit my grandparents in Connecticut * **5.** The lights went out and the house was plunged into pitch black darkness. **6.** The long-established aristocracy looked with disdain on the brash upstart from California.

***

Fill in the missing words

1. — *Avez-vous une voiture ? — Non, je prends les transports en commun.*

.. .. ? — No, I use ....

2. *Veuillez quitter la chambre avant midi.*

.... before ....

3. *Nous avons pris le Metro jusqu'à la 27ᵉ rue et rue Montgomery.*

.. .. 27th and Montgomery.

23 Une façon usitée de transmettre le message se fait à travers les « bumper stickers » (auto-collants apposés sur les pare-chocs).
24 (Vu à Los Angeles) « New-Yorkais, bienvenue en Californie. Maintenant, rentrez chez vous ! »
25 A quoi la réponse pourrait être celle d'un auto-collant vu dans le nord de l'Etat de NY :
26 « Limite de vitesse 55 miles à l'heure. Pour les Californiens : 70 m/h — pour nous, vous ne pouvez pas quitter cet Etat trop rapidement ! ».

NOTES (suite)

(17) Rappelez-vous que, bien qu'on parle couramment de New York en tant que ville, c'est aussi le nom de l'Etat (voir Leçon 44 Note 1). On utilise l'adjectif *upstate* pour désigner la partie supérieure d'un Etat ; par contre, il n'y a pas d'équivalent pour parler de la partie inférieure.

***

Exercices 1. Je veux tout simplement traîner au bord de la piscine. Je suis vanné après deux jours complets de réunions. **2.** Nous avons déménagé de la Nouvelle Angleterre pour la Californie, mais après deux ans à LA nous sommes retournés dans l'Est car la vie était devenue trop frénétique. **3.** Si vous êtes à NY, allez visiter le musée Guggenheim : c'est vraiment passionnant. **4.** Quand j'étais gosse, j'allais rendre visite à mes grands-parents dans le Connecticut. **5.** Les lumières s'éteignirent et la maison fut plongée dans l'obscurité totale. **6.** L'aristocratie bien établie regardait avec dédain le parvenu californien effronté.

***

4. *J'ai lu tous ses livres. Il écrit vraiment bien.*

I've read all his books. .. ..

5. *Pourquoi ne pas louer une voiture et aller visiter le bois de Muir ?*

... ... a car then .. .. Muir Woods?

The missing words

1. Do you have a car...public transportation **2.** Please check out...noon **3.** We rode the subway to **4.** He writes really well (et non pas « writes real good »!) **5.** Why not rent...go and visit (bien qu'il soit plus américain d'omettre le *and*)

* Ecoutez bien la prononciation de cet Etat — le 2e *c* est muet : keh-NEH-ti-ket.

Fifty-fifth lesson

Are you computer literate? (1)

1 Are you computer literate or do you have a read-only memory? (**2**)

2 The huge changes that information technology has brought to our everyday lives have extended to the way we speak.

3 Within one generation, words like *chip* and *menu* moved from the kitchen to the workplace. (**3**)

4 The speed and extent of the changes leave many people bewildered and at a loss to understand the new jargon. (**4**)

5 The work of mainframe computers, which used to fill entire rooms, is now handled by tiny microcomputers

NOTES

L'informatique est une science qui évolue de plus en plus rapidement et qui, de ce fait, invente de nouveaux mots et expressions tous les jours. Dans cette leçon, nous ne faisons que présenter le vocabulaire qui est passé dans la pratique quotidienne, laissant aux ouvrages plus spécialisés (et éphémères) la tâche d'examiner ce phénomène en profondeur.

(**1**) *Literate* = est un adjectif qui veut dire à la fois lettré et alphabétisé. *Despite recent progress, many people remain illiterate, and the government is organizing adult literacy courses in certain areas* = Malgré des progrès récents, il reste beaucoup d'analphabètes, et le gouvernement organise des stages d'alphabétisation dans certaines régions. *Numerate* se dit d'une personne qui a une compréhension des chiffres et de la mathématique. *Computer literate* est un adjectif socio-éducatif qui signifie que quelqu'un a des connaissances opérationnelles en informatique (substantif : *computer literacy*).

Cinquante-cinquième leçon

Parlez-vous ordinateur ?

1 Vous y connaissez-vous en informatique ou avez-vous une « mémoire morte » ?
2 Les énormes changements que l'informatique a apportés à notre vie quotidienne ont même influencé notre façon de parler.
3 En l'espace d'une génération, les mots comme chip (puce) et menu sont passés de la cuisine à l'espace de travail.
4 La rapidité et la portée des changements laissent beaucoup de gens confus et en peine de comprendre le nouveau jargon.
5 Le travail des gros ordinateurs, qui autrefois remplissaient des salles entières, est maintenant fait par de minuscules micro-ordinateurs

NOTES (suite)

(2) Un ordinateur possède une mémoire dite morte *(a read-only memory* ou *ROM)* et une mémoire vive *(random access memory* ou *RAM).* Certains plaisantins branchés considèrent que ceux qui ne sont pas au courant de l'informatique ont des *read-only memories* (c.-à-d. qu'on ne peut plus rien y ajouter).

(3) En effet, les enfants de demain auront une première définition de certains mots qui sera différente de celle qu'en ont les jeunes d'aujourd'hui ! Ainsi, *a chip* est le nom familier que l'on donne à un microprocesseur (c'est la puce), alors qu'en anglais GB *a chip* est une frite et en anglais EU c'est, comme en français (!), une « chip ». En informatique, *a menu* est une série d'instructions ou d'options pour utiliser les possibilités d'un logiciel.

(4) *He was at a loss to understand how his overdraft had gotten so large* = Il était en peine de comprendre comment son découvert était monté si haut. *He's never at a loss for words* = Il ne perd jamais son latin.

6 that fit on a desk-top or into a briefcase. These machines can crunch numbers even faster than their huge ancestors. (**5**)

7 Computers are measured in terms of speed but also of memory, by how many bits and bytes they can store. (**6**)

8 Does your machine use floppy disks or hard disks? What about their peripherals? (**7**)

9 Yesterday's nouns have become today's verbs: to access information means to get at what the programmers have input! (**8**)

10 Systems interface with each other or are connected in local-area or wide-area networks to share data and peripherals. (**9**)

NOTES (suite)

(**5**) Une expression imagée (et peu technique) qui décrit la puissance de calcul d'un ordinateur : *number crunching* (broyage de chiffres) est passée dans les mœurs. *The new Super V crunches numbers five times faster than its nearest competitor* = Le nouveau Super-V a une puissance de calcul cinq fois supérieure à celle de son concurrent le plus proche.

(**6**) *A bit* est une contraction de *Binary digit* (chiffre binaire) et signifie l'unité d'information la plus petite. Huit bits s'appellent *a byte* (admirons le français, qui a inventé avec « octet » un mot étymologiquement parfait...). On mesure la puissance de mémoire des ordinateurs en millions d'octets *(megabytes* ou *Mb)* et même en milliards *(gigabytes* ou *Gb)*.

(**7**) *Floppy* signifie « souple » ou « flasque » (*a floppy hat* = un grand chapeau mou). *A floppy disk* (ou *disc* en GB) n'est pas rigide (de récentes découvertes pourraient bien reléguer rapidement ce mot aux oubliettes), à l'opposé d'un *hard disk* ou disque dur. *Peripherals* est le nom collectif qu'on donne aux équipements accessoires tels que l'imprimante, le modem, etc. (périphériques en français).

6 qui tiennent sur un bureau ou dans une mallette. Ces machines peuvent « broyer » des chiffres encore plus vite que leurs énormes ancêtres.

7 On mesure les ordinateurs en termes de vitesse mais aussi de mémoire, par le nombre de bits et d'octets qu'ils peuvent emmagasiner.

8 Votre machine utilise-t-elle des disquettes ou des disques durs ? Et qu'en est-il de leurs périphériques ?

9 Les noms d'hier sont devenus les verbes d'aujourd'hui : accéder (à) l'information veut dire atteindre ce que les programmeurs ont introduit !

10 Les systèmes communiquent entre eux ou sont connectés dans les réseaux locaux ou dans des grands réseaux pour partager les données et les périphériques.

NOTES (suite)

(**8**) Au lieu d'inventer de nouveaux mots à chaque fois, le génie informatique s'est amusé à modifier la forme grammaticale de certains mots afin d'aller plus vite à l'explication. Ainsi, le verbe « accéder à » se dit *to gain/have access to*. Mais quand un informaticien veut accéder (à) des données (eh oui, la même chose se passe chez nous !), on dit *He accesses data*. De la même façon, *an input* est quelque chose qu'on introduit, mais lorsqu'on introduit des données, on en fait un verbe transitif *to input data*. Ce phénomène va en s'accentuant, donc il faut guetter les nouveaux transfuges !

(**9**) Encore un transfuge ! A l'origine *an interface* était un nom pour décrire un point où des systèmes indépendants pouvaient communiquer entre eux. Le nom est devenu verbe (très en vogue) pour travailler ensemble, communiquer. *The two packet switching systems cannot yet interface* = Les deux systèmes de commutation par paquets ne peuvent pas communiquer entre eux. Un moyen d'obtenir un *interface* est à travers un réseau de communication qui relie les ordinateurs. S'il s'agit d'ordinateurs dans un même bâtiment ou complexe, on parle d'un *local area network* ou *LAN* (réseau local). Si le réseau est plus étendu, reliant des machines dans des villes ou des pays différents, on parle d'un *wide area network* ou *WAN* (grand réseau).

11 The computer industry (or information technology industry) is basically divided into suppliers of hardware and software.

12 Software packages can accomplish business tasks and scientific calculations millions of times faster than the human brain (**10**).

13 But the quality of the results depends on the quality of the initial information; this phenomenon is known as GIGO —

14 garbage in, garbage out! (i.e., if your basic information is bad, then the result cannot be any better). (**11**)

15 The development of artificial intelligence, or teaching computers how to think like human beings,

16 is a fast-evolving and, for some people, frightening concept. Put in other words,

17 we have spent years trying to perfect a machine that is ultimately capable of correcting our own imperfections!

18 The applications of electronic data processing (EDP) are virtually limitless and affect us all directly or indirectly,

19 from home banking to electronic publishing, from personalized health care records on a smart card to smart buildings, which regulate their own temperature. (**12**)

NOTES (suite)

(**10**) Les logiciels en général : *software;* un logiciel (ou progiciel) : *software package* ou *program**. Il est également fréquent d'entendre le mot *solutions* pour des logiciels qui répondent à des problèmes bien précis.

11 L'industrie de l'ordinateur (ou de l'informatique) est divisée fondamentalement entre les fournisseurs de matériels et ceux de logiciels.
12 Des logiciels spécifiques peuvent accomplir les tâches commerciales et les calculs scientifiques à des vitesses qui sont des millions de fois plus élevées que celle du cerveau humain.
13 Mais la qualité des résultats dépend de la qualité de l'information au départ ; ce phénomène s'appelle GIGO —
14 Des ordures à l'entrée, des ordures à la sortie ! (c.-à-d. si vos informations de base sont mauvaises, le résultat ne peut absolument pas être meilleur).
15 Le développement de l'intelligence artificielle, ou comment apprendre aux ordinateurs à penser comme les êtres humains.
16 est un concept qui évolue rapidement et, pour certains, de façon alarmante. Autrement dit,
17 nous avons passé des années à développer une machine qui est à la fin capable de corriger nos propres imperfections !
18 Les applications du traitement de l'information sont presque illimitées et nous touchent tous, directement ou indirectement,
19 de la monétique à la PAO, des cartes à puce contenant l'historique médical personnalisé jusqu'à la domotique, où les bâtiments règlent eux-mêmes leur propre température.

NOTES (suite)

(**11**) Eh oui, l'informatique fait aussi de l'humour (parfois) ! *Garbage,* nous l'avons vu, ce sont les ordures. Plus généralement, c'est un mot de dénigrement. *That's a load of garbage* = C'est des foutaises. *GIGO* est la mise en garde contre des informations de base erronées ou incomplètes.

(**12**) Nous avons déjà eu un aperçu de certains de ces développements (voir Leçon 38 Note 5 et Leçon 39 Note 10). *Electronic publishing* (ou *desk-top publishing*) est ce que l'on appelle la PAO, ou la « publication assistée par ordinateur ». L'utilisation des cartes à microprocesseurs s'étend à tous les domaines imaginables. Ici, nous parlons d'une carte qui contient l'historique médical individuel.

20 Computer buffs love acronyms and bandy such arcane initials as CAD/CAM and CIM around quite nonchalantly. (**13**)

21 The prevalence of computers, and the ease with which children learn to operate new machines,

22 mean that what we call computer literacy will become a crucial factor for career success in the coming years.

23 With such developments as parallel processing in supercomputers, the machines are becoming unimaginably powerful. (**14**)

24 But, as a veteran hacker once said, computers are wonderful machines; (**15**)

25 there are as many mistakes as before, but now nobody is to blame!

NOTES (suite)

(**13**) Le français a attrapé la même maladie. Voici l'explication de ces sigles : *CAD/CAM* (ou *computer assisted design/manufacturing*) c'est le CAO/FAO (comprendre conception/fabrication assistées par ordinateur). *CIM* ou *computer integrated manufacturing* (productique) gère l'ensemble du processus industriel (conception, stocks, fabrication, maintenance). En règle générale, de nouveaux sigles sont inventés tous les mois, mais si vous en voyez un qui commence par *CA- (computer*

***

EXERCISES 1. Adult literacy is still a major problem in Europe, and governments are at a loss to know what to do. **2.** The work of two mainframes is now handled by a single microcomputer that fits into a briefcase. **3.** You can't access the database from that workstation. **4.** The systems interface through a wide area network. **5.** He bandies around words and expressions he doesn't really understand. **6.** A knowledge of computers will be a crucial factor in career success in the coming years.

20 Les fanatiques de l'ordinateur adorent les sigles, et balancent allègrement des initiales comme CAO/FAO et CIM (productique).

21 La prééminence de l'ordinateur, et la facilité avec laquelle les enfants apprennent à faire fonctionner les nouvelles machines,

22 signifient que ce que nous appelons « l'alphabétisation informatique » sera un facteur décisif pour la réussite professionnelle dans les années à venir.

23 Avec des développements comme le traitement parallèle dans les superordinateurs, les machines acquièrent une puissansce inimaginable.

24 Mais comme a dit une fois un amateur chevronné, les ordinateurs sont des machines fantastiques ;

25 il y a autant d'erreurs qu'auparavant, mais maintenant personne n'en est responsable !

NOTES (suite)

assisted ou *aided),* cherchez en français quelque chose qui se termine par -AO !

(**14**) *Parallel processing* est un procédé qui, dans un même ordinateur, emploie plusieurs microprocesseurs, lesquels divisent une tâche en morceaux et traitent chacun leur partie pour reconstituer l'ensemble à la fin ; le tout dans un temps record. Cette technologie nous a donné les *supercomputers.*

(**15**) *A hacker* est un mot purement informatique qui signifie un informaticien amateur, celui qui « bidouille » pour son plaisir.

***

Exercices 1. L'analphabétisme chez les adultes est toujours un problème majeur en Europe, devant lequel les gouvernements sont désemparés. **2.** Le travail de deux grands ordinateurs peut être maintenant accompli par un seul micro-ordinateur qui tient dans une mallette. **3.** Vous ne pouvez pas accéder (à) la base de données à partir de ce poste de travail. **4.** Les systèmes communiquent à travers un grand réseau. **5.** Il étale des mots et expressions qu'il ne comprend pas vraiment. **6.** Une connaissance de l'informatique sera un facteur déterminant pour la réussite professionnelle dans les années à venir.

Fill in the missing words

1. *Il y a autant d'erreurs mais personne n'en est responsable.*

   .... but ....

2. *Elle ne perd jamais son latin.*

   She's ....

3. *Elle fonctionne cinq fois plus vite que son concurrent le plus proche.*

   It operates ....

4. *Vous ne pouvez accéder aux informations sans autorisation.*

   You cannot .... without authorization.

Fifty-sixth lesson

REVISION AND NOTES

Cette leçon se veut différente des autres **Revision and Notes,** car vous êtes arrivés à un stade de pratique où beaucoup de subtilités et de nuances ne peuvent ressortir que dans la langue d'origine, et nos traductions et commentaires ne peuvent aller jusqu'au bout sans faire de ce livre un pavé de 500 pages; nous vous proposons donc un essai, écrit en anglais américain, sur la question posée par notre Leçon 51. Nous vous donnons aussi quelques notes pour la bonne forme, mais nous espérons que vous essayerez de lire ce document d'un trait. Quand vous aurez lu le texte une première fois, relisez-le et tâchez de voir comment un lecteur pourrait déterminer qu'il est écrit en américain.

5. *RAM signifie « mémoire vive » et ROM signifie « mémoire morte ».*

RAM means .... and ROM means ....-.... ......

The missing words

1. There are as many mistakes...nobody is to blame **2.** never at a loss for words **3.** five times faster than its nearest competitor **4.** gain (have) access to the information **5.** random access memory...read-only memory

---

1. When Paris was liberated by the Allies in 1945, a sign appeared in Paris shop windows: ENGLISH SPOKEN, AMERICAN UNDERSTOOD. Although the story may be apocryphal, it illustrates fairly well the popular attitudes to a question that still provokes enormous, if not always useful, debate.

2. A language is a social organism — the tool of the society that creates it; as society changes, so those changes are reflected in the language. When that language is applied to describing a totally new world, it is obvious that the changes will be radical. In his book « The American Language », H.L. Mencken declares: « The first American colonists had perforce to invent Americanisms, if only to describe the unfamiliar landscape, weather, flora and fauna confronting them ».

3. Mencken's book was published in 1919 and by its very title proposed that America had its own, separate language (although the phrase « the American language » was first used by Congress in 1802). He also suggested that the language would, by a process of reverse osmosis, return to influence its creators, the British.

4. The Englishman, whether he knows it or not, is talking and writing more and more American... In a few years it will probably be impossible for an Englishman to speak, or even to write, without using Americanisms, whether consciously or unconsciously. The influence of 125 million people, practically all headed in one direction, is simply too great to be resisted by any minority, however resolute.

5. (Those lines were written in 1930; the number of people mentioned by Mencken has since doubled!.) What Mencken calls the American approach is characterized by energy: the energy of a new people and a new society that is restless, inventive and also somewhat rootless. In the burst of energy that followed the creation of their Republic, the new Americans wanted to sever their links with Britain in every possible way. A new language was an obvious vehicle for declaring independence and shaping nationalism. Thomas Jefferson wrote about the vast differences between the two countries and said: « Judicious neology can alone give strength and copiousness to the language, and enable it to be the vehicle for new ideas ». It is important that the language be an expression of national identity.

6. As we mentioned in Lesson 52, the Americans considered a number of possible languages before choosing English as the most practical solution. (Some revolutionaries even considered adopting Greek; this idea was rejected because it was considered more convenient to keep the English language for the Americans and to force the English to speak Greek!)

7. The revolutionary energy has carried over — and continues today — in the form of « judicious neology »; in other words, the capacity of the American language to adopt or invent words at the drop of a hat. This is the feature that most strikes outside observers, and it tends to confuse the issue of whether there are two languages or two forms of the same language. Like with any transplanted language, the new tongue retains archaic forms and syntax, while creating and innovating in every possible domain (compare the French language in France and in Canada). In his book « American English », Albert H. Marckwardt says: « innovation is stressed to the exclusion of other forces which are of equal significance but possibly somewhat less dramatic...and departures from British English are relatively few ».

8. So we have seen revolutionary energy, the desire to create new words and retain old structures, and a desire to see a separation between the old language and the language of the new country. However, the influence of the media and the desire to find a *lingua franca* are reducing these differences still further; and although it would be possible to fill lesson after lesson in this book with slang, dialect and cant usage, it would only serve to highlight the fact that such usage is becoming increasingly marginal and that American English has established its identity without breaking totally with its British counterpart.

9. Character differences between the two peoples remain (which is why a French visitor to the United States can often feel less « foreign » than a Briton despite — or because of — a common language). As Mr. Marckwardt says : « the most striking feature of American English innovations is their close correspondence to the temperament and life styles of those people who developed them ». American English, therefore, and not the American language.

Notes (les chiffres se rapportent aux paragraphes)

2. Attention : *organism* n'a que le sens d'un ensemble d'éléments vivants ; le mot n'est pas synonyme d'organisation.
1. *As society changes* = au fur et à mesure que la société change.
H.I. Mencken (1880-1956) ; journaliste et critique littéraire féroce qui influença profondément la littérature américaine pendant les années 1920. Son *American Language* fut responsable d'une prise de conscience aussi bien intellectuelle que populaire de l'identité linguistique américaine.
Perforce (littéraire) : par nécessité.

3. *Its very title* = son titre même.

4. *Whether he knows it:* qu'il le sache ou non.

5. *Rootless:* sans racine.
To sever (du français : sevrer) couper ; *to sever links* = couper les liens.
To shape: donner forme à.
Thomas Jefferson (1743-1826) homme d'Etat, philosophe, architecte ; Jefferson fut le principal rédacteur de la Déclaration d'Indépendance (1776). Troisième président des Etats-Unis, il fut aussi le premier *Secretary of State* (ministre des Affaires Etrangères).

7. *Neology* = néologie (le mot est vieux dans les deux langues).
Has carried over = a continué.
At the drop of a hat = au pied levé (on se demande comment on arrive aux deux extrémités pour une même expression !)
L'utilisation de *tongue* pour une langue nationale est littéraire.
Departures (ici) = écarts.

8. *Lingua franca* (italien pour : la langue des Francs) : une langue internationale commune.
Cant = une forme d'argot (à l'origine, des voleurs) ; ici, utilisé pour *cant phrases:* phrases toutes faites.

La réponse à notre question de savoir comment on peut déterminer que ce texte est écrit en américain est : difficilement ! Comme nous l'indiquons partout dans ce livre, les différences se ressentent plutôt au niveau informel. Néanmoins, il y a quelques indications qui permettraient de le savoir :

1. Le subjonctif est plus répandu en américain (voir Leçon 49). Nous le retrouvons au paragraphe 5 : *It is important that the language be...* où l'anglais GB dirait plutôt : *It is important that the language should be...*

2. L'habitude de donner l'initiale du deuxième prénom (Albert H. Marckwardt) — Voir Leçon 53.

3. *Like with any transplanted language,* où l'anglais britannique dirait *As with* (*Do like I say* = EU ; *Do as I say* = GB)

4. La règle pour les abréviations (*Mr, Prof.,* etc.) veut que si la première et la dernière lettre de l'abréviation sont les mêmes que les lettres initiale et finale du mot entier, on ne mette pas de point. Donc, on devrait écrire *Mr* mais *Prof.* Néanmoins, l'américain écrit *Mr.* et *Mrs.*

5. *Characterize* (para. 5). Ce dernier point est le plus contesté. La règle veut que les verbes qui se terminent en *-ise* en anglais s'écrivent *-ize* en américain. Néanmoins, l'anglais GB adopte de plus en plus la forme dite américaine (et le prestigieux *Oxford Dictionary for Writers and Editors* préconise aussi cette forme). Toutefois, les verbes suivants s'écrivent *-ise* dans les deux langues : *advertise, advise, arise, compromise, devise, disguise, promise, supervise, surprise* et *televise.*

Donc, comme vous pouvez le constater, les différences sont assez minimes. Mais le débat continuera...

(A la fin de cet ouvrage, nous vous présentons sous forme schématique les différences essentielles d'orthographe et de vocabulaire.)

Fifty-seventh lesson

The automobile (1)

1 There is one area where Britain and the USA differ greatly, both in terms of attitudes and vocabulary,

2 and that is the automobile (or motor car). The distances and the lifestyle in America are such

3 that it is almost unthinkable to live without a car. Cities such as Los Angeles are built around it,

4 and public transportation in many areas of the States lags far behind the needs of the population. (**2**)

5 The ultimate urban monument to the automobile is Detroit, known as Motor City, the center of the automotive industry.

6 Industrial mass production originated in the car industry with the birth of the Ford Model T. (**3**) (**4**)

NOTES

(**1**) On parle de *automobile* et de *car* aux EU, alors qu'en GB, une voiture se dit généralement *a car* (ou *a motor car*). L'industrie automobile : *the automotive industry* (plutôt anglais EU ; en anglais GB : *the car industry*).

(**2**) *To lag behind* = traîner derrière. *For many years, the Japanese car industry lagged far behind the British, but the situation has changed* = Pendant des années, l'industrie automobile japonaise s'est traînée loin derrière les Anglais, mais la situation a changé. *A time lag* = un retard. On parle aussi de *jet lag,* qui décrit les effets du décalage horaire sur le corps humain : *The problem with jet lag is that you can't sleep or eat properly for days* = Le problème avec le décalage horaire est qu'on ne peut pas dormir ou manger normalement pendant quelques jours.

Cinquante-septième leçon

L'automobile

1 Il y a un domaine où la GB et les EU diffèrent énormément, aussi bien en termes d'attitude que de vocabulaire,
2 c'est celui de l'automobile (ou la voiture). Les distances et le mode de vie en Amérique sont tels
3 qu'il est presque impensable de vivre sans voiture. Les villes comme LA sont construites autour d'elle
4 et les transports en commun dans beaucoup de régions des EU se traînent loin derrière les besoins de la population.
5 Le monument urbain suprême à la gloire de l'automobile est Détroit, connue sous le nom de Ville du Moteur, le centre de l'industrie automobile.
6 La production industrielle de série débuta dans l'industrie de la voiture avec la naissance de la Ford Modèle T.

NOTES (suite)

(3) *Mass production:* la production en série. Par contre, en automobile, on parle de *a production model* pour un modèle de série.

(4) La première voiture populaire, la Ford Modèle T (qui s'est vendue à 15,8 millions d'exemplaires entre 1908 et 1928) incarnait les vrais débuts de l'industrie automobile. Le prix en 1908 était $ 850. Révolutionnaire !

7 Since that time, the freedom of movement that a car offers has become the birthright of all Americans.

8 Highways thousands of miles long cut across the country from East to West and from North to South (**5**)

9 and the visitor has the impression of a society constantly on the move. (**6**)

10 It is difficult to gain an idea of the sheer scale of the country — people regularly travel 100 miles for a party, (**7**)

11 and to drive from one end of Los Angeles to the other can take over four hours!

12 The vocabulary connected with the automobile differs quite significantly from that in Britain.

13 Listen to these imaginary conversations; the British equivalents for the American words appear in the appendix.

14 — I need gas. Let's pull over. — This is the full service island. — I know, I need some lube. (**8**) (**9**)

NOTES (suite)

(**5**) Le système routier des EU est composé de grandes autoroutes qui traversent plusieurs Etats *(interstates)*, et d'autoroutes à l'intérieur de chaque Etat et dont le nom varie. En Californie, où il n'y a pas de péage, on les appelle *freeways.* Dans l'Etat du New Jersey, par exemple, elles s'appellent *turnpikes* parce que, autrefois, le droit de péage était perçu par des soldats armés de hallebardes *(pike).* Une fois l'argent en poche, lesdits soldats retournaient leur arme *(turn pike).* Le nom générique pour toutes ces autoroutes est *highway.*

7 Depuis cette époque, la liberté de mouvement que donne une voiture est devenue le patrimoine de tous les Américains.
8 Des autoroutes longues de milliers de kilomètres coupent le pays d'Est en Ouest et du Nord au Sud
9 et le visiteur a l'impression d'une société qui bouge constamment.
10 Il est difficile d'obtenir une idée de la véritable étendue du pays — des gens se déplacent tout à fait habituellement de 160 kms pour se rendre à une soirée,
11 et on peut mettre plus de quatre heures pour aller en voiture d'un bout à l'autre de LA !
12 Le vocabulaire ayant trait à l'automobile diffère considérablement de celui de GB.
13 Ecoutez ces conversations imaginaires ; les équivalents britanniques pour les mots américains figurent dans les appendices.
14 — J'ai besoin d'essence. Arrêtons-nous. — Ici c'est la section « service complet ». — Je sais, j'ai besoin d'huile.

NOTES (suite)

(6) *They're always on the move* = Ils ne cessent de voyager. *A society on the move* = Une société mobile.

(7) Le sens le plus courant de l'adjectif *sheer* est « véritable ». *It's sheer robbery* = C'est un véritable vol. *You can't do that, it's sheer madness* = Tu ne peux pas faire ça, c'est de la folie pure.

(8) L'essence se dit *petrol* en GB et *gasoline* aux EU. Ce dernier mot est presque toujours écourté et se dit *gas* (qui veut dire aussi le gaz). *Step on the gas!* = Ecrase le champignon ! Un rappel : le pétrole = *oil*. *Lube* est une abréviation populaire de *lubricant oil* (lubrifiant). En anglais GB, on dit simplement *oil*. *An oil change* = une vidange.

(9) Quand on prend de l'essence dans une station-service aux EU (*gas station; petrol station* ou *garage* en GB), on peut se servir soi-même *(self-serve)* ou on peut choisir de se faire servir, vérifier les niveaux, etc. Pour cela, on choisit *the full-serve island* (inutile de préciser que cette option est plus chère...)

15 — Hi there. What'll it be? — Fill the tank with regular, please. — Unleaded? — Of course. (**10**) (**11**)

16 — There you go. Want me to check the oil? — Yeah, I need at least a quart. (**12**)

17 — Let's see. What else? — Will you clean the windshield, please? And take a look at the shocks while you're at it. (**13**)

18 — Sure thing. There you go, that'll be fifteen dollars and forty cents. Thank you. Have a nice day! (**14**)

19 — Damn, I have a flat. — Hey, this is weird, there's no spare tire* in the trunk. (**15**) (**16**)

20 — Of course not, dummy. This is an imported car. The trunk's under the hood. — I wondered what the engine was doing at the back! (**12**) (**18**)

21 — 'Scuse me, how do I get downtown? — Take the San Bernadino Freeway and come off at the second off-ramp. (**19**)

NOTES (suite)

(**10**) Encore une fois, la prétendue familiarité des Américains peut nous prendre au dépourvu. *What'll it be?* = Qu'est-ce que ça sera ? (plutôt que le plus formel *Can I help you?*). Ceci est aussi courant au restaurant que dans les magasins, stations d'essence, etc.

(**11**) Attention à la prononciation du mot *lead* (plomb) = LED. L'essence sans plomb est presque la norme aux EU.

(**12**) Rappelez-vous qu'il y a une différence entre le *gallon* anglais et américain. *A quart* (contraction de *quarter*) fait donc 0,94 litre aux EU et 1,13 l. en GB.

(**13**) *The shocks* = *shock absorbers* (amortisseurs). *The oil shocks* = Les chocs pétroliers.

15 — Salut. Qu'est-ce qu'il vous faut ? — Faites le plein d'ordinaire, s'il vous plaît. — Sans plomb ? — Bien entendu.
16 — Voilà. Vous voulez que je vérifie l'huile ? — Ouais, j'ai besoin d'au moins un quart de gallon.
17 — Voyons voir. Quoi d'autre ? — Vous voulez bien nettoyer le pare-brise ? Et jetez un coup d'œil aux amortisseurs pendant que vous y êtes.
18 — C'est entendu. Voilà, ça vous fait $ 15 et 40 cents. Merci. Passez une bonne journée !
19 — Zut, j'ai crevé. — Dis donc, c'est bizarre, il n'y a pas de pneu de secours dans le coffre.
20 — Bien sûr que non, idiot. C'est une voiture importée. Le coffre est sous le capot. — Je me demandais ce que faisait le moteur à l'arrière !
21 — Pardon, comment dois-je faire pour me rendre dans le centre-ville ? — Prenez l'autoroute de San Bernardino et sortez à la deuxième sortie.

NOTES (suite)

(**14**) Encore deux exemples de familiarité : *Sure thing* (anglais GB : *Of course*) = Bien sûr. *Have a nice day* est une fin de conversation rituelle (surtout sur la côte ouest). L'expression s'accommode à toutes les sauces, par exemple : *The train will be three hours late. Have a nice day* = Le train aura trois heures de retard. Bonne journée (!).

(**15**) *A flat = a flat tire,* une crevaison. *I had a flat tire on the way home from the baseball game* = J'ai crevé en revenant du match de baseball. Un pneu s'écrit *tire* en anglais EU et *tyre* en anglais GB (la prononciation ne change pas).

(**16**) *Weird* (pron. OUI-erd ; en deux syllabes) = bizarre. Le mot est très courant en usage familier (bien qu'il soit très ancien ; Shakespeare parlait des *weird sisters* — les trois sorcières — dans *Macbeth*).

(**17**) Encore des différences de vocabulaire automobile. Le capot = *bonnet* (GB) et *hood* (US). Le coffre = *boot* (GB) et *trunk* (US).

(**18**) *You dummy!* (argot US) = Espèce d'idiot ! Le mot peut être gentil ou méchant selon le ton. L'adjectif *dumb* (litt. muet) est très courant en américain pour dire bête, stupide. *The movie was really dumb* = Le film était vraiment idiot.

(**19**) *An off-ramp* = sortie d'autoroute. En anglais GB : *exit.*

22 Make a right at the lights and carry straight on. You can't miss it. Just follow the traffic jams. (**20**)

23 — Hey, slow down. You're doing sixty. Oh hell, the highway patrol. They're telling us to pull over. (**21**)

24 Good morning, officer. What can I do for you? — Sir, do you realize you were breaking the speed limit?

25 Let me see your driver's license*, please. Is this your car? — No, officer, it's a rental.

26 — Maybe that's why it has no turn signals. I'm going to give you a ticket for speeding, but do remember the highway code. (**22**)

NOTES (suite)

(**20**) Encore une petite différence : *Turn right at the lights* (GB) = *Make a right at the lights* (EU). *Make a U-turn* (EU) = *Do a U-turn* (GB) : Faites demi-tour.

***

EXERCISES 1. There you go. That'll be twenty-five dollars. Have a nice day! **2.** The American automotive industry used to lag far behind its nearest competitors. **3.** — What a weird movie! — I thought it was really dumb. **4.** I was impressed by the sheer size of the project. **5.** Hi there! What'll it be? — I'm out of gas. **6.** Will you check the water and oil while you're at it?

22 Prenez à droite au feu et allez tout droit. Vous ne pouvez pas le rater. Suivez les embouteillages.

23 — Eh ! Ralentis ! Tu dépasse les 100 à l'heure. Oh zut, la police des autoroutes. Ils nous font signe de nous arrêter.

24 Bonjour, M. l'Agent. Que puis-je faire pour vous ? — Monsieur, savez-vous que vous avez dépassé la limite de vitesse ?

25 Montrez-moi votre permis de conduire, s'il vous plaît. Est-ce votre voiture ? — Non, M. l'Agent, c'est une voiture de location.

26 — C'est peut-être pour ça qu'elle n'a pas de clignotants. Je vais vous donner une amende pour excès de vitesse, mais je vous en prie, pensez au code de la route.

NOTES (suite)

(**21**) Comme en GB, il n'y a pas de police nationale aux EU, chaque Etat étant responsable de ses forces de l'ordre. Ces policiers n'ont pas le droit de pénétrer dans un autre Etat *(to cross the State line)*. Mais, fous du volant, ne vous réjouissez pas ! Sur les autoroutes, il y a une police spéciale qui a un droit supra-étatique : la célèbre *Highway Patrol*. (Il y a également une force en civil — *the Federal Bureau of Investigation* ou *FBI* qui a aussi des droits dans tous les Etats.)

(**22**) Les clignotants se disent *turn signals* aux EU et *indicators* en GB.

***

Exercices 1. — Voilà ! Ça vous fait $ 25. Passez une bonne journée ! **2.** L'industrie automobile américaine s'est longtemps traînée loin derrière ses plus proches concurrents. **3.** Quel film bizarre ! — Je l'ai trouvé franchement idiot. **4.** J'étais impressionné par l'immensité même du projet. **5.** Salut ! Qu'est-ce que ça sera ? — Je suis en panne d'essence. **6.** Voulez-vous vérifier les niveaux pendant que vous y êtes ?

Fill in the missing words

1. *Les Américains disent : « — » pour coffre et : « — » pour capot.*

   The Americans say ..... and .... for boot and bonnet.

2. *Prenez la première sortie et tournez à droite au deuxième feu.*

   ....-.... and .... at the second light.

3. *C'est impossible de le joindre : il ne cesse de bouger.*

   It's impossible to get in touch with him : ..'. ....

Fifty-eighth lesson

Scoop! (1)

1 FACT: The electronic and print media in the United States generate revenues of hundreds of billions of dollars (**2**)

2 and affect the lives of every man, woman and child throughout the nation (and often beyond).

3 Although American newspapers account for one-fourth of all the papers printed worldwide, (**3**)

NOTES

(**1**) *A scoop* = un reportage exclusif (on en fait d'ailleurs un verbe *to scoop a competitor,* etc., voir cet usage à la phrase 6) ; *A scoop* est aussi une cuiller à glace ; lorsque vous achèterez vos *sundaes* et autres glaces à NY, vous pourrez préciser que vous voulez *two scoops,* ou *three scoops* (ad infinitum !).

4. *Le mode de vie en Amérique est tel qu'il est impensable de vivre sans voiture.*

The .... that it is .... without a car.

5. *Il faut quatre heures pour aller d'un bout à l'autre de la ville en voiture.*

.. .. of the city .. .. four hours!

The missing words

1. trunk...hood **2.** Take the first off-ramp...make a right **3.** he's constantly on the move **4.** lifestyle in America is such...unthinkable to live **5.** To drive from one end...to the other can take over

Cinquante-huitième leçon

Exclusif !

1 C'est un fait : la presse, la radio et la télévision réalisent un chiffre d'affaires de quelques centaines de milliards de dollars

2 et touchent la vie de chaque homme, femme et enfant dans la nation (et souvent au-delà).

3 Bien que les journaux américains totalisent un quart de tous les journaux imprimés dans le monde,

NOTES (suite)

(2) L'expression qui recouvre l'ensemble de la presse écrite et radio/télédiffusée est *the electronic and print media.* Par ailleurs, lorsqu'un document peut être lu par un moyen informatique (fichier informatisé, code barre, etc.), on parle d'un *machine-readable document.*

(3) Une petite différence entre les deux anglais est que l'anglais EU parlerait plutôt de *one-fourth* alors que l'anglais GB dirait *one-quarter* (bien qu'il ne s'agisse pas d'une règle absolue).

4 there is no national daily newspaper — each city has one or more dailies as well as a dozen or so other publications.

5 However, prestigious papers such as *The New York Times* or *The Washington Post* have an influence similar to that of a national publication.

6 Such papers often scoop their competitors on major political and domestic stories (although international coverage is not generally extensive), (**4**)

7 and they regularly run off with the lion's share of the Pulitzers and other awards. (**5**)

8 At the other end of the scale, scandal sheets and other rags practice* the muckraking techniques of yellow journalism. (**6**)

9 But whatever the slant, the readership or the content of a paper, freedom of the press is guaranteed by the Constitution. (**7**) (**8**)

NOTES (suite)

(**4**) Le mot domestique, outre sa traduction littérale, a aussi le sens de tout ce qui est intérieur au pays : *a domestic flight* = un vol interne ; *domestic demand* = la demande intérieure, etc.

(**5**) *The Pulitzer prizes:* il s'agit de prix fondés par Joseph Pulitzer (1847-1911) pour récompenser l'excellence dans les belles-lettres, le journalisme et la musique américains. Il est cependant intéressant de noter que Pulitzer a fait fortune avec des journaux populaires, qui ont rendu célèbre l'expression *yellow journalism* (voir phrase 8) — lorsque ce genre de journal parlait du « péril jaune » qu'aurait représenté la croissance démographique de l'Asie.

4 il n'y a pas de quotidien national — chaque ville possède un ou plusieurs quotidiens et également une douzaine ou plus d'autres publications.

5 Toutefois, les journaux prestigieux comme le New York Times ou le Washington Post ont une influence qui est similaire à celle d'une publication nationale.

6 De tels journaux obtiennent des informations exclusives avant leurs concurrents pour de grands dossiers politiques ou nationaux (bien que les affaires internationales ne soient pas traitées en profondeur),

7 et ils se taillent régulièrement la part du lion dans les prix Pulitzer et autres distinctions.

8 A l'autre bout de l'échelle, les journaux à scandales et autres « torchons » pratiquent les techniques scabreuses (remueuses de boue) d'un journalisme des chiens écrasés.

9 Mais quels que soient l'orientation, le lectorat ou le contenu d'un journal, la liberté de la presse est garantie par la Constitution.

NOTES (suite)

(**6**) *To rake:* ratisser ; *muck:* fumier, ordures, boue. L'expression *muckraking* fut inventée par T. Roosevelt pour décrire (et dénoncer) les journalistes qui cherchaient toujours à remuer les affaires à la recherche de scandales.

(**7**) *The slant* (ici) : l'orientation politique. L'expression peut aussi décrire une opinion qui prend parti : *His articles are always slanted* = Ses articles sont toujours orientés.

(**8**) Le premier amendement à la Constitution des EU dit : *Congress shall make no law prohibiting...the freedom of the press.* L'amendement couvre aussi la liberté de religion, d'expression, d'assemblée, etc.

10 Because of the logistical problems of newsgathering over such a vast area, most papers rely on the wire services of the major press agencies. (**9**)

11 (It is possible to tell whether a story has been written by a staff journalist or if it is a rewrite of agency reports by looking at the by-line.) (**10**)

12 On the whole, American newspapers tend to contain a high proportion of advertising (sometimes upwards of 60 %),

13 and the weight of some Sunday editions of the major papers can sometimes reach one-and-a-half pounds!

14 Nonetheless, the press has considerable power: it can help bring down a president or change foreign policy,

15 and for that reason it is sometimes referred to as the Fourth Estate. (**11**)

16 Not everyone reads a newspaper; however, almost every American watches (or is subjected to) the television, known popularly as the boob tube!

17 Among the first things that a visitor to the US notices are the omnipresent TV screens,

NOTES (suite)

(**9**) Les deux principales agences de presse aux EU sont *Associated Press (AP)* et *United Press (UP)*. Les services d'actualité s'appellent *wire services* en souvenir de l'envoi par câble des dépêches *(dispatches)*. La récolte d'informations se dit *newsgathering* (*ENG* = *electronic newsgathering,* c.-à-d. par satellite, etc.).

(**10**) *The by-line* est la ligne sous un article de journal où est mentionné le nom du journaliste. En effet, si un article est une refonte des dépêches d'agence, on lit : « *From wire dispatches* ».

10 Du fait des problèmes logistiques posés par la collecte d'informations sur une région aussi vaste, la plupart des journaux dépendent des services de grandes agences de presse.

11 (Il est possible de savoir si un article a été écrit par un journaliste « maison » ou si c'est une refonte de dépêches d'agences en regardant le nom de l'auteur.)

12 Dans l'ensemble, les journaux américains contiennent un grand pourcentage de publicité (parfois plus de 60 %),

13 et le poids de certaines éditions du dimanche des principaux quotidiens peut atteindre plus de 750 grammes !

14 Néanmoins, la presse a un pouvoir considérable : elle peut contribuer à faire tomber un Président ou à changer la politique étrangère,

15 et pour cette raison, on l'appelle parfois le Quatrième Etat,

16 Tout le monde ne lit pas le journal ; toutefois, chaque Américain — ou presque — regarde (ou subit) la télévision, connue populairement comme « le tube à crétins » !

17 Parmi les premières choses que remarque un visiteur aux EU, il y a les écrans cathodiques omniprésents,

NOTES (suite)

(11) Dans la nouvelle république américaine, outre les trois états influents (la bourgeoisie, la noblesse et le clergé), il y avait un quatrième pouvoir : la presse. On l'appelle toujours *the Fourth Estate*. De la même façon, en France, la presse est souvent qualifiée de « quatrième pouvoir ».

18 the multitude of channels and the sheer power of the medium as a social leveler*. (**12**)

19 Like with newspapers, there is no one national channel; instead, three major networks broadcast programs * to the four corners of the country, (**13**) (**14**)

20 while a host of local channels handle specifically regional issues and buy programs from the Big Three.

21 Cable TV is very widespread, and first-run movie pay-channels are highly popular. (**15**)

22 Since advertising is the lifeblood of TV, the networks and the advertisers keep an eagle eye on the Nielsen ratings, (**16**)

23 which determine the most popular TV shows and help set the rates for advertising.

24 For prime-time slots, or airtime during major sporting events, prices can reach hundreds of thousands of dollars for thirty seconds. (**17**)

NOTES (suite)

(**12**) *The Levellers* (orthographe britannique) était un groupe né pendant la guerre civile en Angleterre, qui prônait l'égalité et la tolérance religieuse. *A social leveler* (orthographe américaine) est un phénomène qui met tout le monde sur un pied d'égalité : *Jeans were a great social leveler during the 1960s, since everyone was dressed the same* = Le jeans fut un « niveleur » social pendant les années soixante, car tout le monde était habillé de la même façon.

(**13**) Une différence entre les deux anglais (voir Leçon 56) : l'anglais GB dirait plutôt *As with newspapers...*

(**14**) Il y a trois grands « réseaux » nationaux de télévision et de radio aux EU : *ABC (American Broadcasting*

18 la multitude de chaînes et le véritable pouvoir de la télévision comme dénominateur commun social.

19 De même que pour les journaux, il n'y a pas une chaîne nationale ; à la place, trois grandes compagnies émettent des émissions aux quatre coins du pays,

20 tandis qu'une multitude de chaînes locales traitent des affaires purement régionales et achètent des programmes aux « Trois Grandes ».

21 La télévision par câble est très répandue, et les chaînes à péage qui passent des films en exclusivité sont très prisées.

22 Comme la publicité est la moelle épinière de la télévision, les réseaux et les annonceurs regardent d'un œil de lynx les résultats de l'Audimat,

23 qui déterminent les émissions les plus regardées et aident à fixer les tarifs publicitaires.

24 Pour les spots aux heures de grande écoute, ou pour du temps d'antenne pendant les grandes manifestations sportives, les prix peuvent atteindre des centaines de milliers de dollars pour trente secondes.

NOTES (suite)

Company), CBS (Columbia Broadcasting System) et *NBC (National Broadcasting Company).* On les appelle parfois *the Big Three.* Un quatrième réseau — sorte de service public -- est le *PBS (Public Broadcasting Service).*

(15) Regardez bien l'enchaînement des adjectifs. *A first-run movie* = un film en exclusivité ; *a pay-channel* = une chaîne à péage. Donc *a first-run movie pay-channel. Cable TV* a commencé sa vie à la fin des années cinquante comme la *CATV (Community antenna television).* Remarquez que, lorsqu'il n'y a pas de risque de confusion avec les séries d'adjectifs, on tend de moins en moins à mettre les traits d'union ; mais ceci reste une question de style...et de débat.

(16) *The Nielsen ratings* est l'équivalent de notre Audimat — la société qui est chargée de suivre les habitudes des téléspectateurs. A cause des prix énormes de la publicité télévisée, les scores Nielsen sont suivis *with an eagle eye* (œil de lynx, ou d'aigle).

(17) *A slot* = une fente. Dans le langage « médiatique », cela veut dire un créneau (*the ten o'clock slot:* le créneau de 22 h). Etre à l'antenne = *to be on the air,* donc *airtime* = le temps d'antenne ; *prime time* = les heures de grande écoute.

25 Program content varies enormously, with a consistent diet of Westerns, soaps and game shows, (**18**)

26 leavened with serious documentaries, investigative reporting and news coverage. (**19**)

27 Sport plays a major role in television (and vice versa): major games are watched by hundreds of millions of viewers. (**20**)

28 In fact, TV is so ubiquitous that some dentists have taken to using it in their surgeries —

29 as an anesthetic*.

NOTES (suite)

(**18**) *A soap* (contraction de *a soap opera*) signifie un feuilleton « populaire ». Le nom vient du fait que ces émissions étaient à l'origine retransmises à l'intention des ménagères, et qu'elles étaient financées *(sponsored)* par les fabricants de lessive. On parle aussi des *horse operas,* c.-à-d. des Westerns de série, de qualité très moyenne.

***

EXERCISES 1. Our company generates revenues of $ 70 million in the consumer electronics sector alone. **2.** The Washington Post scooped its rivals with the story of the President's impeachment. **3.** Although the front page leader was just a rewrite of wire reports, Carl Woodstein still got a by-line. **4.** A host of local channels handle regional affairs. **5.** Advertisers keep an eagle eye on readership figures. **6.** Prime-time advertising rates can reach astronomical sums.

25 Le contenu des programmes varie énormément, avec un régime continuel de Westerns, de séries et de jeux,
26 allégé par des documentaires sérieux, des grands reportages et les actualités.
27 Le sport joue un rôle majeur dans la télévision (et vice versa) : les grands matchs sont suivis par des centaines de millions de téléspectateurs.
28 En fait, la télévision est tellement omniprésente que certains dentistes se sont mis à l'utiliser dans leurs cabinets —
29 comme anesthésique.

NOTES (suite)

(**19**) *Leaven* vient tout droit du français : levain. En effet, nous parlons davantage de *yeast* (levure) pour ce qui fait « lever » le pain et nous réservons le verbe *to leaven* à des utilisations figurées : *The play was not even leavened with humor** = La pièce n'était même pas allégée par de l'humour.

(**20**) Petite différence entre l'anglais GB et l'anglais EU : une rencontre sportive se dit *a match* en GB et *a game* en EU. Rappelez-vous que *game* signifie et le jeu et une partie (cf. *Chess is the most skillful* of all games* — Les échecs sont le plus habile de tous les jeux — et *Let's have a game of chess* — où l'on propose de faire une partie d'échecs.)

***

Exercices 1. Notre société réalise un chiffre d'affaires de $ 70 m dans la seule électronique grand public. **2.** Le WP a eu l'exclusivité devant ses concurrents pour la nouvelle de la mise en accusation du Président. **3.** Bien que l'article de première page n'ait été qu'une refonte de dépêches d'agence, CW a eu droit à une mention comme auteur. **4.** Une multitude de chaînes locales s'occupent des dossiers régionaux. **5.** Les annonceurs surveillent de près le nombre de lecteurs. **6.** Les tarifs publicitaires pour les heures de grande écoute peuvent atteindre des sommes astronomiques.

Fill in the missing words

1. *Il a remporté la majorité des prix.*

   He ... ...'. ..... of the awards.

2. *Certains journaux pratiquent encore les techniques scabreuses du journalisme des chiens écrasés.*

   Some newspapers still ....

3. *Vous pouvez acheter toute sorte de journaux, quels que soient leur orientation ou leur contenu.*

   You can buy any type of newspaper, ...

Fifty-ninth lesson

Politics

1 Politics has given American English many weird and wonderful words and expressions, from *pressing the flesh* to *mugwumpery*. (**1**)

2 There are two major parties that dominate the political scene:

3 the Democratic Party and the Republican Party (or Grand Old Party). Despite the splendid names, the two parties' symbols are rather less flattering.

NOTES

(**1**) Image magnifiquement évocatrice, *to press the flesh* (litt. presser la chair) est une expression quelque peu sarcastique pour « serrer la main », et décrit très bien ce que fait un homme politique lorsqu'il prend un

4. *Dans l'ensemble, les journaux ont tendance à être remplis de publicités.*

.. .., the papers .... a lot of advertising

5. *Comme avec les journaux, la télévision a un pouvoir considérable comme niveleur social.*

...., television has great power as a ....

The missing words

1. ran off with the lion's share **2.** practice (et non *practise*) the muckraking techniques of yellow journalism **3.** whatever their slant or content **4.** On the whole...tend to contain **5.** Like with newspapers...social leveler (et non *leveller*)

Cinquante-neuvième leçon

La politique

1 La politique a donné à l'anglais EU beaucoup d'expressions étranges et manifiques comme « serrer la pince » et « non-conformisme politique ».
2 Il y a deux partis principaux qui dominent la scène politique :
3 le parti démocrate et le parti républicain (ou Grand vieux parti). Malgré les noms splendides, les symboles des deux partis sont quelque peu moins flatteurs.

NOTES (suite)

« bain de foule ». *A mugwump* est une personne qui est indépendante politiquement (l'expression, qui vient de la tribu indienne des Natick et qui signifie littéralement « capitaine », désignait à l'origine un dissident du parti républicain). Un synonyme, aussi très courant, est *a maverick,* du nom d'un éleveur de bétail qui refusa de marquer ses animaux au fer. Ce genre d'expression est utilisé quotidiennement dans la presse et à la télévision américaines.

4 The Democrats rally round a donkey, while the Republicans have chosen to be represented by an elephant!

5 Public officials throughout the land — from sheriffs to the President — are elected by popular vote. (**2**)

6 Since the President is elected every four years, and the number of terms he can serve is limited to two, politics is a full-time activity. (**3**)

7 (If an official remains in office after defeat and has no effective power, we use another animal simile and call him a lame duck!) (**4**)

8 The USA has a tradition of supporting the underdog, and legislation is aimed at ensuring equal rights for all. (**5**)

9 Candidates for office know the importance of obtaining the votes of different social groups (**6**)

10 and spend much time and energy wooing different ethnic groups or trying to win the labor vote. **(N1)** (**7**)

NOTES (suite)

(**2**) Oubliez les westerns ! *a sheriff* est ce que l'on appelle *the chief executive officer* d'une région ou *county.* Il est en effet le chef de la police. (En Angleterre, le même titre s'applique à un responsable d'un comté dont les tâches sont plutôt administratives, tandis qu'en Ecosse, le *sheriff* est le magistrat principal d'un comté. L'ancien mot pour *county* est *shire* — que l'on trouve dans *Hampshire, Yorkshire,* etc. — et le magistrat de cette région s'appelait le *reeve,* d'où *sheriff*). En passant, remarquons que le *chief executive officer* d'une société américaine est le directeur général.

(**3**) Un rappel : *politics* est singulier (voir Leçon 17).

4 Les Démocrates se réunissent autour d'un âne, tandis que les Républicains ont choisi de se faire représenter par un éléphant !

5 Les responsables publics à travers le pays — des shérifs au Président — sont tous élus au suffrage universel.

6 Puisque le Président est élu tous les quatre ans, et que le nombre de mandats qu'il peut exercer est limité à deux, la politique est une activité à plein temps.

7 (Si un élu reste en place après sa défaite et n'a pas de pouvoir réel, on utilise une autre comparaison animale et on l'appelle un canard boiteux !)

8 Les EU ont une tradition qui est de soutenir les moins favorisés, et la législation a pour but d'assurer à tous des droits égaux.

9 Les candidats à des postes publics connaissent l'importance qu'il y a d'obtenir les voix des différents groupes sociaux,

10 et ils dépensent beaucoup de temps et d'énergie à courtiser différents groupes ethniques et à essayer d'obtenir les voix des syndiqués.

NOTES (suite)

(4) *Lame* = boiteux, estropié. *The accident left him lame in one leg* = Après l'accident, il est resté boiteux. On utilise lame de façon figurée : *What a lame excuse!* = Quelle piètre excuse ! On parle aussi en français des « canards boiteux » — entreprises en difficulté. *The government refused to help lame duck firms.* Notons en passant la prononciation de la fin du mot *simile* (SI-mi-li). Sens du mot : comparaison, image.

(5) Littéralement « le chien au-dessous », l'*underdog* est l'opprimé, le défavorisé de la société. *She always defends the cause of the underdog* = Elle plaide toujours la cause des opprimés.

(6) *Public office:* la fonction publique. *People with criminal records cannot run for public office* = Les gens avec un casier judiciaire chargé ne peuvent se présenter à la fonction publique. *Franklin D. Roosevelt is the only US President to have served three terms of office* = FDR est le seul Président des EU à avoir accompli trois mandats.

(7) *To woo:* faire la cour. L'expression est ancienne, et s'emploie maintenant de façon figurée dans le sens de séduire l'opinion : *He tried to woo voters with promises of increased family allowances* = Il a essayé de séduire les électeurs en leur promettant des allocations familiales accrues.

11 But politics is politics all over the world and politicians can't stop politicking! (**8**)

12 Gerrymandering, pork barrel policies, filibusters: all is fair in love, war...and elections. (**9**)

13 A journalist one asked a veteran Republican congressman — What do you think of politics as a career?

14 To which the old warhorse replied — Well, I guess it's better than working. (**10**)

15 Seriously though, the history of the United States — from the Declaration of Independence to the present day —

16 is the story of determination and achievement, studded with such famous names as Thomas Jefferson, George Washington and Abraham Lincoln.

17 But while Franklin D. Roosevelt may be remembered for the New Deal and John F. Kennedy for the New Frontier, (**11**)

NOTES (suite)

(**8**) *To politick* est un néologisme (qui prend souche), et s'emploie de façon péjorative pour décrire les activités que nous disons de « politique politicienne ». *The Democrats accused the GOP of politicking* = Les Démocrates ont accusé les Républicains de faire de la politique rien que pour la politique.

(**9**) Nous avons déjà vu *gerrymandering* (Leçon 32). Voici d'autres termes du jargon politique : *a pork barrel policy* est une politique gouvernementale qui autorise des dépenses publiques pour le bénéfice politique que peut en tirer le gouvernement : *The decision to build a new hospital was typical of the Republicans' pork barrel style* = La décision de construire le nouvel hôpital était typique du trafic d'influence des R. *A*

11 Mais la politique est partout la même dans le monde, et les politiciens ne peuvent s'empêcher de faire de la politique :

12 le charcutage des circonscriptions, les manœuvres obstructionnistes, l'assiette au beurre : tout est bon en amour, à la guerre... et aux élections.

13 Un journaliste demanda un jour à un député républicain chevronné — Que pensez-vous de la politique en tant que carrière ?

14 Ce à quoi le vieux cheval de bataille répondit — Eh bien, je pense que c'est mieux que de travailler.

15 Mais soyons sérieux, l'histoire des EU — de la Déclaration de l'Indépendance jusqu'à nos jours —

16 est l'histoire de la volonté et de la réussite, jalonnée de noms célèbres tels Thomas Jefferson, George Washington et Abraham Lincoln.

17 Mais tandis qu'on se rappellera Franklin D. Roosevelt pour le *New Deal* (Nouvelle Donne) et John F. Kennedy pour la Nouvelle Frontière,

NOTES (suite)

filibuster est une pratique (ou un homme) politique obstructionniste. *The Congressman for Delaware made an eighteen-hour speech, a real filibuster.* Le mot a fait un long chemin depuis ses origines néerlandaises de « vrijbuiter », en passant par le français (« flibustier »), jusqu'en anglais — où il s'est éclaté en deux : *filibuster* et *freebooter* (qui garde les sens d'origine de pirate). Comme vous le voyez, la pratique peut mener loin !

(**10**) Anglais US *I guess...* Anglais GB *I think/suppose...I guess I'd better be going* = Je suppose que je ferais mieux de partir.

(**11**) Deux autres expressions, deux événements célèbres. *The New Deal* (litt. la Nouvelle Donne) fut la politique économique, menée entre 1933 et 1939 par le Démocrate Roosevelt, qui décupla le rôle du gouvernement pour faire face aux problèmes de chômage, de réformes agricoles, etc. Le titre du programme est tiré du discours du Président, qui parla de *a new deal for the forgotten man.* Trente ans plus tard, et presque en écho, Kennedy utilisa l'expression *the new frontier* (l'ancienne étant la conquête de l'Ouest) pour évoquer les défis que les Américains devaient relever pendant les années soixante. Ces deux concepts sont très puissants dans l'histoire politique américaine.

18 other Presidents have gone down in history for more idiosyncratic reasons. (**12**)

19 Martin Van Buren gave the world the most famous and durable of American exports, the word *OK*. **(N2)**

20 Theodore Roosevelt was a real frontiersman and a popular reformer, but will be best remembered for giving us the teddy bear. (**13**)

21 Calvin Coolidge was famous for his taciturnity rather than for his policies. When a woman at a party said to him:

22 — Mr. Coolidge, I bet I can make you say three words!, the President's reply was — You lose.

23 At the end of his first term, he refused renomination with the famous phrase — I do not choose to run. (**14**)

24 When asked why, he supposedly replied — No room for advancement.

NOTES (suite)

(**12**) N'ayez pas peur du mot (il existe aussi en français mais est moins usité) : *an idiosyncracy* est un trait de comportement qui est propre à un individu (certains appellent ça des manies...). *The editor has a very idiosyncratic viewpoint* = Le rédacteur en chef a un point de vue bien particulier.

(**13**) *A teddy bear* = un ours en peluche. En effet, Theodore Roosevelt, cousin de Franklin D. Roosevelt, était un homme de la nature. Un jour, à la montagne, il a sauvé de la mort un petit ours et s'est fait photographier avec l'animal dans ses bras (la démagogie ne date pas d'aujourd'hui !). L'effet voulu s'est produit : tout le monde parlait de *Teddy's bear* (Teddy est un diminutif de Edward ou de Theodore). Par un phénomène bien rodé de nos jours, le marketing a suivi et le *teddy bear* est né !

18 d'autres Présidents ont marqué l'histoire pour des raisons plus particulières.

19 Martin van Buren a donné au monde la plus célèbre et la plus durable des exportations américaines, le mot *OK*.

20 Theodore Roosevelt était un vrai pionnier et un réformateur populaire, mais on s'en souviendra surtout parce qu'il nous a donné l'ours en peluche.

21 Calvin Coolidge était célèbre pour son comportement taciturne plutôt que pour sa politique. Lorsqu'une femme lui dit lors d'une soirée :

22 — M. Coolidge, je vous parie que je peux vous faire dire trois mots ! La réplique du Président fut — Vous perdez.

23 A la fin de son premier mandat, il refusa de se représenter, avec la phrase célèbre : — Je ne choisis pas de concourir.

24 Quand on lui demanda pourquoi, il aurait répondu : — Pas d'avancement possible.

NOTES (suite)

(**14**) Et c'est en effet avec ces mots que les hommes politiques américains de nos jours déclarent leur intention de ne pas se présenter (ou se représenter) aux élections.

25 His reputation as a man of few words was such that, when he died, Dorothy Parker said: (**15**)

26 — Oh really? How can they tell?

27 Humor* in politics is vital, and fortunately relatively common (some of it cruel and some of it kind).

28 For example, when an aide remarked to President Carter that Gerald Ford was a modest man,

29 Carter reportedly replied — He has a lot to be modest about!

30 Politics is a serious business, but when they're not out kissing babies, even politicians can enjoy a joke at their own expense! (**16**)

***

EXERCISES 1. In terms of a career, I guess that politics is better than working. **2.** « Pork barrel policies »...that's a weird simile; what does it mean? **3.** The film features a star-studded cast and spectacular special effects. **4.** He's a wonderful husband...if you can live with his idiosyncracies. **5.** — Why did you leave your last job? — There was no room for promotion. **6.** — Why's he so gloomy? — He has a lot to be gloomy about; he's just announced that he won't stand for re-election.

25 Sa réputation d'homme taciturne était telle que, lorsqu'il mourut, Dorothy Parker dit :

26 — Ah bon ? Comment peuvent-ils le savoir ?

27 L'humour est essentiel en politique et heureusement assez courant (parfois cruel, parfois gentil).

28 Par exemple, quand un aide de camp fit remarquer au président Carter que Gerald Ford était un homme modeste,

29 Carter aurait répondu — Il a de quoi être modeste !

30 La politique est une affaire sérieuse, mais quand ils ne sont pas en campagne, même les hommes politiques peuvent s'amuser à leurs propres dépens !

NOTES (suite)

(**15**) Dorothy Parker (1893-1967), journaliste et écrivain de nationalité américaine, est surtout connue pour son humour acerbe. Pendant les années trente, elle faisait partie d'un groupe de critiques qui se réunissaient autour de la fameuse *Round Table* à l'hôtel Algonquin de New York pour écorcher les acteurs et écrivains de leurs propos sardoniques.

(**16**) L'expression *to kiss babies* rejoint *to press the flesh* pour déprécier les activités « populistes » de nos hommes politiques. Remarquez aussi comment on dit : plaisanter aux dépens de quelqu'un : *He's always joking at my expense;* et à ses propres dépens : *She can always laugh at her own expense.*

***

Exercices 1. En termes de carrière, je suppose que la politique est préférable au travail. **2.** « La politique de l'assiette au beurre »... quelle comparaison bizarre ; qu'est-ce que cela veut dire ? **3.** Le film propose un grand nombre de vedettes et des effets spéciaux spectaculaires. **4.** C'est un époux merveilleux... si on peut supporter ses petites manies. **5.** Pourquoi avez-vous quitté votre dernier emploi ? — Il n'y avait pas de possibilité d'avancement. **6.** Pourquoi est-il si morose ? — Il a de quoi être morose ; il vient d'annoncer qu'il ne se présentera pas une deuxième fois aux élections.

Fill in the missing words

1. *« — » et « — » sont deux mots pour décrire un penseur politique indépendant.*

.... and .... are .... words to describe an independent political thinker.

2. *Dans la dernière année de son mandat, on appelle le Président un canard boiteux.*

In the last year of his ...., the President is called « a .... » president.

3. *Il ne peut jamais rire à ses propres dépens.*

He can never ....

Sixtieth lesson

Sport

1 Politics and sport have much in common. For a start, both are forms of popular entertainment,

2 and many people think that being involved in politics is like being a football coach: (**1**)

3 you have to be smart enough to understand the game and dumb enough to think that it's important.

4 Millions upon millions of people take a keen interest in sport — the favorite* sporting pastime in the US is watching athletics on TV! (**2**)

NOTES

(**1**) *A coach* = un entraîneur, généralement sportif. *To coach* = préparer quelqu'un à une épreuve. Un rappel : l'anglais GB fait la distinction entre *a bus* (public) et *a coach* (un car privé) ; pour l'anglais EU ils sont

4. *Il est trop vieux pour se présenter à la fonction publique.*

He's too old .. ..

5. *La législation vise à assurer des droits égaux pour les Noirs.*

The legislation .. .. equal rights for Blacks

The missing words

1. Mugwump...maverick...both **2.** term of office...lame duck **3.** laugh at his own expense **4.** to run for public office **5.** is aimed at ensuring

---

Soixantième leçon

Le sport

1 La politique et le sport ont beaucoup en commun. Pour commencer, il sont tous les deux des formes de distraction populaire,

2 et beaucoup de gens pensent que s'engager dans la politique, c'est comme être entraîneur de football :

3 il faut être assez malin pour comprendre le jeu et assez bête pour penser qu'il est important.

4 Des millions de gens ont un vif intérêt pour le sport — le passe-temps sportif favori aux EU est de regarder les sports à la télévision !

NOTES (suite)

tous les deux *bus*. (N'oubliez pas qu'on parle dans cette leçon de football américain ; voir ligne 16 et suivantes).

(2) *Athletics* a un sens plus large en américain, où il se réfère à toute activité sportive, alors qu'en anglais GB il désigne strictement les disciplines de l'athlétisme. Ces disciplines, les Américains les divisent en deux : *track sports* (courses) et *field sports* (lancer, saut, etc.). Une compétition athlétique s'appelle *a track meet.* (Comme beaucoup de mots qui se terminent en *s, athletics* est suivi d'un verbe singulier.)

5 When a major event like the Super Bowl or the World Series is televised live, the country grinds to a standstill and traffic fatalities plummet. (**3**) (**4**)

6 The language of the ballpark (and sometimes the locker room) has become common currency, even among those whom sport leaves cold. (**5**)

7 — Come and see the movie with us. — No thanks, I'll take a rain check on that. I'm too busy. (**6**)

8 — All this new technology is changing the face of the labor* market so quickly. It's a completely new ball game. (**7**)

9 — That's the third contract I've lost in three days. I'm really on a losing streak. (**8**)

NOTES (suite)

(**3**) *The Super Bowl* (*bowl* parce que les stades sont en forme de bol) est la finale du championnat américain de football et le *World Series* est une série de matchs pour le championnat de base-ball. Bien entendu, ces événements sont retransmis par la télévision : noter le verbe *to televise* (il fait partie des verbes qui ne se terminent pas en *-ize*, mentionnés en Leçon 56). *Live* (pron : laïv) = en direct.

(**4**) *To grind to a standstill* (ou *a halt*) est une image mécanique — une machine qui s'étouffe et qui s'arrête (avec un bruit grinçant, car *to grind* = broyer). *All the transportation unions came out on strike and economic activity ground to a standstill in two days* = Les syndicats du transport se sont tous mis en grève et l'économie a été paralysée au bout de deux jours. On pourrait aussi tourner la phrase *...and economic activity came to a grinding halt.*

(**5**) *A ballpark* = un stade (voir *bowl* ci-dessus). Le mot est plutôt familier. Il est très difficile de savoir le nombre de personnes qui assistent à un match, mais on peut le calculer de façon approximative ; on donne donc *a ballpark figure. I need a rough estimate on that job. Nothing too precise, just a ballpark figure* =

5 Quand une manifestation importante, comme le Super Bowl ou le World Series, est retransmise en direct à la télévision, le pays s'immobilise et le nombre d'accidents de la route tombe en flèche.
6 Le langage du stade (et parfois du vestiaire) est devenu monnaie courante, même parmi ceux que le sport laisse froids.
7 — Venez voir le film avec nous. — Non merci, un autre jour. Je suis trop occupé.
8 — Toute cette nouvelle technologie change le visage du marché de l'emploi si rapidement. C'est une autre paire de manches.
9 — C'est le troisième contrat que je perds en trois jours. Je suis dans une mauvaise passe.

NOTES (suite)

J'ai besoin d'un devis approximatif pour ce travail. Rien de trop précis, juste un chiffre approché.

(6) Si vous avez payé votre place pour aller voir un match qui est reporté à cause du mauvais temps (ou plus fréquemment à cause des exigences de la télévision), on vous donne un bon pour assister au prochain match — ce qu'on appelle *a rain check*. Dans le langage de tous les jours *I'll take a rain check* veut dire = Je remettrai ça à un autre jour.

(7) *A whole new ball game* = une autre paire de manches. L'anglais GB a une expression assez curieuse pour dire la même chose : *It's another kettle of fish* (bouilloire de poisson !).

(8) *A losing/winning streak* = une série de gains ou de pertes.

10 But you seem to be on a home run. — Yeah, the cards are stacked in my favor* this month. (**9**) (**10**)

11 — He's been offered a new job at twice the salary, but six hundred miles away. He's at sixes and sevens to decide what to do. (**11**)

12 — It's gonna be a tough fight, especially since the kid's never faced a southpaw before. — Nah, he's a real bush leaguer. (**12**) (**13**)

13 The influence of sport is such that when a schoolteacher asked one of her tenth-graders how many seasons there were in a year, **(N3)**

14 the child replied — Two. The football season and the baseball season. (**14**)

NOTES (suite)

(**9**) *A home run:* le point le plus convoité au base-ball : le batteur frappe la balle et fait le tour des quatre « bases » d'un seul trait. *Babe Ruth hit 714 home runs in the course of his career.* Dans le langage courant, *I'm on a home run* signifie que la réussite est certaine.

(**10**) L'expression vient du Far-West et des *saloons* où des tricheurs professionnels « préparaient » les jeux de cartes avant de « plumer leurs pigeons ». On disait que les cartes étaient *stacked* (c.-à-d. empilées). On pouvait les préparer pour que l'adversaire perde *(the cards are stacked against you)* ou pour qu'un complice gagne *(the cards are stacked in your favor*).*

(**11**) *To be at sixes and sevens* = ne pas savoir que faire. Dans le jeu de dés qui s'appelle maintenant *craps,* jouer le six ou le sept crée des « points critiques » : lequel va-t-on chercher ? *What shall I do? I'm at sixes*

10 Mais vous, vous semblez avoir une veine du diable. — Eh oui, tout roule pour moi ce mois-ci.
11 — On lui a proposé un travail à deux fois son salaire mais à 600 miles d'ici. Il ne sait pas où donner de la tête.
12 — Ça va être un rude combat, surtout parce que le gosse n'a jamais rencontré un gaucher. — Non, c'est un vrai minable.
13 L'influence du sport est telle que lorsqu'une institutrice demanda à l'un de ses élèves combien de saisons il y avait dans une année,
14 l'enfant répondit — Deux. La saison du football et la saison du base-ball.

NOTES (suite)

and sevens! Le jeu de *craps* fut introduit à la Nouvelle-Orléans par un Français, Marigny. A l'époque, *Johnny Crapaud* était un sobriquet courant pour les Français, inventé par Nostradamus au 16e siècle. En effet, il faut remonter à Clovis qui, à la suite d'une vision, décida d'adopter le crapaud comme emblème. Des siècles après, lorsque les courtisans de Versailles voulurent rappeler les gloires du passé, il commencèrent à s'appeler « crapauds » et traitaient les Parisiens plus insignifiants, de « grenouilles ». Le fait que de nos jours le surnom des Français soit devenu *frogs* pourrait contenir une leçon quelque part, outre le fait que ce sont les Français eux-mêmes qui se sont inventé leur propre surnom !

(**12**) *A southpaw:* un gaucher, surtout en boxe. Mais l'expression nous vient du base-ball : la disposition du stade de Chicago faisait que les batteurs gauchers étaient face au sud.

(**13**) *A bush* = un buisson ; *the bush* = la brousse. *The bush league* (litt. la ligue de la brousse) : tout ce qui n'est pas au premier rang.

(**14**) La « saison » (ou période) pendant laquelle on joue au football correspond à l'automne et à l'hiver, et le base-ball se joue au printemps et en été. En GB, les mêmes périodes correspondent à la « saison » du football et du cricket. A noter que l'anglais EU possède deux mots pour automne : *autumn* (écoutez bien la prononciation de *autumn* dans les exercices — pas de *n* final) et *fall* — qui est plus couramment usité dans la langue parlée. L'anglais GB n'utilise pas ce dernier.

15 Baseball derived from the English game of rounders, and is played from April through October. (**15**)

16 Football — which is not to be confused with the European game that the Americans call soccer — is played in the winter months.

17 The game bears some resemblance to rugby insofar as the players can pick up the ball, but the similarities stop there. (**16**)

18 The game is very physical and injuries are not uncommon. One writer compared football to nuclear war,

19 because in both there are no winners, only survivors. (President Roosevelt nearly banned college football because of the number of injuries.)

20 The players wear protective clothing — shoulder pads, knee guards and a protective helmet

21 (a result of university research into why woodpeckers don't suffer from headaches!), which gives them the air of hi-tech giants.

22 In addition to football and baseball, other favorite* sports are basketball — a pure American invention — boxing, golf and horse racing.

23 When not playing or watching sport, Americans love reading about it, and most newspapers have a comprehensive sports section.

15 Le base-ball trouve ses origines dans le jeu anglais de « rounders », et se joue d'avril à octobre.

16 Le football — qui ne doit pas être confondu avec le jeu européen que les Américains appellent le « soccer » — se joue pendant les mois d'hiver.

17 Le jeu ressemble légèrement au rugby en ce que les joueurs peuvent prendre le ballon à la main, mais la ressemblance s'arrête là.

18 Le jeu est très physique et les blessures ne sont pas rares. Un écrivain a comparé le football à une guerre nucléaire,

19 car dans les deux il n'y a pas de gagants, juste des survivants. (Le Président Roosevelt faillit interdire le football à l'université à cause du nombre de blessés.)

20 Les joueurs portent des vêtements de protection — des rembourrages d'épaules, des genouillères et un casque protecteur,

21 (une « retombée » des recherches universitaires pour savoir pourquoi les piverts ne souffrent pas de maux de tête !), ce qui leur donne l'air de géants de la haute technologie.

22 Outre le football et le base-ball, d'autres sports préférés sont le basketball — une pure invention américaine — la boxe, le golf et les courses de chevaux.

23 Quand ils ne pratiquent pas ou ne regardent pas un sport, les Américains adorent lire ce qui concerne le sport, et la plupart des journaux ont une rubrique sportive consistante.

NOTES (suite)

(**15**) Une petite différence entre les deux anglais : *from April through October* (EU) ; *from April to October* (GB). *The store is open from nine through five* (souvent écrit phonétiquement : *thru,* nous l'avons vu).

(**16**) Dans la mesure où : *insofar as* (c.-à-d. *in so far*). *English and American are almost identical insofar as they have the same grammar* = L'anglais GB et l'anglais EU sont presque identiques, dans la mesure où ils partagent la même grammaire.

24 It would be fair to say that the Americans legitimized sportswriting as a form of journalism. (**17**)

25 These journalists blend lyricism, enthusiasm and cynicism into a peculiarly American style.

26 The doyen of sportswriters summed up that attitude in a paraphrase of a quotation from the Bible:

27 It is not always the fastest who win the race, nor the strongest who win the fight,

28 but that's the way you have to bet!

***

EXERCISES 1. In America, we say « a fall fashion collection » but « autumn leaves »: there is no real rule. **2.** You and I have much in common. **3.** Sport leaves me totally cold. — Me too. I'm a skier! **4.** I don't need the exact total, just give me a ballpark figure. **5.** Let's go to the movies. — I'll take a rain check; I have to work tonight. **6.** — The cards are really stacked against me; that's the third time I've lost.

***

Fill in the missing words

1. *Je ne m'étais intéressé au match que dans la mesure où c'était la finale.*

I was .... interested in the game ....

the final.

2. *Le jeu ressemble un peu au rugby mais les ressemblances s'arrêtent là.*

The game .... rugby but ...

....

24 Il serait juste de dire que les Américains ont légitimé le reportage sportif comme une forme de journalisme.
25 Ces journalistes mélangent le lyrisme, l'enthousiasme et le cynisme, créant un style particulièrement américain.
26 Le doyen des journalistes sportifs a résumé cette attitude par une paraphrase d'une citation de la Bible :
27 — Ce n'est pas toujours le plus rapide qui gagne la course, ni le plus fort qui remporte le combat,
28 mais c'est comme ça qu'il faut placer les paris.

NOTES (suite)

(**17**) Nous avons dit que l'anglais EU est plus conservateur, et très souvent écrit en deux mots ce que l'anglais GB écrit en un seul. Ex : *data base/database* (base de données), *motor sports/motorsports* (la compétition automobile). Ici nous avons le cas contraire : l'américain a fait un mot de *sportswriting,* mais l'anglais GB l'écrit en deux (ou dirait *sports journalism*). Comme toujours, ces « règles » sont assez floues car différents journaux ont leur propre style *(house style)* et admettent plus ou moins d'innovation !

***

Exercices 1. En Amérique, nous disons *fall* pour une collection de mode d'automne mais *autumn* pour les feuilles : il n'y a pas de véritable règle. 2. Nous avons beaucoup en commun, vous et moi. **3.** — Le sport me laisse complètement froid. — Moi aussi. Je fais du ski ! **4.** Je n'ai pas besoin du total exact, donnez-moi simplement un chiffre approximatif. **5.** Allons au cinéma. — Je remettrai ça à un autre jour ; il faut que je travaille ce soir. **6.** Le sort m'est vraiment défavorable ; ça fait trois fois que j'ai perdu.

***

3. *Cette attitude a été résumée par un journaliste sportif célèbre.*

That attitude ... .
....

4. *Le match était retransmis en direct à la télévision par les trois réseaux.*

The .... was .... by ... .

5. *L'usine a été paralysée par la grève.*

The factory .... because of the strike.

Sixty-first lesson

The silver screen

1 In the early 1900s, movie-making pioneers discovered in the lush orange groves of Southern California
2 the ideal combination of a varied terrain, mild climate and plentiful sunshine in which to practice* their art.
3 One small town was to become synonymous throughout the world with movie magic: Hollywood. (**1**)
4 The motion picture industry thrived and created its own living legends of glamorous stars and powerful studio moguls, (**2**)
5 and even its own glittering prizes: the Academy of Motion Pictures Arts and Sciences awards, better known as the Oscars (**3**)

NOTES

(**1**) Nous trouvons dans cette leçon la plupart des mots qui se réfèrent au cinéma. L'expression formelle est *the motion picture industry,* que l'on abrège plus volontiers en *the movies*. On parle aussi de *pictures* (ce qui est aussi l'équivalent GB pour *movies*). *The cinema* est une expression plus cérébrale en anglais EU, et correspond à notre « septième art ». Là encore, la différence entre EU et GB ressort quand on parle d'une salle de cinéma : *a cinema* (GB) et *a movie theater* (US). *The silver screen* est une expression imagée qui est plutôt littéraire.

The missing words

1. only...insofar as it was **2.** bears some resemblance to...the similarities stop there **3.** was summed up by a famous sportswriter **4.** game...televised live...all three networks **5.** ground to a standstill

Soixante et unième leçon

L'écran argenté

1 Au début des années 1900, les pionniers du cinéma ont découvert dans les orangeraies luxuriantes de la Californie du sud

2 la combinaison idéale d'un terrain varié, d'un climat doux et d'un soleil abondant où ils pouvaient exercer leur art.

3 Une petite ville allait devenir synonyme, à travers le monde, de la magie cinématographique : Hollywood.

4 L'industrie du cinéma fleurit et créa ses propres légendes de stars flamboyantes et de magnats puissants des studios,

5 et même ses propres prix étincelants : les prix du AMPAS, mieux connus sous le nom d'Oscars

NOTES (suite)

(2) *To thrive* = prospérer (en principe, le participe passé est *thriven* — comparer avec *to drive* — mais on dit presque toujours *...has thrived*). *His business is thriving* = Son entreprise est florissante. *A mogul* est littéralement un musulman indien, mais l'expression est passée dans le langage courant pour signifier un « gros bonnet », surtout du cinéma. Dans le monde industriel on parle de *a magnate. Aristotle Onassis, the Greek shipping magnate* (AO, le grand armateur grec).

(3) Le titre officiel des *Oscars* est *the Academy Awards*.

6 (so-called because a young lady remarked that the golden statuettes reminded her of her Uncle Oscar!).

7 Up until the 1960s, the Dream Factory fascinated the world, and attracted some of the greatest talents of the age (and some lesser talents as well).

8 Moviegoers thrilled at the on-screen and off-screen exploits of their favorite* stars, and the world found the ideal form of escapism. (**4**)

9 Young hopefuls flocked to the studios to work as extras in the hope of making the big time, (**5**)

10 nourished by the dream that they would be discovered by Hollywood talent scouts while drinking an ice-cream soda

11 at a drugstore and would be signed up for movie stardom. Most were disappointed! (**6**)

12 In more recent years, the popularity of television and the impact of home video recorders have changed the face of the industry.

13 Money became increasingly important as the power of the major studios and the influence of the star system declined, (**7**)

NOTES (suite)

(**4**) Nous connaissons tous *a thriller* (un roman/film policier). Regardez les différentes formes du verbe *to thrill: We were thrilled by the news* ou bien *The news thrilled us* = La nouvelle nous a fait frémir de joie. Le verbe *to thrill at* est plus littéraire. *He thrilled at the prospect of working with a movie star* = Il était ému à l'idée de travailler avec une vedette de cinéma.

6 (ainsi appelés parce qu'une jeune femme remarqua que les statuettes dorées lui rappelaient son oncle Oscar !).

7 Jusqu'aux années soixante, l'Usine à Rêves fascina le monde, et attira quelques-uns des plus grands talents de l'époque (et aussi des talents moindres).

8 Les amateurs de cinéma frissonnèrent à la contemplation des exploits (à l'écran et ailleurs) de leurs vedettes préférées, et le monde trouva son échappatoire idéale.

9 Les jeunes pleins d'espoir se ruèrent vers les studios pour travailler comme figurants dans l'espoir de réussir,

10 en se nourrissant du rêve qu'ils seraient découverts par les chasseurs de têtes (chercheurs de talent) hollywoodiens, alors qu'ils boiraient un soda

11 au drugstore, et se verraient proposer un contrat de vedette. La plupart furent déçus.

12 Dans les années plus récentes, la réussite de la télévision et l'impact des magnétoscopes ont changé la face de l'industrie.

13 L'argent est devenu de plus en plus important alors que le pouvoir des principaux studios et l'influence du vedettariat ont diminué.

NOTES (suite)

(5) *To make it big* ou *to make the big time:* réussir, être avec les grands. *He's only an extra but his real ambition is to make the big time* = Il n'est que figurant, mais sa véritable ambition est de réussir avec les grands. (*An extra* = un figurant au cinéma.)

(6) *Lana Turner was discovered in Schwab's drugstore and went on to earn movie stardom* = LT fut « découverte » au drugstore de S., et elle devint une grande vedette. Le néologisme *stardom* (vedettariat) a pris naissance à Hollywood. En fait, l'anecdote est vraie : la jeune Turner commença sa carrière lorsqu'un *talent scout* (chercheur de talent) la vit en train de manger une glace au drugstore. L'histoire fait partie du folklore hollywoodien.

(7) *The star system* est le nom donné à la politique menée par les grands studios, et qui consistait à construire un film autour d'une ou deux grandes vedettes, plutôt que de s'occuper de la qualité du scénario. On disait alors que les films servaient de véhicule. *The film was a vehicle for John Wayne.*

14 and movie makers searched for box-office success with huge blockbusters. (**8**)

15 (One director described film-making as the art of turning money into light then back into money again.)

16 Long-established stars found themselves hopelessly miscast in terrible films (or turkeys), while others disappeared for ever. (**9**) (**10**)

17 One fan said to Gloria Swanson — You used to be in pictures. You used to be big.

18 To which the star replied — I am big. The films have gotten* small. (**11**)

19 Stars became « bankable » and accountants began to appear in the credits at the end of the movie. (**12**)

20 As one star said in his autobiography — The only thing that will kill the Movies is education.

NOTES (suite)

(**8**) La guerre des étoiles n'a rien à envier à la guerre des dithyrambes qui accompagnent la sortie d'un film ! *A blockbuster* (littéralement une grosse bombe mais couramment utilisé pour désigner une superproduction !) est précédé d'adjectifs tels que *riveting** (passionnant) *spellbinding* (envoûtant) ou encore *earth-shattering* (apocalyptique) et *heart-stopping* (« infarctogène » !). Décidément, lire les affiches de films nécessite une bonne connaissance des superlatifs...

(**9**) *The cast of a film* = la distribution. *A star-studded cast* = avec beaucoup de vedettes. *To cast an actor in a role* = choisir un acteur pour un rôle. Si on choisit mal le rôle, on dit que *the actor was miscast.*

14 et les producteurs ont cherché la réussite avec les superproductions.
15 (Un metteur en scène a décrit le fait de faire des films comme étant l'art de transformer l'argent en lumière et de la reconvertir en argent.)
16 Des vedettes établies se sont trouvées choisies pour des rôles désespérément inadéquats et des films affreux (ou navets), alors que d'autres ont disparu à jamais.
17 Un « fan » dit à Gloria Swanson — Vous étiez dans les films. Vous étiez grande.
18 Ce à quoi la star répondit — Mais je suis grande. Les films sont devenus petits.
19 Les vedettes sont devenues des valeurs sûres et les comptables ont commencé à figurer au générique de la fin.
20 Comme disait une vedette dans son autobiographie — La seule chose qui tuera le cinéma, c'est l'éducation.

NOTES (suite)

(**10**) *A turkey* = une dinde. Toutefois, le mot s'applique à un très mauvais film (chez nous on dit bien « un navet » !). Le mot se dit aussi, plus ou moins affectueusement, d'une personne qui fait une bêtise. *You turkey, I told you not to ask him!* = Imbécile, je t'ai dit de ne pas lui demander ! Bien que l'utilisation soit assez « correcte », nous vous conseillons de ne pas vous y aventurer.

(**11**) Une survivance du vieil anglais : l'américain garde l'ancien participe passé du verbe *to get: has gotten* (l'anglais GB dit, bien sûr, *has got*), ce qui est logique lorsqu'on compare avec le verbe *to forget* (*has forgotten* dans les deux langues). *My, you have gotten fat. Too much good cooking!* = Mon Dieu, mais tu as pris du poids. Trop de bonne cuisine !

(**12**) Ne pas se méprendre sur le sens de *credits* quand on parle du cinéma (toujours pluriel alors) ; il s'agit du générique d'un film. *His name doesn't appear in the credits* = Il ne figure pas au générique. Le mot *bankable* est passé dans les mœurs cinématographiques : il s'agit d'une vedette qui garantira le succès commercial d'un film, et donc qui peut servir d'argument auprès des banques que l'on sollicite pour investir. *There are only a handful of bankable stars in Hollywood* = Il n'y a qu'une poignée de vedettes qui peuvent garantir le succès commercial d'un film à H.

21 But as Mark Twain would have put it — The report of the death of Hollywood is an exaggeration. (**13**)
22 The orange groves have disappeared beneath the concrete freeways, but the town is still the entertainment capital of the world.
23 Films regularly gross millions of dollars; and new, more independent talent is moving in to replace the old system. (**14**)
24 All over the world, film buffs watch more American-produced films than any others,
25 prompting one writer to observe that the immense popularity of American movies
26 is a sure sign that Europe is the unfinished negative of which America is the proof!
27 But whether your tastes run to costume dramas, oaters, space odysseys or serious films, (**15**)
28 it is impossible to forget the words of the old 1930's song *Hooray for Hollywood!*

NOTES (suite)

(**13**) Peut-être le plus grand humoriste américain de tous les temps, Mark Twain (1835-1910) — de son vrai nom Samuel Clemens — est un personnage quasi légendaire qui mérite d'être découvert. Il fait partie de ces auteurs à qui l'on attribue volontiers des remarques humoristiques qu'ils n'ont jamais faites ! Ici, il s'agit d'une (véritable) citation : son nom figura par erreur dans la rubrique nécrologique d'un journal. Lorsqu'on lui demanda sa réaction, il répondit : *The report of my death is an exaggeration.*

(**14**) *A gross figure* = un chiffre brut (cf. *a net figure*). *To gross* se dit pour gagner de l'argent (il ne s'agit pas d'un mot technique financier). *The film grossed ten million at the box-office* = Le film rapporta 10 millions

21 Mais comme aurait dit Mark Twain — La nouvelle de la mort d'Hollywood est une exagération.
22 Les orangeraies ont disparu sous les autoroutes en béton, mais la ville est toujours la capitale mondiale de la distraction.
23 Les films ramassent régulièrement des millions de dollars ; et un talent plus indépendant s'installe pour remplacer l'ancien système.
24 Partout dans le monde, les amateurs de cinéma regardent davantage de films produits aux EU que partout ailleurs,
25 ce qui a incité un écrivain à remarquer que l'immense réussite des films américains
26 est une ferme indication que l'Europe est le négatif inachevé dont l'Amérique est l'épreuve !
27 Mais que vos goûts aillent vers les films d'époque, les Westerns, les odyssées de l'espace ou les films sérieux,
28 il est impossible d'oublier les paroles de la vieille chanson des années trente « Hourra pour Hollywood ! »

NOTES (suite)

en entrées. *The box-office* = le guichet d'entrées ; on parle aussi d'un film comme *a box-office success.*

(**15**) *My tastes run to* = Mes goûts se portent sur... *Don't ask his opinion, his tastes only run to westerns* (il n'affectionne que les westerns). Nous avons vu les *horse operas* (Leçon 58 note 18). *An oater* est un mot du jargon du cinéma pour un western (*oats:* de l'avoine... et que mange un cheval ?). Imagé comme expression, non ?

EXERCISES 1. She was hopelessly miscast as an old lady: she's only twenty-three. **2.** The movie moguls thrived in the forties and fifties. **3.** She thrilled at the idea of starring in a movie. **4.** Despite a star-studded cast, the movie was a box-office disaster, grossing less than a million dollars. **5.** His tastes are fairly conservative: they run to westerns and thrillers. **6.** You turkey! I told you to turn left, not right!

Fill in the missing words

1. *Il exerce son art depuis plus de trente ans.*

.. .. for over thirty years.

2. *La Grèce devait devenir à travers le monde synonyme de grands armateurs.*

Greece ... .

..... with ....

3. *Les films sont devenus de plus en plus chers à produire.*

.... increasingly expensive

to produce

Sixty-second lesson

Into the future

1 And what of tomorrow? How will British and American English develop over the coming quarter-century? (**1**)

NOTES

(**1**) *And what of the future?* est une tournure élégante qui remplace le *And what about the future?* de la langue parlée. Donc, on dirait plutôt *What about your father?* que *What of your father?* pour éviter de paraître trop précieux.

Exercices 1. Elle a été très mal choisie pour jouer le rôle d'une vieille dame : elle n'a que 23 ans. **2.** Les magnats du cinéma ont prospéré pendant les années quarante et cinquante. **3.** Elle était émue à l'idée d'être la vedette d'un film. **4.** Malgré une distribution brillante, le film a été un désastre commercial et a rapporté moins d'un million de dollars. **5.** Ses goûts sont assez conservateurs : ils portent sur les westerns et les films policiers. **6.** Imbécile ! Je t'ai dit de tourner à gauche, non pas à droite !

4. *Son salaire brut est énorme mais le chiffre net est beaucoup plus bas.*

... . is enormous but the ... . is much lower.

5. *Les jeunes « espoirs » se sont rués vers la Californie dans l'espoir de réussir.*

Young .... California .. ..
.. ..

The missing words

1. He has been practicing (non pas *practising*) his art **2.** was to become synonymous throughout the world...shipping magnates **3.** Motion pictures have gotten (non pas *got*) **4.** His/Her gross salary...net figure **5.** hopefuls flocked to...in the hope of making the big time

---

Soixante-deuxième leçon

Vers l'avenir

1 Et qu'en est-il de demain ? Comment l'anglais britannique et l'anglais américain évolueront-ils pendant le prochain quart de siècle ?

2 In fact, we are witnessing something very interesting — the gradual emergence of a language we can call « international English ». (**2**)

3 This language is neither British nor American, but a *pot pourri* of a number of major influences.

4 Apart from the major English-speaking countries: Australia, Canada, New Zealand, South Africa —

5 each of which has had its own particular impact on the language — many other countries are also making their mark.

6 India, Jamaica, Singapore, and at least thirty other countries where English is an official language,

7 have all made their own individual contributions and have pushed English firmly to the center of the international stage. (**3**)

8 One unfortunate result of this evolution is that the press in Britain and America is flooded with letters of complaint (**4**)

NOTES (suite)

(**2**) Attention au verbe *to witness*. Bien qu'un témoin soit *a witness,* le verbe n'est pas toujours utilisé de la même manière. Sur un document légal, on lit *witness my signature* = certifier ma signature. Souvent, le français utilise le verbe « témoigner » dans le sens de : exprimer, manifester et montrer : M. Durand nous a témoigné de l'intérêt, etc. Ici, l'anglais dirait *expressed his interest*. Au contraire (notre phrase), lorsque le français dira « Nous assistons à un grand changement », l'anglais utilisera le verbe *to witness: We are witnessing major changes.* Méfiez-vous des traductions simplistes !

2 En fait, nous assistons à un événement très intéressant — l'apparition progressive d'une langue qu'on peut appeler « l'anglais international ».

3 Cette langue n'est ni britannique ni américaine, mais plutôt un pot-pourri d'une quantité d'influences diverses.

4 A part les grands pays anglophones : l'Australie, le Canada, la Nouvelle-Zélande, l'Afrique du Sud

5 — dont chacun a eu un impact particulier sur la langue — beaucoup d'autres pays laissent aujourd'hui aussi leur empreinte.

6 L'Inde, la Jamaïque, Singapour, et au moins trente autres pays où l'anglais est une langue officielle,

7 ont tous apporté leur contribution spécifique et ont poussé l'anglais à l'avant de la scène internationale.

8 Un résultat malheureux de cette évolution est que la presse en GB et aux EU est inondée de lettres de plaintes

NOTES (suite)

(3) *A scene* (pron. sin) = une scène d'un film ; *a stage:* une scène sur laquelle montent des acteurs de théâtre. *Our company occupies the center stage of the world microchip market* = Notre société est à l'avant de la scène internationale des microprocesseurs.

(4) Encore un mot qui paraît facile à traduire de prime abord. L'évolution est un processus lent, donc on peut parler de *the evolution of the societies in West Africa;* mais lorsque le français utilise « évolution » pour un développement rapide, l'anglais préfère *develop:* La situation a évolué rapidement depuis le départ des troupes = *The situation has developed rapidly since the troops withdrew.* Méfions-nous aussi de l'utilisation en français du verbe « évoluer » pour exprimer l'idée de mouvement : Le navire évolue = *The ship changes course.* Nous n'évoluons pas dans le même milieu = *We don't move in the same circles* (*Darwin's theory of evolution* = la théorie de l'évolution). Analysez bien le sens avant de choisir une traduction.

9 from people who are worried that the language is going to the dogs, and that no-one speaks correct English any more. (**5**)

10 Indeed, in a world that is largely bilingual, native English-speakers are having a harder time than most!

11 One (rather unfair) anecdote tells us that someone who speaks three languages is trilingual, someone with two is bilingual,

12 but someone who only speaks one language is most definitely an Englishman!

13 But it is true that language is constantly evolving and that English is better equipped than most to integrate change.

14 As people live new experiences, so they invent new words and expressions to describe their discoveries (and we are not just talking about science).

15 As the American settlers pushed their way further West in the 19th century, so their language reflected their everyday preoccupations.

NOTES (suite)

(**5**) Une expression imagée, *to go to the dogs* = se dégrader, aller à la ruine. *When his father died, the business really went to the dogs* = Lorsque son père est mort, l'entreprise est allée à la ruine. *When his wife died, he just went to the dogs* = Quand sa femme est morte, il s'est laissé aller. Il y a beaucoup d'expressions avec *dog* en anglais (on sait comme les Anglo-saxons adorent les animaux). Une expression qui reprend un peu l'idée ci-dessus est *It's a dog's life!* Quelle vie de chien ! Une autre, aussi amusante, est *to take a hair of the dog that bit you:* boire un verre pour se sentir mieux lorsqu'on a « mal aux cheveux ». L'idée nous vient du temps des Romains, où lorsqu'on s'était fait mordre par un chien, on prévenait la rage en buvant un poil de l'animal dans une

9 venant de gens qui s'inquiètent de ce que la langue se dégrade, et que personne ne parle plus un anglais correct.

10 En effet, dans un monde quasiment bilingue, les anglophones autochtones ont plus de difficultés que d'autres !

11 Une anecdote (assez injuste) nous apprend que quelqu'un qui parle trois langues est trilingue, quelqu'un qui en parle deux est bilingue,

12 alors que quelqu'un qui ne parle qu'une langue est très certainement un Anglais !

13 Mais il est vrai que les langues évoluent constamment et que l'anglais est mieux équipé que la plupart des autres langues pour assimiler le changement.

14 Au fur et à mesure que les gens vivent de nouvelles expériences, ils inventent de nouveaux mots et expressions pour parler de leurs découvertes (et nous ne parlons pas uniquement de la science).

15 Au fur et à mesure que les colons américains se frayaient un chemin vers l'Ouest, leur langue commençait à refléter leurs préoccupations quotidiennes.

NOTES (suite)

coupe de vin. L'histoire ne nous dit pas si le remède était efficace...

16 The Gold Rush gave us words like *bonanza, panhandler* and *prospector,* (**6**)

17 while settlers talked of *staking a claim* or *striking it rich* (if things went wrong they *bit the dust!*) (**7**)

18 Relaxation mainly took the form of gambling, where players had to *put up or shut up.* (**8**)

19 Gamblers would *call your bluff* if they didn't believe you were holding a good hand, but you could still *hit the jackpot.* (**9**)

NOTES (suite)

(**6**) *The Gold Rush* a commencé en 1848 après la découverte de l'or à Sutter's Mill en Californie et a connu son apogée pendant l'année suivante. (L'équipe de football de San Francisco s'appelle aujourd'hui *The 'Forty-Niners,* le nom donné à ceux qui sont venus faire fortune en 1849).
A bonanza: emprunté à l'espagnol d'Amérique latine, il signifait à l'origine : filon riche ; aujourd'hui c'est tout ce qui rapporte beaucoup d'argent : *a bonanza year* = une année d'abondance ; *His invention proved to be a bonanza* = Son invention s'est avérée être une mine d'or.
A panhandler était à l'origine quelqu'un qui maniait le *pan,* la batée avec laquelle on cherchait l'or. Quand il n'y en avait plus, il fallait mendier pour gagner sa vie... et c'est le sens actuel (mais familier) du mot : Il a été arrêté pour mendicité = *He was arrested for panhandling* (le terme exact est *begging*).
A prospector était celui qui « prospectait » l'or. Le sens s'est étendu à la prospection pétrolière *(an oil prospector).* Attention, la prospection commerciale se dit *canvassing.*

16 La Ruée vers l'or nous a donné des mots comme *bonanza* (filon riche), *panhandler* (mendiant) and *prospector* (chercheur d'or),
17 pendant que les colons parlaient de jalonner une concession ou de devenir riches (si les choses allaient mal, ils « mordaient la poussière »).
18 Les loisirs consistaient principalement en jeux d'argent, où les joueurs devaient parier ou se taire.
19 Il fallait mettre cartes sur table si les joueurs ne croyaient pas que vous teniez un bon jeu, mais vous pouviez toujours toucher le gros lot.

NOTES (suite)

(7) *To stake a claim* = jalonner la concession. Le sens actuel est : faire valoir ses droits. *He staked a claim for ten percent of his son's earning* = Il a réclamé 10 % des gains de son fils.
To strike it rich: l'heureux prospecteur qui trouve son filon (d'un coup de pioche) ; on dit aussi *a lucky strike. After playing the lottery for twenty years, he finally struck it rich/made a lucky strike.*
To bite the dust: « mordre la poussière » (en tombant de cheval, par exemple). Aujourd'hui, son utilisation est plutôt humoristique, alors que le français l'emploie couramment.

(8) Expression venue du poker, le joueur qui bluffe est sommé de faire voir son argent ou de se retirer du jeu. *I've had enough of your promises, you either put up or shut up* = J'en ai assez de vos promesses, soit vous produisez des résultats, soit vous fichez le camp.

(9) Encore une expression de poker. Un joueur tente de bluffer, les autres demandent à voir ses cartes. Notre expression : Chiche ! en est l'équivalent. *He claimed to be the heir to the family fortune, but the others called his bluff* = Il se prétendait l'héritier de la fortune familiale, mais les autres ont relevé le défi (lui ont demandé de le prouver).

20 The railroad stretched further and further across the country, and people *got side-tracked* or worse, they *went off the rails*. (**10**)

21 The wiser among them preferred to *back-track* rather than find themselves in a difficult situation. (**11**)

22 All of these words and phrases (and many more) remain part of our everyday speech.

23 Given the impact of science, technology, global finance and worldwide communications,

24 English will continue to eagerly create new words — rather than just borrow from other languages as it did in the past, (**12**)

25 and to become a real second language for the rest of the world.

26 The reasons for the spread of this new world language — which is no longer culturally based — are debatable.

27 Some experts talk about the flexibility of English, while others cite the post-war influence of the U.S.

NOTES (suite)

(**10**) Le chemin de fer = *the railroad* (anglais EU) *the railway* (anglais GB). *A sidetrack* = une voie de garage. *To sidetrack someone:* détourner l'attention de quelqu'un : *She tried to stick to the subject but quickly got sidetracked* = Elle a essayé de rester près du sujet mais elle s'en est vite écartée.
To go off the rails est plus néfaste : on « quitte les rails » c.-à-d. on quitte le droit chemin, on se laisse aller (cf. *to go to the dogs* en note 5). *He let himself be influenced by his friends and very quickly went off the rails* = Il s'est laissé influencer par ses amis et il a très vite sombré dans la débauche.

20 Le chemin de fer a gagné de plus en plus de terrain, et les gens se sont laissés distraire ou, pire, ils se sont écartés du (droit) chemin.

21 Les plus sages d'entre eux ont préféré faire marche arrière plutôt que de se trouver dans une situation difficile.

22 Tous ces mots et ces expressions (et beaucoup d'autres) font encore partie de notre langage quotidien.

23 Etant donné l'impact de la science, de la technologie, de la finance internationale, et les communications mondiales,

24 l'anglais continuera à créer de nouveaux mots avec enthousiasme — plutôt que d'emprunter tout simplement aux autres langues, comme ce fut le cas dans le passé —

25 et à devenir une véritable deuxième langue pour le reste du monde.

26 Les raisons de la propagation de cette nouvelle langue mondiale — qui n'est plus enracinée dans une seule culture — peuvent être discutées.

27 Certains experts parlent de la souplesse de l'anglais, alors que d'autres citent l'influence des EU dans l'après-guerre.

NOTES (suite)

(11) *A (railroad) track* = une voie de chemin de fer. *To backtrack:* faire marche arrière (au sens figuré). *When he saw the problems involved, he very quickly backtracked* = Lorsqu'il a vu les problèmes auxquels il s'exposait, il a vite fait marche arrière.

(12) Un sujet de polémique depuis des générations est ce qu'on appelle *the split infinitive,* c.-à-d. mettre un mot (d'habitude un adverbe) après le *to* d'un infinitif (ici *to eagerly create*). Selon les « règles », c'est une pratique à proscrire (on devrait dire, par exemple *eagerly to create,* ou *to create eagerly,* de façon à ne pas « scinder » l'infinitif). En effet, il s'agit plutôt d'une question de style que de grammaire, et parfois les efforts déployés pour éviter le *split infinitive* rendent la phrase lourde et artificielle. Si l'on prend comme exemple ce que font la majorité des écrivains (surtout américains) d'aujourd'hui, on peut dire que cette pratique est entrée dans les mœurs de ceux qui ne prennent pas le temps de peaufiner leur style. Mais en aucun cas on ne devrait se laisser influencer par les puristes qui insistent pour dire *boldly to go* au lieu du plus naturel *to boldly go!* Ou, comme disait ce grammairien distrait : *Take care to never split an infinitive...*

28 Be that as it may, « correct English » may soon be judged on the basis of international utility (**13**)

29 rather than on the ability to speak or pronounce the language like a native speaker.

30 The idea, however, is not new. Back in the 19th century, a famous writer said that so-called « correct » English was nothing but the slang of pedants! (**14**)

31 We hope you will enjoy speaking English throughout the world and that your knowledge and understanding have been increased by studying this book.

***

EXERCISES 1. We are currently witnessing an extremely interesting development. **2.** She made her mark with her first novel, written under the nom de plume of George Eliot. **3.** Unless something is done to remedy the situation, the firm will very quickly go to the dogs. **4.** Despite his education, he's having a harder time than most. **5.** He promised to put up the money, but very quickly backtracked when he realized how much was needed. **6.** You must be careful to never split an infinitive. — That's typical of a pedant : to never let other people do what they secretly want to do themselves.

***

Fill in the missing words

1. *Ceci étant, la situation est encore très délicate.*

.. .., the situation is still very delicate.

2. *J'en ai assez, soit tu fais quelque chose, soit tu te tais.*

I've had enough: either ... ...

28 Quoi qu'il en soit, « l'anglais correct » sera peut-être bientôt jugé sur la base de l'utilité internationale

29 plutôt que sur la capacité de parler ou de prononcer la langue comme un autochtone.

30 Cette idée, toutefois, n'est pas neuve. Au 19e siècle, un écrivain célèbre disait déjà que l'anglais dit « correct » n'était autre que l'argot des pédants !

31 Nous espérons que vous prendrez plaisir à parler anglais partout dans le monde, et que vos connaissances et votre compréhension se sont accrues en étudiant ce livre.

NOTES (suite)

(**13**) *Be that as it may* = Ceci étant, est un exemple courant de l'emploi du subjonctif (voir Leçon 49 N3). L'expression est toujours utilisée en début d'une locution : *The financial situation is healthier than last year; be that as it may, there is no room for extravagance* = La situation financière est plus saine que l'année dernière ; ceci étant, il n'y a pas lieu de se livrer à des extravagances.

(**14**) L'auteur était George Eliot — le nom d'emprunt (en anglais « nom de plume » !) d'une femme, Marion Evans (1819-1880).

***

Exercices 1. Nous assistons actuellement à une évolution passionnante. **2.** Elle a fait sa réputation avec son premier roman, écrit sous le nom d'emprunt de GE. **3.** Si on ne fait pas quelque chose pour remédier à la situation, l'entreprise ira très vite à la ruine. **4.** Malgré ses diplômes, il a plus de mal que la plupart. **5.** Il a promis de fournir le capital, mais il a vite fait marche arrière quand il s'est rendu compte de combien on avait besoin. **6.** — Il faut faire attention de ne jamais « scinder » un infinitif. — C'est typique d'un pédant : de ne jamais laisser les autres faire ce qu'on a secrètement envie de faire soi-même.

***

3. *Un de ces jours, quelqu'un va lui dire chiche.*

One of these days, ...

4. *J'ai essayé de me concentrer, mais je me suis très vite laissé distraire.*

I tried to concentrate, but I ....

5. *Sans l'influence de sa femme, il s'est vite laissé aller.*
....'. influence he soon ....
.....

Sixty-third lesson

REVISION AND NOTES

1. Autrefois, on parlait des Etats-unis comme d'un *melting pot* (creuset), où les gens de toutes origines « se fondaient » pour former un peuple homogène. Ce concept est tombé en désuétude, car les nouveaux immigrants souhaitent à la fois être des Américains et garder leurs origines. Ainsi, on est passé du concept du *melting pot* à celui du *salad bowl,* c'est-à-dire un mélange cohérent où chaque « ingrédient » garde son identité mais contribue à l'ensemble. Ainsi parlons-nous maintenant de *Chinese Americans, Polish Americans, Mexican Americans,* etc.

Un groupe qui a été lésé par le développement de la nation est celui des habitants d'origine, ceux que nous appelons les Indiens. Ils sont connus maintenant sous le nom de *Native Americans.*

Depuis trente ans, grâce à l'*equal rights movement* (mouvement pour les droits égaux entre Noirs et Blancs), les Noirs américains ont acquis une identité et une influence en tant qu'ethnie : autrefois, on parlait de *Negroes,* maintenant on parle de *Black Americans* ou *Blacks.*

(Toutefois, il s'agit toujours d'appellations « officielles », et les noms d'autrefois, souvent péjoratifs, subsistent.) L'importance politique de chacun de ces groupes est vivement ressentie, et les élections sont toujours une occasion pour les candidats de tout bord d'essayer de gagner *the Jewish vote, the Black vote,* etc.

The missing words

1. Be that as it may **2.** you put up or shut up **3.** someone will call his/her bluff **4.** very quickly got sidetracked **5.** Without his wife's...went off the rails (l'expression went to the dogs serait aussi synonyme ici)

Mais il ne s'agit pas seulement de la politique « politicienne » : beaucoup de minorités — handicapés, homosexuels, femmes (bien qu'il ne soit pas tout à fait exact de parler là d'une minorité...) — ont essayé de faire valoir leurs droits en tant que citoyens. La preuve d'une certaine réussite se voit dans les annonces de recrutement, où on peut lire en bas de l'annonce *We are an affirmative action employer* (la pratique de volontairement embaucher des gens de différents groupes ethniques) ou bien *an equal opportunities employer* (qui embauche sans distinction de race, religion, handicap, etc.). La deuxième formule, nous l'avons vu à la Leçon 42, a aussi gagné la Grande-Bretagne.

2. *OK* (s'écrit parfois *okay*) : le débat reste âpre (mais de bonne humeur) à propos de l'origine de cette expression, que H.L. Mencken (voir Leçon 56) a qualifiée de *« the most shining and successful Americanism ever invented »,* et qui est devenue mondialement célèbre. Dans le but, non pas d'alimenter cette controverse, mais de vous laisser le soin de choisir vous-mêmes, voici quelques-unes des explications les plus plausibles (ou les plus farfelues !) :
Orl krekt, une déformation de *all correct,* attribuée au Président Andrew Jackson, qui essayait d'imiter un parler populaire (la démagogie ne date pas d'hier) ;

Otto Krist, un marchand de bois richissime qui n'avait qu'à parapher un papier commercial pour en garantir la valeur ;
H.G. (pron. ha gué en danois), une expression courante parmi les marins danois et norvégiens pour signifier que tout était en ordre ;
oh qu'oui (bien de chez nous) — encore de matelots, français cette fois-ci, à la Nouvelle-Orléans ;
Aux quais (décidément !), lieu de rendez-vous (où, l'on présume, tout allait pour le mieux...) entre les demoiselles américaines et les braves marins français pendant la Guerre d'Indépendance ;
Old Kinderhook, le surnom de Martin Van Buren (d'après le nom de sa ville de naissance) ; pendant la campagne présidentielle de 1840, les supporters de Van Buren scandaient ces deux initiales en guise de slogan, pendant les meetings politiques.
Nous n'oserons en aucun cas nous prononcer sur les vraies origines, mais il est sûr que la dernière hypothèse est l'explication de la propagation de ce vocable remarquable !

3. Les systèmes éducatifs évoluent rapidement, donc nous n'essayerons pas de vous présenter une explication détaillée qui risque d'être dépassée en peu de temps. Toutefois, les grandes lignes restent semblables ; ainsi nous vous donnons quelques indications comparatives sur la scolarité des Anglais et des Américains pour que vous puissiez vous y retrouver lorqu'on vous explique qu'un enfant est *tenth-grader* ou *fifth-former.*
Le système anglais est proche de celui de la France : après *primary school,* l'enfant entre au *secondary school.* Il commence, à 11 ans, dans le *first form* (on dit donc qu'il est *first-former*). Il poursuit sa scolarité jusqu'au *sixth form* (16 ans). Après, il peut entrer à l'*university,* où la durée moyenne des études est de trois ans. Pendant ce temps, les étudiants s'appellent *undergraduates.* Lorsqu'ils passent leur diplôme de fin d'études, on utilise le verbe *to graduate.*

Le système américain est un peu plus complexe : le *primary school* compte les classes du premier au sixième *grade* (on parle d'un *first-grader*). Ensuite, à 11 ans, on entre au *Junior High* (dans le langage courant, on n'ajoute pas *school*), où on passe du 7e au 9e *grade;* enfin on termine au *Senior High* (du 10e au 12e *grade*). Après le diplôme d'études secondaires (*graduation,* à ne pas confondre avec le diplôme universitaire britannique), on peut aller à l'université. Bien qu'on parle de *university (UCLA,* par exemple, est *the University of California at Los Angeles),* on dit plus couramment *to go to college*. Là, les études durent en moyenne quatre ans, et les étudiants de chaque année ont une appellation spéciale : 1re année = *freshman,* 2e année = *sophomore,* 3e année = *junior,* 4e année = *senior.*
Il y aurait beaucoup à dire sur les deux systèmes, mais nous espérons que nous vous avons donné assez d'indications pour vous permettre de vous renseigner vous-mêmes.

Nous sommes arrivés à la fin de ce livre, mais non pas de votre étude ! Vous avez maintenant suffisamment de culture anglo-américaine pour apprécier pleinement tout ce qui se fait dans cette langue. Nous vous invitons à continuer en lisant le plus possible (et rappelez-vous que parfois une annonce publicitaire vous en dit plus long sur l'évolution de la langue qu'un discours d'académie !), en allant au théâtre, au cinéma, et surtout en parlant avec les gens autour de vous.
Nous espérons surtout que nous avons fait ressortir le développement de la langue anglaise dans le sens d'une langue internationale, qui doit autant à des personnes dont la première langue d'expression n'est pas l'anglais qu'à l'apport de la culture des deux grandes sociétés que nous avons pu observer dans ce Perfectionnement Anglais.

APPENDIXES

APPENDIX ONE

Différences de Grammaire et d'Orthographe

En règle générale, nous pouvons dire que l'anglais américain a une tendance assez conservatrice quant à la grammaire pour une langue qui, par ailleurs, est extrêmement novatrice et dynamique. Nous résumons ici les quelques différences fondamentales que nous avons évoquées au fur et à mesure de notre étude, mais précisons tout de suite qu'il est rare que ces variantes (qui concernent davantage la langue parlée) empêchent la compréhension entre Anglais et Américains.

Grammaire

— L'américain garde certaines anciennes formes passées des verbes, le plus connu étant *to get/got/gotten* (GB : *got/got*).

— Par ailleurs, certains verbes qui sont *réguliers* en anglais EU sont *irréguliers* en anglais GB. Regardez bien le tableau ci-dessous :

Verbe	anglais EU	anglais GB
To burn	burned	burnt
To dream	dreamed	dreamt
To lean	leaned	leant
To light	lighted	lit
To smell	smelled	smelt
To spill	spilled	spilt
To spoil	spoiled	spoilt

Il y a quelques verbes *réguliers* en anglais GB qui sont *irréguliers* en anglais EU (notamment *to dive/dived/dived,* que les Américains conjuguent *to dive/dove/dove*).

— L'américain utilise plus volontiers un passé simple là où l'anglais préfère un *present perfect:* (GB) *Have you seen the new film?* (EU) *Did you see the new movie?* (GB) *Has she heard from her husband yet?* (EU) *Did she hear from her husband yet?*

— L'américain utilise le verbe *to have* plus « correctement » que l'anglais. (GB) *Have you got a car?* (EU) *Do you have a car?* D'ailleurs, si un Anglais demande à un Américain *Have you got a car?* la réponse automatique sera probablement *Yes, I do* (c.-à-d. *Yes, I do have a car*).
— Le subjonctif est plus couramment utilisé par les Américains (voir Leçon 49 Note 3) : (EU) *It is important that the meeting be held on Tuesday;* (GB) *It is important that the meeting should be held on Tuesday.*
— L'américain préfère *like* là où l'anglais utilise *as* (voir Leçon 56) : (EU) *You should have done like I said; (GB) You should have done as I said.*
— Parfois, l'américain utilise indifféremment adjectif et adverbe : (EU) *He acted real strange;* (GB) *He acted really strangely.* Ici, il s'agit d'une véritable faute de grammaire.
— En répondant au téléphone, il y a parfois des différences : (EU) *Is this Michael?;* (GB) *Is that Michael?* ou bien (EU) *May I speak with Sarah? — This is she;* (GB) — *May I speak to Sarah? — Speaking.*
Nous reprenons la conclusion de nos dernières leçons : l'utilisation universelle de l'anglais définit de plus en plus ce qui est « correct » ; vous vous adapterez à la forme qui est la plus usitée autour de vous, et selon vos objectifs.

Différences d'Orthographe

Nous avons vu comment l'orthographe américaine — sous l'influence de Noah Webster — a tendance à se rapprocher de la prononciation et à se débarrasser de lettres « inutiles » : ceci concerne surtout les terminaisons des mots. Il est important de noter, cependant, que ces divergences ne changent pas la prononciation (voir *Appendix 2*).
— Les noms qui se terminent en *-re* et *-our* en anglais GB s'écrivent *-er* et *-or* en anglais EU. Exemples : *centre/center; theatre/theater; fibre/fiber; neighbour/neighbor; colour/color; favour/favor* (le changement s'effectue systématiquement, même si

on rajoute d'autres syllabes : *neighbourhood/neighborhood; colourful/colorful; favourite/favorite*).
— Les verbes qui se terminent en *-al/el* ou *-er* redoublent la consonne systématiquement en anglais GB lorsqu'on ajoute une autre syllabe (ex : *to travel — I travelled*). L'anglais EU n'opère ce changement que lorsque LA DERNIÈRE SYLLABE DE L'INFINITIF EST ACCENTUÉE (le fameux *stress*). Donc :
to TRAvel = he traveled; a traveler; traveling
to TOtal = it totaled; totaling; totalizer (**1**)
mais :
to preFER = he preferred (GB & EU)
to ocCUR = it occurred (GB & EU)
(Un verbe à problèmes, à cause d'un changement d'accent tonique dans le substantif, est *to CANcel.* On écrit *We canceled* mais *a cancellation,* l'accent tonique étant sur l'avant-dernière syllabe.)
D'autre part, l'anglais EU redouble une consonne dans certains mots où l'anglais n'en écrit qu'une seule : *to fulfil/to fullfil; skilful/skillful;*
— Certaines terminaisons (qui viennent du français) ont été raccourcies ou rapprochées de la prononciation : *programme/program; cheque/check; dialogue/dialog* (bien que cette dernière variation ne soit pas acceptée par tous les Américains). D'autres mots ont été carrément simplifiés en enlevant des lettres inutiles *axe/ax; waggon/wagon; storey/story* (étage d'un bâtiment).
— L'anglais GB possède une forme nominale et une forme verbale pour certains mots ; ainsi les Anglais écrivent *practice* mais *to practise,* ou encore *a licence* mais *to license.* L'anglais EU utilise la forme *-se* pour les deux cas.
— Les terminaisons *-ise/-ize* (voir Leçon 56).

(1) Cette règle ne s'applique pas à la formation de l'adverbe, où on ajoute non pas -y mais *-ly: totally.*

APPENDIX TWO

Prononciation

Nous nous bornerons ici à vous présenter les principales différences « classifiables », l'accent de chacun et de chaque région étant différent. Disons tout de suite que l'Américain énonce plus que l'Anglais — une survivance de la prononciation du Nord de l'Angleterre — et qu'il escamote moins les syllabes (donc le mot *secretary* se prononce *SEK-re-tri* en GB et *SEK-re-ta-ri* en EU). La plupart des traits que nous énumérons ci-dessous sont aussi des « restes » de la prononciation des premiers Américains (donc Anglais). En revanche, la « musique » de la phrase américaine est plus monocorde que celle de la phrase anglaise : mais ceci peut être un avantage pour ceux qui se perdent parfois dans les envolées de l'énonciation anglaise ! En règle générale, la prononciation américaine est plus nasale que l'anglaise.

— **La voyelle** *a*

La prononciation de cette voyelle est presque celle des Anglais du Nord de l'Angleterre. L'anglais GB en fait une voyelle longue : *bath* (bahf) alors que l'anglais EU la raccourcit (baf) ; ou encore *laugh* (lahf en GB) contre (laf). Cependant, en Nouvelle-Angleterre (et surtout à Boston) on retrouve ce *a* long, noblesse oblige !

— **La voyelle** *o*

Dans beaucoup de régions, cette voyelle se prononce entre un *o* et un *a ;* donc *pot* se prononce comme (pat).

— **La consonne** *t*

Se prononce à mi-chemin entre un *t* et un *d* donc *later* se prononce plutôt (lé-de) que (lé-te).

— **La consonne** *r*

La consonne *r* se prononce de façon nettement audible en anglais américain. Dans les mots comme *farm* ou *car,* le *r* est muet en anglais GB (fahm) ou (kah) alors qu'il est audible en anglais EU (il ne s'agit pas toutefois d'un r roulé).

— **L'accent tonique**

Nous avons dit plus haut que les Américains ont tendance à prononcer toutes les syllabes dans des mots polysyllabiques, c'est-à-dire qu'ils ajoutent un accent tonique secondaire sur l'avant-dernier phonème. *Dormitory* ou *necessary* seront prononcés (DOH-mi-tri) et (NE-sesri) en GB et (DOR-mi-ter-ri) et (NE-se-ser-ri) en EU.

Il y a aussi certaines différences de placement de l'accent tonique entre les deux anglais. Voici quelques exemples (l'anglais GB est donné en premier) :

adDRESS/ADdress
adVERtisement/ADvertisement
BALLet/baLLET
cigaRETTE/CIgarette
DEtail/deTAIL
DEbris/deBRIS
FRONtier/fronTIER
reSEARCH/REsearch
ROmance/roMANCE

Encore une fois, n'oubliez pas que l'accent de chacun est différent ; ici nous vous présentons ce qui pourrait s'appeler la prononciation « standard », mais ce standard est souvent mesuré en termes d'écarts !

APPENDIX THREE

Vocabulaire

Il y a un grand nombre de mots qui sont différents dans les deux pays ; cependant, on n'en trouve couramment qu'une soixantaine, que nous vous présentons ci-dessous, avec l'équivalent français. (n = nom ; v = verbe). Nous avons également indiqué en gras l'accent tonique ; lorsqu'il s'agit d'une paire de mots monosyllabiques, nous avons signalé celui qui est prononcé le plus fort.

***

Par ailleurs, nous avons pensé qu'il serait utile d'enregistrer ces deux listes de façon que vous puissiez entendre les différences de prononciation, accentuation, etc. Vous pouvez aussi vous amusez en arrêtant l'enregistrement sur un mot anglais (sans regarder le texte, bien entendu...) et en donnant l'équivalent américain, et vice versa. Surtout, ne vous contentez pas d'écouter passivement !

Anglais	Américain	Français
al**sa**tian	**Ger**man **shep**herd	berger allemand
anorak	**par**ka	anorak
aubergine	**egg**plant	aubergine
bank **hol**iday	**le**gal **hol**iday	jour férié
bath (n)	**bath**tub	baignoire
bath (v)	to bathe	se baigner
biscuit	**coo**kie	biscuit
block of flats	a**part**ment block	immeuble
bonnet	hood	capot (voiture)
book (v)	make a reser**va**tion	réserver
bowler hat	**der**by	chapeau melon
braces	sus**pen**ders	bretelles
caravan	**trail**er	caravan
caretaker	**ja**nitor	concierge
chemist's	**drug**store	pharmacie
chicory	**en**dive	endive
chips	**french** fries	frites
cinema	movie **thea**ter	cinéma (salle)
city **cen**tre	**down**town	centre-ville
cooker	stove	cuisinière
cotton	thread	fil à coudre
cotton **wool**	ab**sor**bent **cot**ton	coton ouate
crisps	po**ta**to chips	chips
cul de sac	dead **end**	impasse
di**rec**tory	di**rec**tory	renseignements
en**qui**ries	as**sis**tance	téléphoniques
di**ver**sion	**de**tour	déviation
duvet	**com**forter	duvet
earth wire	**ground** wire	fil de masse
es**tate** agent	**real**tor	agent immobilier
es**tate** car	**sta**tion **wag**on	break
football	**so**ccer	football
form	grade	classe
fortnight	two **weeks**	quinzaine
full **stop**	**pe**riod	point (ponctuation)
garden	yard	jardin (d'une maison)
gear lever	**gear** shift	levier de vitesses
goods waggon	**freight** car	voiture de fret
hire	rent	louer (voiture)
hire **pur**chase	in**stall**ment plan	location-vente
holiday	va**ca**tion	vacances
jug	**pit**cher	pichet
let (v)	rent	louer (propriété)

Anglais	Américain	Français
lorry	truck	camion
motorway	**free**way	autoroute
nappy	**di**aper	couche bébé
number plate	**li**cense plate	plaque d'immatriculation
petrol	gas/**gas**oline	essence
phone box	**phone** booth	cabine téléphonique
post	mail	poste
post code	**zip** code	code postal
public con**ven**ience	rest room	toilettes publiques
queue (n)	line	queue
queue (v)	stand in line	faire la queue
railway	**rail**road	chemin de fer
re**turn tick**et	**round** trip **tick**et	billet aller-retour
re**verse char**ges	call col**lect**	appel payé par le correspondant*
roundabout	**tra**ffic **cir**cle	rond-point
sa**loon** car	se**dan**	berline
single **tick**et	one-way **tick**et	aller simple
so**li**citor	at**tor**ney/**law**yer	avocat
spanner	wrench	clé anglaise
stock	**in**ventory	stocks
stone	pit	noyau (fruit)
subway	**un**derpass	passage souterrain
su**spen**ders	**gar**ter belt	porte-jarretelles
sweets	**can**dy	bonbons
tin	can	boîte de conserves
transport	transpor**tat**ion	transport
underground	**sub**way	métro
wardrobe	**clo**set	armoire
windscreen	**wind**shield	pare-brise
wing	**fen**der	aile (voiture)

* Ce type d'appel, dit « en PCV », n'existe plus en France.

Aubin Imprimeur
LIGUGÉ, POITIERS

Achevé d'imprimer en mai 2008
N° d'édition 2690 / N° d'impression P72124
Dépôt légal mai 2008
Imprimé en France